الوحدات السردية في حكايات كليلة ودمنة
- دراسة بنيوية -

الطبعة الأولى

٢٠١٠-٢٠٠٩م

المملكة الأردنية الهاشمية رقم الإيداع لدى دائرة المكتبة الوطنية (١١٠٧/٣/٢٠٠٩)
٨١٠,٩   محمد، إدريس كريم   الوحدات السردية في حكايات كليلة و دمنة: دراسة نبوية/ إدريس كريم محمد.-عمان: دار مجدلاوي٢٠٠٩   ( ) ص.   ر.أ: (١١٠٧/٣/٢٠٠٩)   الواصفات:/ النقد الأدبي//التحليل الأدبي//الأدب العربي/
* أعدت دائرة المكتبة الوطنية بيانات الفهرسة والتصنيف الأولية

(ردمك) ISBN 978-9957-02-353-9

Dar Majdalawi Pub.& Dis.
Telefax: 5349497 - 5349499
P.O.Box: 1758 Code 11941
Amman- Jordan
www.majdalawibooks.com
E-mail: customer@majdalawibooks.com

دار مجدلاوي للنشر والتوزيع
تليفاكس : ٥٣٤٩٤٩٧ - ٥٣٤٩٤٩٩
ص . ب ١٧٥٨ الرمز ١١٩٤١
عمان - الاردن

◀ الآراء الواردة في هذا الكتاب لا تعبر بالضرورة عن وجهة نظر الدار الناشره.

الوحدات السردية في حكايات كليلة ودمنة
- دراسة بنيوية -

إدريس كريم محمد

يعتبر هذا الكتاب في الأساس رسالة ماجستير نوقشت في ٢٠٠٨/٥/٥ من قبل السيد أ. م. د. لطيف محمد حسن. و أ.م.د. فاضل عبود خميش التميمي ود. كوران صلاح الدين شكر وبإشراف أ.د. فائق مصطفى احمد وذلك في قسم اللغة العربية بكلية اللغات في جامعة كوبه وحصل الباحث على تقدير جيد جدا عالي idsk٧٩@yahoo.com.

بإشراف
أ.د. فائق مصطفى أحمد

دار مجدلاوي للنشر و التوزيع
عمـــــــــان- الأردن

الإهداء

إلى أمي وأبي إلى أختي المدللة - كويستان - وإخواني........
سرور......
سوارة.....
بنار....
قلا...

ومن... يقول... و... يفعل
لا من يقول... و.... يكذب!!!

شكر وتقدير

* أوجه شكري الجزيل إلى رئاسة جامعتي كويه والسليمانية كذلك كلية اللغات فيهما، اللتين لم تدخرا وسعا في مساعدتي. كما لا يسعني إلا أن أشكر مخلصا (أ.م.د.دلير محمد أمين، ود.طوران صلاح الدين)، والأخت العزيزة (أ.م.د.نيان نوشيروان فؤاد) رئيسة قسم اللغة العربية بجامعة السليمانية، التي لم أستطع القول عنها إلا الشكر والاحترام اللامتناهي لها. وشكري أيضا إلى أساتذتي الكرام، جميعا لا أستثني منهم أحدا أبدا، فمن علمني حرفا ملكني عبدا.

المحتويات

المقدمة

الحمد لله علم بالقلم، علم الإنسان ما لم يعلم. والصلاة والسلام على سيدنا محمد وعلى آله الطيبين الطاهرين وعلى كرام صحابته ومن إهتدى بهدايته.

أما بعد:

فلا يزال البحث عن الطاقات الإيحائية وتقصي المستويات الإنسانية والجمالية والأدبية جاريا متواصلا من قبل النقاد والباحثين والمتخصصين في حقل الأدب والنقد. ذلك أن أمثال نصوص كليلة ودمنة تحفل بطاقات ورؤى، لا يمكن حصرها في دائرة ضيقة أو قراءتها قراءة احادية الجانب. كما أن لتلك النصوص إمتدادا وتواصلا في السرد منذ بروزها وحتى يومنا هذا.

لم تكن الدراسة السردية انعطافة في تاريخ الأدب الأوروبي والغربي فحسب. فقد تخطى هذا النوع من الدراسة موطن ولادته وإخترق ثقافات شعوب العالم وآدابها ومنها الأدب الشرقي عموما والأدب العربي على وجه الخصوص. حيث برزت في هذه الحقبة إستجابة من قبل النقاد العرب وغير العرب لهذا المنحى الجديد الذي قد بدأ بإجتياح ثقافات شعوب العالم قاطبة. فمن وحي هذا المنظور ونظرا لأهمية الدراسات السردية في النقد الأدبي وضرورة الإلتجاء إليها في جامعاتنا لكونها تقوم على نظريات حديثة لقراءة تراثنا الحضاري وإستنطاق الجوانب الجمالية التي لا يمكن للدراسات التقليدية أن تكتشفها، فقد آثرت الكتابة في حكايات (كليلة ودمنة) لكونها تشكل رافدا أدبيا مشتركا استقت منه الحكايات الشعبية لدى الشعوب الإسلامية المتأثرة بالثقافة العربية وشعوب الشرق الأوسط بشكل عام. ولا شك أن حكايات "كليلة ودمنة" ورغم كونها مترجمة الى اللغة العربية أنها تمثل إنعكاسا للمخيال الشعبي للشعوب الإيرانية والهندية بشكل عام.

١١

اخترت المنهج البنيوي لدراسة الوحدات السردية في الحكايات، وقد استعمل العديد من المنظرين البنيويين هذا المنهج، على سبيل المثال نذكر منهم: غريماس وبروب وسوريو وفليب هامون...). إذ يرى البنيويون بشكل عام أن الحكايات الشعبية تمثل المخيال الجماعي للشعوب التي أنتجتها. وأن هناك عناصر ووحدات مشتركة تربط البنى العميقة لتلك الحكايات بعضها ببعض برغم من إختلافها في مواضيعها وأبنية شخصياتها وأبنية الزمان والمكان والدلالة المستخلصة منها. وأن الجامعات الكوردستانية بحاجة إلى هذه الأنواع من المناهج لإضاءة الجوانب المخفية من التراث الحضاري المشترك لشعوب المنطقة ومنها الشعب الكوردي، ولهذه الاسباب اخترنا هذا الموضوع.

نتيجة لكل هذه الاسباب يأتي إختيار الباحث لهذا البحث الموضوع (الوحدات السردية في حكايات كليلة ودمنة - دراسة بنيوية -). وما دام عنوان الرسالة على الوحدات السردية، انصبت الدراسة في تمهيد وفصول ثلاثة وخاتمة. ولغرض تجنب الوقوع في أخطاء الطبعات المختلفة والتعليقات الكثيرة على الحكايات اعتمدنا على طبعة دار الجيل كأفضل طبعة مقارنة بالطبعات الأخرى لأن لهذه الطبعه الأسلوب نفسه الذي اعتمد عليه اليسوعيين وهو أفضل طبعة مشيرا اليها من قبل الطبعات الأخرى.

عرضت في التمهيد نبذة مختصرة عن مفهوم الوحدة وتوحيد المصطلح لتجنب الوقوع في مشكلة تعدد المصطلحات لدى البنيويين والنقاد الذين تناولوا السرد وتقنياته وأبنيته خصوصا في الحكايات الشعبية وحكايات الحيوان وفي الأساطير. وأشرت أيضا الى موضوع تداخل الحكايات والخروج من الحكايات الرئيسة والدخول الى الحكايات الفرعية أكثر من مرة. كما أشرت الى موضوع فكرة حكي الحكايات أو سردها عن طريق المقاربة التجنيسية للحكايات في كليلة ودمنة. وكي لا تكون هذه المقاربة

عشوائية حاولت الإشارة الى الجهود المبذولة للنقاد والباحثين السابقين عن فكرة الوحدات السردية في الحكايات.

وحاولت الاشارة الى نبذة تاريخية عن أصل كتاب كليلة ودمنة وعدد الحكايات وكيفية ترجمته الى العربية وانتشاره بين الاقوام.

وفي الفصل الأول درست فكرة الترميز الايجابي للوحدات السردية في حكايات كليلة ودمنة وقسمته على ثلاثة مباحث: كان الأول منها البطولة والمغامرة وحاولت كشف الدلالات المخفية في الحكايات. جاء المبحث الثاني كاشفا عن دلالة وحدة الوفاء والإستنجاد في الحكايات، أما المبحث الثالث في هذه الدراسة فيتمثل في إظهار النصائح والخبرات القائمة لدى شخصيات الحكايات.

أما الفصل الثاني فقد خصص لتناول الترميز السلبي للوحدات السردية في حكايات كليلة ودمنة، واحتوى على ثلاثة مباحث: ففي المبحث الأول تطرقت إلى وحدة الجبن والتخاذل لدى الشخصيات في الحكايات. وفي المبحث الثاني حاولت الإشارة الى إظهار وحدة التفريط في الصداقة وهدمها في الحكايات فضلا عن كشف الاسباب المؤدية الى وجود هذه الوحدة كالمصلحة والأنانية كسمتين أساسيتين لظهور هذه الوحدة.

وفي المبحث الثالث تناولت وحدة الكره والحرب كوحدتين سرديتين بارزتين في الحكايات.

وتأتي فكرة الفصل الأول والثاني من الثنائيات الضدية (الإيجاب والسلب) لتشكل العنوان الرئيس للوحدات السردية في الفصلين، وحاولنا فيهما تطبيق الثنائيات المتضادة بشكل مباشر في المباحث الثلاثة لكل من الفصلين، لكن الثنائيات المتضادة لم تكن مطابقة من حيث العدد، فمثلا هناك أكثر من مرة الحديث عن الهدم لكن البناء أقل منه بكثير، أو مثلا السلام أقل من الحرب... الخ. وبسبب هذا خرجنا من فكرة الثنائيات الضدية المطابقة ولجأنا الى إختيار أكثر الوحدات الموجودة في فصلي الأول والثاني.

وأيضا اعتمدنا اكثر من مرة على نص واحد أو حوار واحد لتطبيق فكرة الوحدة في الحكاية وذلك بسبب وجود علامة أو تلميح مباشر أو غير مباشر للوحدة التي أردنا الإلتجاء اليها.

أما الفصل الثالث فقد خصص لدراسة الخريطة العامة للوحدات السردية التكاملية في كليلة ودمنة. ففي المبحث الأول لفتت الإنتباه الى الوحدات السردية التكاملية لصور الحيوانات بالرغم من إختلاف الشخصيات الحيوانية بعضها عن البعض لكن وحداتها السردية تشبه البعض.

أما المبحث الثاني فقد حاولت فيه الإشارة الى الوحدات السردية التكاملية لصور الطيور ومدى إستجابتهن لمساعدة الآخر وإيجاد الحل للمشاكل في الأوقات الحرجة كالصيد والوقوع بفخ الصياد.

أما المبحث الثالث فيحتوي على الوحدات السردية التكاملية لصور الإنسان بما إنطوت عليه من عناصر فنية وأسلوبية.

وبعد:

فلا بد من كلمة شكر وثناء... الشكر لله وحده، وبعد شكره تبارك وتعالى أنا أقدم هذه الرسالة ولا أنسى إسم مشرفي الوقور (أ.د. فائق مصطفى) الذي تفضل بقبول الإشراف على رسالتي وساعدني كثيرا بملاحظاته السديدة وآرائه القيمة وتوجيهاته النبيلة، أرجو من الـلـه سبحانه أن يمد عمره لخدمة الباحثين والأكاديمين.

وآخر دعوانا أن الحمد لله رب العالمين

الباحث

إدريس كريم محمد

التمهيد

اولا: الوحدة (الوحدات)

اختلف الباحثون في تسمية الوحدات التي تتألف منها الحكايات "فمنهم من سماها الموضوعات الصغيرة (Motivs) وتطورت بعد هذا إلى فكرة (Thm)، ثم إلى الأحدوثة (pisod)، ومنهم من بدأ بالعنصر (lmnt)، ثم الحدث (Incidnt) الذي يتكون من مجموعة العناصر وتسميتها بـ (الأحدوثة)، جاءت على أساس أنها مرادفة لـ "العنصر"، ثم تطورت إلى (الحدث الكبير)، ومنهم من رأى ان "الحدث الكبير والصغير شيء واحد على أساس ان كلا منهما يحتوي على مجموعة من العناصر ترتبط بحركة الحكاية"[1].

ان الإتيان بتحديد دقيق ومصطلح شامل للوحدة القصصية "شيء صعب بسبب كثرة الترادفات وكثرة الترجمات بطرق عديدة ومختلفة من الباحثين والمترجمين وحتى اللغويين. فمنهم من يستخدم مصطلح الموتيف، فالباحث الأمريكي سميث طومسون حاول الهروب من تحديد هذا المصطلح وتعريفه حتى أنه قال "ربما كان أصعب سؤال وجه إلي فيما يختص بتصنيفي هو... ما الموتيف؟ وكل ما أستطيع ان أجيب به عن هذا السؤال، هو ان الموتيف هو المادة التي تتألف منها الحكاية، وليس المهم بعد ذلك ان نحدد شكل هذه المادة، إذا كانت هذه المادة تعد جزءا من بناء الحكاية"[2].

فضل الدكتور خالد سهر الساعدي إستخدام مصطلح ديم (nam)، أي أصغر وحدة سردية، وقد استعاره من نيكولاس دورفمان بدلا من (الحافز) أو (العنصر) أو (الوظيفة)... الخ، وقد عد السرديم (الموتيف) الوحدة السردية الدلالية الصغرى في مقابل (الثيمة) التي هي الوحدة السردية الدلالية الكبرى، أو الوظيفة

---

(1) نقلا عن: قصصنا الشعبي من الرومانسية إلى الواقعية/ ١٢.

(2) نقلا عن: م. ن/ ١٢- ١٣.

الأساسية (Cadinal Function) بينما أتى فلاديمير بروب بمصطلح (الوظيفة)، ورولان بارت سماها (الوحدات الوظيفية)، أو (الوحدة السردية)، والكزاندر كراب (الموتيف) ذاته، لكن الدكتور موريس أبو ناضر استخدم (الوحدة المعنوية الصغرى)، وفي الوقت نفسه أتت الدكتورة نبيلة إبراهيم بمصطلح (الموضوعات الصغيرة)، وعند رشدي صالح (الجزئيات)، أو (جزئية متكررة، وحدة متكررة)، وعند إبراهيم الخطيب (الحافز)، وعند جابر عصفور (الوحدة التكوينية Constitunt Unit)، بيد أننا فضلنا الإبقاء على مصطلح (الوحدة)، لشيوعه في الاستعمال[٣].

"اننا لا نستطيع ان نفهم دلالات مصطلح" الوحدة "الا اذا اطلعنا على آراء شتراوس عند تحليله للأسطورة، ثم مقارنة ذلك بآراء فلاديمير بروب بشكل خاص" فكلاهما لا يقيمان أهمية كبيرة للمحتويات والتغييرات الجزئية التي تحدث على مستوى المظهر في مجموعة أقاصيص أو أساطير لها مدلول واحد، فما يهمهما في التحليل المورفولوجي أو البنيوي ليس مكونات الحكي ولكن العلاقات التي تنشأ عن هذه المكونات، أما العلاقات التي تنشأ نتيجة هذه المكونات فسماها شتراوس (الوحدات المؤلفة الكبيرة أو الوحدات الأسطورية، وهي تأتي في المرتبة الرابعة بعد الوحدات الصوتية والوحدات التركيبية والوحدات الدلالية)"[٤] ولهذا يقول شتراوس: "ان جوهر الأسطورة لا يكمن في الأسلوب أو طريقة السرد أو النحو، بل في الحكاية التي رويت فيها، الأسطورة لسان، بل لسان يعمل على مستوى رفيع جدا، يتوصل المعنى فيه إلى الإنفصال عن الأساس اللغوي الذي بدأت سيرها

---

(٣) ينظر بصدد ذلك: البنيات الدالة بين كليلة ودمنة وألف ليلة وليلة/ ٣٧ ومورفولوجيا الحكاية ٧٧- ٧٨، مدخل إلى التحليل البنيوي للقصص ٤٤-٤٣ وعلم الفولكلور ٢٨-٥٤٢ والألسنية والنقد الأدبي ٢٣ وقصصنا الشعبي من الرومانسية إلى الواقعية ١٢ عصر البنيوية ٢٦٧ ونظرية المنهج الشكلي ١٢٢- ١٨١ وقاموس السرديات ٣٨-١١٦-١٣٦ وقصص الحيوان جنسا أدبيا ٦٢١-٦٢٢ ومعجم مصطلحات نقد الرواية ٦٩-٧٤-١٧٤.

(٤) الأنثروبولوجية البنيوية ٢٤٩ والأناسة البنيانية ٢٢٧.

منه"[٥] والطبيعة الموجودة في الحكي هي الطبيعة نفسها للأسطورة لأن معنى الحكي لا يقوم في الأصوات ولا في التركيب ولا في المكونات الدلالية بل في علاقة أسمى من ذلك كله، إنه على الأصح دلالة الدلالة أو معنى المعنى[٦] ان الثنائيات المستخدمة من شتراوس أشار اليها موريس أبو ناضر في كتابه (الألسنية والنقد الأدبي) بأنها ليست أداة للتحليل ولكنها نتيجة كل تحليل شبيه بالتحليل الأسطوري الذي وضع أسسه هذا الناقد الغربي. والانطلاق من الثنائيات يبدو نفيا أو على الأقل إختزالا للتحليل البنيوي لليفي شتراوس لأنه أي (النفي)، يفترض ان التحليل تم بطريقة حدسية[٧].

عني بروب بهذه الثنائيات أكثر مما اهتم بها الآخرون ولاسيما موريس أبو ناضر وإبراهيم الخطيب[٨]:

عند بروب	عند ابراهيم الخطيب	عند موريس
Tansgtion	انتهاك	خرق المنع
Complict	تواطؤ	الخضوع
Mdition	وساطة	التكليف
Dput daction contaiv	استهلال الفعل المعاكس	فرار البطل
Pimi function ddonato	وظيفة الواهب الأولي	إخضاع البطل للتجربة
actiobn d haio	رد فعل البطل	مجابهة البطل
cption lobut magiu	إستلام الأداة السحرية	

(٥) الأنثروبولوجية البنيوية/ ٢٤٨ والأناسة البنيانية/ ٢٢٣.

(٦) بنية النص السردي/ ١٠٨.

(٧) ينظر: بنية النص السردي/ ١٠٨- ١٠٩.

(٨) بنية النص السردي/ ١٠٠ ومورفولوجية الحكاية/ ١١٩-١٢٨- والألسنية والنقد الأدبي/ ٣٠-٤٣.

"جاء مصطلح الوحدة بأشكال متنوعة بسبب كثرة المدارس النقدية والأدبية مثلا (الوظيفة، العوامل، الفعل، الحوافز...)"[٩] فذهب رولان بارت الى "ضرورة تقسيم القصة على وحدات، بالإستناد الى الوظائف (function)"[١٠] كذلك الوظيفة "وحدة من وحدات المضمون المستقلة من الوحدات اللغوية لأنها تتمثل حينا بما يتعدى الجملة وحينا بما هو أقل من الجملة (عبارة، كلمة)"[١١] فالوظيفة" مصطلح شائع في اللسانيات والسيمياء ومستخدم في معان ثلاثة على الأقل: معنى نفعي (كوظائف الاتصال)، أو معنى تنظيمي (كالوظائف النحوية)، أو (وظائف اللغة عند رومان ياكوبسون ووظائف الحكاية عند فلاديمير بروب)، أو معنى منطقي رياضي عند هيلمسيلف"[١٢] حدد بروب مفهوم الوظيفة بأنها: "فعل الشخصية من جهة دلالته على مجرى وسيرورة الحبكة"[١٣] ورأى بروب "أن وظائف الشخصيات هي العناصر الثابتة والدائمة في الحكاية، وأن عددها محدود وهو لا يتجاوز إحدى وثلاثين وظيفة في الحكايات الشعبية وما يشبهها، والوظائف هي:

(الإبتعاد، التحريم، ارتكاب المحرم، السؤال، البيان، الخديعة، التواطؤ، الضرر أو الحرمان، التوسط، بداية العمل المضاد، الرحيل، عمل الواهب الأول، رد فعل البطل، تلقي الشيء المسحور، الإنتقال عبر المكان، الصراع، علامة البطل، النصر، اصلاح الضرر أو الحرمان، عودة البطل، المطاردة، النجدة، الوصول غير المتوقع، الأغراض الخادعة، المهمة الصعبة، والقيام به، التعرف، إكتشاف الخديعة،

---

(٩) مورفولوجيا الحكاية/ ٣٥ ومعجم مصطلحات نقد الرواية/ ١٧٤.

(١٠) مدخل الى التحليل البنيوي للقصص/ ٣٩.

(١١) مورفولوجيا الحكاية/ ٣٥ ومعجم مصطلحات نقد الرواية/ ١٧٤.

(١٢) مورفولوجيا الحكاية/ ٣٥ ومعجم مصطلحات نقد الرواية/ ١٧٤.

(١٣) مورفولوجيا الحكاية/ ٣٥ ومعجم مصطلحات نقد الرواية/ ١٧٤.

تحول الشكل، العقاب، الزواج)"[١٤] وفي الوقت نفسه مع "هذه العناصر الثابتة هناك أخرى متغيرة، فالذي يتغير هو أسماء وأوصاف الشخصيات وما لا يتغير هو أفعالهم أو الوظائف التي يقومون بها (فالوظيفة)، هي عمل شخصية ما"[١٥].

وقد نلتقي مجموعة من الوظائف في مجالات عمل محددة تتصل بشخصيات تقوم بها ويمكن العثور على مستويات الافعال الآتية:

١. مستوى فعل المعتدي أو الشرير ويتضمن الاساءة والقتال ومطاردته أشكال الصراع الأخرى ضد البطل.
٢. مستوى فعل الواهب أو المانح ويتضمن التمهيد لإيصال الأداة السحرية وحصول البطل عليها.
٣. مستوى فعل المساعد ويتضمن تنقل البطل في المكان وإصلاح الإساءة أو إشباع الحاجة.
٤. مستوى فعل الأميرة أو الشخصية التي يجرى البحث عنها.
٥. مستوى فعل المرسل وهو لا يتضمن سوى إرسال البطل في اللحظة الحرجة الإنتقالية.
٦. مستوى فعل البطل ويتضمن الإنطلاق والرحيل بهدف البحث ورد الفعل على مطالب الواهب والزواج.
٧. مستوى فعل البطل المزيف ويتضمن الإنطلاق والرحيل بهدف البحث ورد الفعل على مطالب الواهب ويكون وظيفته دائما ردا سلبيا"[١٦].

من هنا ينتهي بروب إلى حصر أنواع الوظائف السبع التي تمثل سبعة أدوار وتخضع في توزيعها لأحد الإحتمالات الثلاثة:

---

(١٤) نظرية البنائية في النقد الأدبي/ ٩١-٩٢.

(١٥) تحليل الخطاب الأدبي على ضوء المناهج النقدية الحداثية/ ٢٣٠.

(١٦) مورفولوجيا الحكاية/ ٨٤ ونظرية البنائية في النقد الأدبي/ ٩٤ وتحليل الخطاب الأدبي على ضوء المناهج النقدية الحداثية/ ٢٣١.

١.أن يطابق مستوى فعل الشخصية مطابقة تامة أو ينطبق مجال العمل بدقة على عمل شخصية واحدة.

٢.أن تشغل شخصية واحدة مستويات فعل متعددة أو مجالات عمل متعددة.

٣.الحالة المعاكسة (Opponnt situation): ان يتجزأ مستوى فعل واحد فيما بين عدد من الشخصيات أو إشتراك عدة شخصيات في مجال عمل واحد"(١٧).

ان العلم والفلسفة والفن وسائط يستخدمها الإنسان للكشف عن وحدة الكون أو لخلق الوحدة فيه. فالعالم والفيلسوف يعملان على كشف الظواهر الوحدوية في عالمنا المعقد في مجالات الزمن والفضاء والفكر والمادة. أما الفنان فإنه يحاول خلق الوحدة الجمالية بتنظيم تلك المجالات في أعماله"(١٨).

ونتيجة لهذه المحاولات نجد ان الوحدات السردية الأساسية في حكايات كليلة ودمنة لم تأت إعتباطا أو عشوائيا وإنما جاءت تدريجيا كل واحدة تتبع الأخرى فإن الأولى أساسا للثانية والثانية للثالثة... هكذا، أي ان الوحدات فيها "تكون في حالة حركية دائمية وحية وفاعلة (continus, living, activ)، الظواهر الوحدوية التي هي المبادئ الأساسية الكونية (cosmic) هي مبدأ حفظ الذات (slf psvation)، أو الوحدة العضوية (oganic unit)، التي تشكل أهم أساس للنظام الحياتي والنفسي والإجتماعي في العالم"(١٩) ان وحدة حفظ الذات والوحدة العضوية من الوحدات السردية المستمرة منذ البدء بسرد الحكايات إلى النهاية. وأن سيطرة عنصر حفظ الذات هو الأول في كل أحداث القصص. ويتم هذا العنصر من خلال الإتيان أو الإعتماد على عنصر الوحدة العضوية في تشكيل الخطاطة المسيطرة على الحكي. مبدأ حفظ الذات من المبادئ الضرورية للحياة.

---

(١٧) مورفولوجيا الحكاية/ ٨٤ ونظرية البنائية في النقد الأدبي/ ٩٤.

(١٨) ينظر: مبادئ في الفن والعمارة/ ٥٢.

(١٩) م. ن/ ٥٢.

فالإنسان يعمل دوما وفي جميع الظروف والمستويات ضد الأخطاء التي تهدد وحدته ماديا ومعنويا. وتتدرج مستويات العمل لخلق الوحدة بدءا بالوحدة الشخصية، فالوحدة العائلية ثم وحدة الوطن والوحدة القومية. والوحدة هي القوة وإستمرار الوجود وبالوحدة يكون النصر وبالتجزئة يكون السقوط. وتتفرع من الوحدة ظواهر مرتبطة بها هي التناقض (conflict)، والهيمنة (Dominanc)، فالهيمنة تعني الترجيح والتفوق (Ppondanc) والوحدة هي الإلتحام (Cohncion)، والإتساق (Consistncy)، والتكامل (Intgity)، والوحدة هي التكوين (Composition)، فلا تكوين بدون وحدة[٢٠].

"سمى رولان بارت الوظائف بـ (الوحدات)، فهي التي تكون كل أشكال الحكي. وهو لا يحصر الوظيفة في الجملة. فقد تقوم كلمة واحدة بدور الوظيفة في الحكي إذا ما نظر إليها في سياقها الخاص ويلح رولان بارت على علاقة كل وظيفة مع مجموع العمل. وموقعها في الحكي وهو الذي يحدد دورها فيه وإذا لم تقم الوظيفة بدور ما داخل الحكي فهذا يعني ان هناك خللا ما في التأليف والفن - عند بارت - نسق خالص ليس فيه وحدة ضائعة. وقدم رولان بارت في محاولة حديثة إقتراحا لتصنيف وحدات القصة يبدو أكثر معقولية فهو يقابل بين فئتين من الوحدات الوظيفية هما:

١. الوحدات التوزيعية (الوظائف الأساسية).
٢. الوحدات الادماجية أو التكميلية (الوظائف الثانوية)[٢١].

وهذا التقسيم ينطلق من "الإدراك العميق لدرجة أهمية النوعين؛ فبعضها يؤدي معنى أساسيا لا يمكن الإستغناء عنه أو حذفه وإلا تسبب ذلك في إنهدام القصة وبعضها الآخر يقوم بملء الفضاء السردي الذي يفصل بين الوظائف. وأهم علامة للوظائف الأساسية أنها تحسم قضايا أو أمورا تحتاج الى تفسير حقيقي فتفتح بابا

---

(٢٠) ينظر: مبادئ في الفن والعمارة/ ٥٢.

(٢١) معجم مصطلحات نقد الرواية/ ١٧٤ والألسنية والنقد الأدبي/ ٢٤.

أمام التعاقب المنطقي لتتابع القصة، أو تقفل آخر من الشك أو الحيرة أو غير ذلك. أما الوسائط فهي تقيم ترابطا مع النواة وتبقى ما دامت هذه الرابطة قائمة"[٢٢].

وسمى بارت "الادماجية بـ (القرائن)، والتوزيعية بـ (الوظائف)، وأجرى هذا التقسيم حسب طبيعة الوظائف"[٢٣].

وهناك محاولات كثيرة لتمييز الوحدات الثابتة والمتغيرة كمحاولة (جان بياديه J. Bdi) و(سوريو Sauiau) بفرنسا و(توماشفسكي Tomashovsky وفلاديمر بروب V.Popp) من روسيا[٢٤].

ان الوحدات التوزيعية (الوظائف الأساسية)، تتطابق مع الوظائف التي تحدث عنها بروب[٢٥] وهي نفسها وظائف التحفيز (Motifs)، عند توماشفسكي[٢٦] إذ تتطلب علاقات بين بعضها مع بعض. والتحفيز هو "كل عنصر من عناصر الأثر الأدبي قابل للعزل دون النظر الى وظيفته في النص. وظيفة وصفية أو سردية، واقعية أو رمزية، الخ ..."[٢٧] والحافز أصغر وحدة حكائية وتتميز ببساطتها وإنغلاقها. ان (خروج شخص ودخوله) يمكن ان يعتبر حافزا حكائيا بسيطا لكن (التخطيط لجريمة وتنفيذها)، هو حافز يتوفر على تعقيد أكبر[٢٨]. "فالحوافز تشكل أهمية كبيرة في المبنى الحكائي الذي ما هو إلا صياغة فنية للأحداث والحوافز في الأعمال الأدبية إما ان تكون متعارضة. أي يمكن حذفها دون ان تتأثر الروابط السببية التي تنظم الأحداث أو

---

(٢٢) شعرية السرد في الرواية العربية المعاصرة ٧٢-٧٣.

(٢٣) تحليل الخطاب الأدبي على ضوء المناهج النقدية الحداثية/ ٢٣٠.

(٣) ينظر: الألسنية والنقد الأدبي/ ٢٣-٢٤.

(٢٥) ينظر: تحليل الخطاب الأدبي على ضوء المناهج النقدية الحداثية/ ٢٣٠ والألسنية والنقد الأدبي/ ٢٤.

(٢٦) ينظر: تحليل الخطاب الأدبي على ضوء المناهج النقدية الحداثية/ ٢٣٠.

(٢٧) ينظر: معجم مصطلحات نقد الرواية/ ٦٩ وتحليل الخطاب الأدبي على ضوء المناهج النقدية الحداثية/ ٢٣٠.

(٢٨) ينظر: نظرية المنهج الشكلي نصوص شكلانيين الروس/ ٢٢٩.

تكون حرة يمكن الإستغناء عنها دون الإخلال بالتتابع الزمني والسببي للأحداث، ويتطرق توماشفسكي الى أنساق الحوافز تبعا لطبيعتها أو خاصيتها ويربطها بفن ظهور الشخصيات في العمل الابداعي، فإرتباط حافز معين بشخصية معينة يشد إنتباه القارئ وهكذا يمكن ان يكون وصفا ذاتيا. فالأول يتم من الكاتب أو الشخصيات والثاني بوساطة الإعترافات التي يقوم بها البطل"(٢٩).

فالوحدات التوزيعية عند بارت هي (الوظائف)، وهي تطغى في الأنماط الحكائية البسيطة مثل الحكايات الشعبية(٣٠).

"وفي الوظيفة التوزيعية يقوم الراوي المفارق لمرويه في السيرة الشعبية بتوزيع الأحداث والوقائع"(٣١).

بينما تطغى "الوحدات الإدماجية (العلاقات)، في أنماط الحكي الأكثر تعقيدا كالروايات السايكولوجية"(٣٢) أما الوحدات الادماجية فهي لا تتطلب علاقات فيما بينها. إذ كل وحدة تقوم بدور العلامة (Indx) ولا تحيل إلى فعل لاحق ولكنها تحيل إلى عمل ما يتعلق بوصف الشخصيات أو وصف الإطار العام الذي تجري فيه الأحداث، ويرى رولان بارت أنه ولمعرفة الدور الذي تقوم به الوحدات الإدماجية لا بد "من الإنتقال إلى مستوى أعلى عن مستويات الدلالة، وهو أفعال الأبطال"(٣٣).

من هنا نصل إلى ان الأشكال السردية كلها عبارة عن "مجموعة من الجمل ولها طبيعة وظيفية وهذه الجمل تتحدد وتتجسد على مستوى القصة بأشكال مختلفة كـ (الحوار، والأوصاف، والأعمال، السلوك، المقاصد)، وأن كل دراسة وقراءة

---

(٢٩) إيقاع الزمن في الرواية العربية المعاصرة/ ٤٢.

(٣٠) ينظر: تحليل الخطاب الأدبي على ضوء المناهج النقدية الحداثية/ ٢٣٠.

(٣١) توظيف التراث في الرواية العربية المعاصرة/ ٥٩.

(٣٢) تحليل الخطاب الأدبي على ضوء المناهج النقدية الحداثية/ ٢٣٠.

(٣٣) م. ن/ ٢٣٠.

للقصة تحاول ان تقوم بتحديد الفئات التي تتكون منها وحدات القصة أولا ومن ثم تسعى ثانيا إلى تحديد الثوابت من هذه الوحدات والمتغير منها"[٣٤].

استعار غريماس "تقسيم الشكلانيين الروس (فلاديمير بروب وتوماشفسكي)، وربط الحوافز الحرة بحالات العوامل والحوافز المقيدة بأفعال العوامل"[٣٥].

وأسس غريماس "أول نظام عاملي للشخصيات وهو محاولة لإقامة تناسب بينهما"[٣٦].

فقد اعتبر غريماس ان الشخصيات هي "بمثابة (العوامل)، واستخلص عاملين أساسيين يقوم عليهما الملفوظ البسيط ووضعهما في شكل متعارض:

١. الذات X الموضوع.

٢. المرسل X المرسل إليه.

٣. المساعد X المعارض"[٣٧].

العلاقات التي تقوم بين هذه العوامل هي التي تشكل الترسيمة العاملية اللافت للملاحظة في عمل [غريماس] الدقة في التمييز بين العامل والممثل "حيث قدم وجها جديدا للشخصية في السرد هو ما يصطلح عليه بالشخصية المجردة فهي قريبة من مدلول" الشخصية المعنوية في الإقتصاد. فعنده ليس من الضروري ان تكون الشخصية شخصا واحدا. وذلك لأن العامل في تصور (غريماس) يمكن تمثيله بممثلين متعددين. كما أنه ليس من الضروري ان يكون شخصا. فقد يكون فكرة كفكرة الدهر، أو التاريخ، وقد يكون جمادا أو حيوانا... الخ"[٣٨].

---

(٣٤) الألسنية والنقد الأدبي/٢٣-٢٤.

(٣٥) نقلا عن: معجم مصطلحات نقد الرواية/ ٧٠.

(٣٦) شخصيات رواية الشمعة والدهاليز (رسالة)/ ١٢.

(٣٧) تحليل الخطاب الأدبي على ضوء المناهج النقدية الحداثية/ ٢٣٠.

(٣٨) شخصيات رواية الشمعة والدهاليز/ ١٢.

إستفاد غريماس من "العوامل في المسرح كما تحدث عنها سوريو (Sauiau)، وقد صنف الوحدات في ست وحدات درامية:

١. البطل/ البطل المضاد.

٢. الموضوع/ المساعد.

٣. المرسل/ المرسل إليه"[٣٩].

فالعوامل تتألف من ثلاث علاقات هي:

١. **علاقة الرغبة:** وتجمع بين من يرغب (الذات)، وما هو مرغوب فيه (الموضوع).

٢. **علاقة التواصل:** وتفترض ان كل رغبة لا بد ان يكون وراءها محرك أو دافع يسميه غريماس (مرسلا). كما ان تحقيق الرغبة لا يكون ذاتيا بطريقة مطلقة ولكنه موجه إلى عامل آخر يسمى (مرسلا إليه)، وعلاقة التواصل بين المرسل والمرسل إليه تمر عبر علاقة الرغبة أو علاقة الذات بالموضوع.

٣. **علاقة الصراع:** وينتج عنها إما منع حصول العلاقتين السابقتين، وإما العمل على تحقيقهما وضمن علاقة الصراع، يتعارض العاملان: المساعد الذي يقف إلى جانب الذات والمعارض الذي يعمل على عرقلة جهود الذات"[٤٠].

معنى ذلك ان كل علاقة من العلاقات الثلاث تظهر ضمن المحاور الثلاثة:

١. محور الإرادة (الرغبة)= الذات (الفاعل) ⟷ الموضوع

٢. محور المعرفة (التواصل)= المرسل (الدافع) ⟷ المرسل إليه (المستفيد).

٣. محور القدرة على العمل (المشاركة)= المساعد X المعارض"[٤١].

---

(٣٩) تحليل الخطاب الأدبي على ضوء المناهج النقدية الحداثية/ ١٤٤.

(٤٠) تحليل الخطاب الأدبي على ضوء المناهج النقدية الحداثية/ ٢٣١.

(٤١) شخصيات رواية الشمعة والدهاليز/ ١٢.

من هذه المحاور وما يقابلها من العوامل تكون ترسيمة "أ. ج. غريماس" أقرب من ترسيمتي (بروب وسوريو) إلى حقيقة العمل السردي على إختلاف أجناسه. والنظام أكثر شيوعا في دراسة الحدث هو الذي يقوم على ستة عوامل أو وظائف ترجمتهابـ (الذات، موضوع الرغبة، المرسل، المرسل إليه، والمساعد، المعاكس) يبدأ الحدث عندما تنشأ رغبة أو حاجة (موضوع الرغبة)، فتسعى إحدى القوى إلى تحقيق هذه الرغبة (الذات) متأثرة بقوة محركة أو محرضة (المرسل) وهادفة إلى إرضاء قوة أخرى (المرسل إليه) فتصطدم بقوة تعارضها (المعاكس) وتلاقي قوة لتساعدها (المساعد) والعوامل الستة لا تتمثل دائما بالشخصيات فقد تكون أفكارا أو معتقدات أو قوى طبيعية أو غير طبيعية. ولا تتمثل دائما بقوى مختلفة بل يمكن ان تقوم شخصية واحدة بوظيفتين أو أكثر مثلا (الشخصية الساعية إلى مركز سياسي أو اجتماعي تمثل دور المرسل والذات والمرسل إليه معا) لهذا يمكن ان نتوقع للحدث صورا إحتمالية لا حصر لها[٤٢].

إن مفهوم الفاعل (Actant) الذي أتى به غريماس "وحدة بنيوية صغرى يقوم عليها السرد ففي البناء السردي تتألف الشخصيات من هذا (الفاعل) اللغوي ومن الذاكرة الجمعية للقص إذ تحضر إلى ذهن القارئ. فثمة علاقة تنشأ أثناء عملية التأليف، وبالتالي القراءة للنص السردي سواء أكان رواية أم قصة قصيرة أو غير ذلك من التحام الموضوعات المألوفة للقص وما يتصل بذلك من أسماء شخصيات وغيرها باللغة كخطاب له بنيته الخاصة وما يهم غريماس هو تحليل القوانين التي تحكم هذه العلاقة بين اللغة وعناصر القص المعروفة"[٤٣] ومن ناحية أخرى فإن

(٤٢) ينظر: معجم مصطلحات نقد الرواية/ ٧٤ والبناء السردي في روايات إلياس خوري/ ٢٥٨ وبنية النص السردي/ ٢٥-٢٦.
(٤٣) دليل الناقد الأدبي/ ١٠٥.

غريماس "اتبع إقتراح فلاديمير بروب نفسه، وحاول ان ينقص من عدد الوظائف عن طريق جمعها في ثنائيات تهدف إلى تركيز النص في وحدات (سردية)"(٤٤).

ان السردية اللسانية "تتجلى في جهود جيرار جينيت وتودوروف وبارت وهي تيار لساني يعنى بدراسة الخطاب السردي في مستويات التركيب والعلائق التي تربط الراوي بالمتن الحكائي لكن السردية الدلالية تيار آخر تجلت في جهود بروب وغريماس وهو تيار يعني بالبنى العميقة التي تتحكم بمظاهر الخطاب وصولا إلى تحديد قواعد وظائفية السرد"(٤٥). ولا يخفى ان التيارين "يهدفان إلى إنتاج معرفة تطمح إلى توظيف كشوفاتها للإقتراب منه أي الخطاب السردي في مستوياته التركيبية والدلالية"(٤٦). وتحتاج هذه العلاقة الى رصد دقيق من أجل تفسير ظواهرها المرتبطة بالتصرف السلوكي والإنفعالات الوجدانية الخاصة للإنسان"(٤٧) فالحراك البنيوي والأسلوبي في الآداب القومية "يؤدي باستمرار إلى تحولات أجناسية وأسلوبية ودلالية. فيعاد تقويم الآداب في ضوء هذه التحولات الكبرى"(٤٨). فهذه نتيجة لكثرة القراءات. فإن تلك القراءات تكشف عن "إستراتيجية الإنزياح في النظر إلى ماهية الآثار الأدبية، بما يوافق النظر إلى الأدب في النقد الغربي الحديث. إذ انتقل الإهتمام من الوقوف على المظاهر الخارجية للنصوص الأدبية إلى العناصر الداخلية المكونة لها بوصفها الفيصل في تحديد الهوية النوعية للنص الأدبي"(٤٩).

---

(٤٤) أدب الحكاية الشعبية/ ٨٢.

(٤٥) الثقافة العربية والمرجعيات المستعارة تداخل الأنساق والمفاهيم ورهانات العولمة/ ٧٨ والسردية العربية/ ١٠.

(٤٦) الثقافة العربية والمرجعيات المستعارة تداخل الأنساق والمفاهيم ورهانات العولمة/٧٨.

(٤٧) الحوار القصصي وتقنياته وعلاقاته السردية/ ٣٠.

(٤٨) السردية العربية الحديثة/ ٢١٣.

(٤٩) م. ن/ ٢٩٥.

ثانيا: السرد

الأدب السردي هو العالم الواسع الذي تتحرك هذه الدراسة في مجالاته. ومن هنا لا بد للدارس ان يعنى به، فعليه توضيح مصطلحين أساسيين يتداخلان في كثير من الأوقات والتبس مفهوم أحدهما بالآخر عند الدارسين وهما: السرد والحكي.

١. **السرد: لغة:** السين والراء والدال، "سرد القراءة والحديث يسرده سردا أي يتابع بعضه بعضا. والسرد إسم جامع للدروع ونحوها من عمل الحلق. وسمي سردا لأنه يسرد فيثقب طرفا كل حلقة بمسمار فذلك الحلق المسرد"(٥٠) قال اللـه تعالى:(وقدر في السرد واعملوا صالحا إني بما تعملون بصير)(٥١) أي "اجعل المسامير على قدر خروق الحلق، لا تغلظ فتنخرم ولا تدق فتقلق"(٥٢). أي "لا يكون المسمار دقيقا والثقب واسعا والسرج أصل مطرد منقاس وهو يدل على توالي أشياء كثيرة يتصل بعضها ببعض. وقالوا الزراد، إنما هو السراد. وقيل ذلك لقرب الزاء من السين. والمسرد المخزر وقياسه صحيح"(٥٣).

السرد Naation اصطلاحا: خطاب يقدم حدثا أو أكثر(٥٤) وهو الحديث عن سلسلة من الوقائع والمواقف(٥٥) "وهو صيغة من صيغ التعبير والتخاطب البشري، وحدث يرويه شخص ما عن شيء ما وليس مجرد حدث مروي، أي أنه خطاب يقدم أحداثا متسلسلة غير متناقضة أو متعارضة عبر راو أو مخبر. يأخذ على عاتقه مهمة ترتيب

---

(٥٠) كتاب العين/ ٤٢١.

(٥١) سبأ/ ١١.

(٥٢) كتاب العين/٤٢١.

(٥٣) معجم مقاييس اللغة/ ٤٩٣.

(٥٤) ينظر: قاموس السرديات (جيرالد بيرنس) تر: السيد إمام/ ١٢٢.

(٥٥) ينظر: المصطلح السردي (معجم مصطلحات)/ ١٤٤.

هذه الأحداث ترتيبا منطقيا[٥٦]؛ والعلم الذي يهتم بالحقل المعرفي في التحليل السردي وآليات إشتغاله في المجالات كافة هو (علم السرديات Naatology)[٥٧]؛ إذ إجترح تزفيتان تودوروف هذا المصطلح عام ١٩٦٩ لينبثق علم السرديات الذي يعني بدراسة مظاهر الخطاب السردي وتمظهراته الاسلوبية والبنائية والدلالية[٥٨] متخذا من السرد مادة أولية للفحص والدراسة.

إهتم الغرب بهذا العلم إهتماما بالغا من حيث الإصطلاح فهو "رواية سلسلة من الوقائع والأحداث وإقامة بعض العلاقات بينها والإصطلاح عموما يخص القصة والملاحم القديمة والروايات الحديثة والقصص القصيرة"[٥٩].

فالسرد عند جيرار جينيت واحد من ثلاثة طرق لمماثلة الأفعال بوساطة اللغة وهي: طبيعة الصيغ الثلاث (السرد الصرف، والسرد المزدوج، والمحاكاة الدرامية)"[٦٠] عرف جيرالد بيرنس السرد بأنه: "قص حادثة واحدة أو أكثر خيالية كانت أو حقيقية بحيث يكون معناه معتمدا على النتيجة والعملية والهدف والفعل والبناء وإدراك البناء الخاصة بالقصة"[٦١] وجاء فانديك (١٩٧٤)، بتعريف آخر للسرد على أنه: (وصف أفعال، يلتمس لكل فعل موصوف عميلا، وقصدا للعميل، وحالة أو عالما ممكنا،

---

(٥٦) المكان في الموروث السردي العربي/ ١٠.

(٥٧) أي السرد المستوحى من البنيوية وعلم السرد يدرس طبيعة وشكل السرد كما يحاول رصد القدرة السردية ينظر (المصطلح السردي/ ١٥٧)، ولا سيما الخصائص المشتركة لجميع أنواع الحكي (على مستوى القصة Stoy والسرد Naatology) وعلاقتهما وأوجه اختلاف بينهما أو تعليل القدرة على إنتاجهما وفهمهما (قاموس السرديات/ ١٣٣-١٣٤).

(٥٨) ينظر: السردية العربية/ ٩-١٠.

(٥٩) نقلا عن: قصص الحيوان جنسا أدبيا (أطروحة)/ ٢٣٩.

(٦٠) مدخل لجامع النص/ ٧٩.

(٦١) قاموس السرديات/ ١٢٢.

وتبدلا مع سببه والغاية التي تحدده"[٦٢] ويقوم (الحكي أو السرد) عامة على دعامتين أساسيتين:

١. ان يحتوي على قصة ما، تضم أحداثا معينة.

٢. أن يعين الطريقة المستخدمة في الحكي وتسمى هذه الطريقة سردا، مثلا هناك إحتمالية سرد (حكي)، قصة واحدة بطرق متعددة، ولهذا السبب فإن السرد هو الذي يعتمد عليه في تمييز أنماط الحكي بشكل أساسي"[٦٣]. فالسرد هنا بمثابة رسالة كلامية تحتاج إلى مرسل (بكسر السين)، وإلى المرسل إليه (بفتح السين)، وهو لذلك يمر عبر القنوات الآتية[٦٤]:

الراوي
المروي (الرواية، القصة)
المروي له

ان كون الحكي "قصة محكية تحتاج لوجود شخص لكي يحكي، وشخص يحكى له، أي يجب وجود التواصل بين الطرف الأول (الرواي أو السارد Naato) والطرف الثاني يدعى (مرويا له أو قارئا Naativ) والسرد هنا يحاول ان يقوم بتحديد كيفية الطريقة التي ترويها القصة عن طريق هذه القناة نفسها وما تخضع لها من مؤثرات. بعض منهم متعلق ومختص بالراوي (السارد)، والمروي له، وبعض آخر متعلق بالقصة ذاتها"[٦٥].

ان الراوي في عملية السرد يمثل دور المنتج والمروي له يمثل دور المستهلك والخطاب يمثل دور السلعة المنتجة وتنعقد العلاقة بين الراوي والمروي له في السرد من خلال الأسئلة المباشرة أو غير المباشرة التي يطرحها الأول ليضمن

---

(٦٢) القارئ في الحكاية/ ١٤٠.

(٦٣) بنية النص السردي/ ٤٥.

(٦٤) تقنيات السرد في النظرية والتطبيق/ ٢٨.

(٦٥) بنية النص السردي/ ٤٥ وتقنيات السرد في النظرية والتطبيق/ ٢٨.

حسن متابعة الثاني لحكايته أو عندما يطرحها الثاني في حين المواجهة مع ما يستغربه أو لا يوافق منطقه من كلام الأول[٦٦].

وليس شرطا ان كل ما يرويه الراوي في الحكاية أو يخبر عنه شيء حقيقي بل هناك إحتمال ان يكون الخبر خياليا أو الشيء الذي يحكيه الراوي ولا يشترط ان يكون الراوي إسما متعينا. وقد يكتفي ان يأتي بقناع أو يستخدم ضميرا ما[٦٧].

"والمروي أو (الرواية أو السرد)، يحتاج إلى راو ومروي له أو الى مرسل أو مرسل إليه وفي المروي (الرواية، السرد)، يبرز طرفان هما (المبنى/ المتن الحكائي)، وهذا من التقنيات الحديثة من قبل الشكلانيين الروس، كما يبرز طرف ثنائية الخطاب/ الحكاية أو السرد/ الحكاية لدى السردانيين اللسانيين (تودوروف، جينيت...) على إعتبار ان السرد (المبنى) هو شكل الحكاية (المتن) وعلى إعتبار ان السرد والحكاية هما وجها المروي، المتلازمان أو هما الشيئان لا يمكن القول بوجود أحدهما في بنية رواية ما دون الآخر"[٦٨].

---

(٦٦) ينظر: معجم مصطلحات نقد الرواية/ ١٠٥.

(٦٧) ينظر: السردية العربية/ ١١.

(٦٨) تقنيات السرد/ ٢٩ والسردية العربية/ ١٢-١٣ وبنية النص السردي ٤٦-٤٧-٤٨.

ثالثا: الحكاية

الحكي: لغة: "حكيت فلانا وحاكيته إذا فعلت مثل فعله أو قوله سواء"[٦٩].

حكي: "الحاء والكاف وما بعدها معتل. أصل واحد، وفيه جنس من المهموز يقارب معنى المعتل والمهموز منه، هو أحكام الشيء بعقد أو تقرير يقال: حكيت الشيء أحكيه"[٧٠].

والحكاية: "عبارة عن نقل كلمة من موضع الى موضع آخر بلا تغيير حركة ولا تبديل صيغة. وقيل الحكاية: إتيان اللفظ ما كان عليه من قبل. وقيل: إستعمال الكلمة بنقلها من المكان الأول الى المكان الآخر، مع إستبقاء حالها الأولى وصورتها"[٧١].

يشير هذا المصطلح إلى فعالية (الأخبار Tlling)، التي يضطلع بها الراوي في السرد حينما يقوم بتحويل (الحكاية Tal)، إلى فعل إخباري[٧٢] من الممكن ان يقوم بها الراوي إذا توفر فيه العوامل التي تكسب النص السمة السردية وهي:

١. فعل أو حدث قابل للحكي.

٢. فاعل يضطلع بدور ما في الفعل.

٣. زمان الفعل.

٤. مكانه أو فضاؤه"[٧٣].

(٦٩) كتاب العين: مادة حكى ولسان العرب: مادة حكى.

(٧٠) معجم مقاييس اللغة/ ٢٥٨.

(٧١) التعريفات/ ٧٤.

(٧٢) قصص الحيوان جنسا أدبيا/ ٢٣٨-٢٣٩.

(٧٣) قال الراوي/ ١٩.

والحكاية هي "المادة الخام للرواية والمكان والزمن من المكونات الأساسية لعالم الحكاية. فعالمها قد يشابه العالم الواقعي أو يختلف عنه، وأحداثه شبيهة بالواقع أو خيالية. والعلاقة الموجودة بين الشخصيات تكون معقولة أو غير معقولة، وتكون صور الأمكنة مألوفة أو غريبة، ومقاييس الزمن مطابقة للمقاييس المعروفة لدينا، أو مفارقة، ولهذا علينا ألا نخلط بين العالم الذي يكونه النص والعالم الواقعي القائم خارج النص، وأيضا ينبغي ان نلفت الانتباه الى عدم الخلط بين الحكاية والقصة. فالحكاية مادة أولية والقصة هي هذه المادة نفسها بعد تصنيفها الأولي، تقدم الأحداث بصورتها البدائية الشبيهة بالواقع والأخرى تقدمها بشكل فني جمالي مشوق"[٧٤]. "كذلك الإنفصال عن الواقع والإسراف في الخيال من السمات التي تتصف به الحكاية، وأنها تقوم بتصوير عوالم غيبية تحفل بقوى وعناصر غريبة، والهدف منها يكون لغرض التسلية أو للوعظ والإرشاد"[٧٥].

رابعا: كليلة ودمنة

قبل كل شيء "يعتبر كليلة ودمنة حكمة في ثوب خرافة، ينطوي على حكايات وأقاصيص على ألسنة الطير والبهائم التي تمثل الحياة البشرية في نواحيها المختلفة، لما نجده فيها من النزعات والأهواء والتيارات الفكرية ما نجده بين البشر، كما نجد في الحوارات التي يديرها ابن المقفع ببراعة بين أطرافها الجدل والفقه والمنطق وعلم الإجتماع والسياسة وكما نجد بين البشر الأخيار والأشرار والمحسنين والمسيئين، هكذا نجد صورة عنهم في الشخصيات البهيمية التي يجعلها ابن المقفع أبطالا لأمثاله الخرافية"[٧٦] ان أهم أثر مترجم لابن المقفع هو كتاب (كليلة ودمنة)، وهو كتاب وضعه بيدبا الفيلسوف الهندي من البراهمة بالهندية السنسكريتية

---

(٧٤) معجم مصطلحات نقد الرواية/ ٧٧.

(٧٥) في النقد الأدبي الحديث منطلقات وتطبيقات/ ١٢٦.

(٧٦) كليلة ودمنة/ ٩.

لدبشليم[٧٧] في صورة أقاصيص على ألسنة الحيوان تتضمن الأدب والحكمة مما يحتاج إليه الملوك في سياستهم والناس في معاملاتهم وذلك في خمسة عشر بابا[*]، وذلك في القرن الثالث قبل الميلاد[٧٨] وهناك إختلاف بين الباحثين في تحديد هذه الأبواب، وأن بعض القصص وجد أنها متفرقة على ثلاثة كتب هندية قديمة وهي:

أولا: كتاب (البانشتانترا Pantachatanti) أو (المقالات الخمس). وهو يتألف من خمس مقالات وتسمى كل مقالة منها (نترا) ومعناها (صندوق المعاني الطبية). وعثر في هذه النسخة الهندية القديمة على:

(باب الأسد والثور، باب الحمامة المطوقة، باب البوم والغربان، باب القرد والغيلم، باب الناسك وابن عرس).

ثانيا: كتاب (المهابهاراتا Mahabhaata) وقد عثر فيه على (باب الجرذ والسنور، باب الملك والطائر فنزة، باب الأسد وابن آوى).

ثالثا: قصص عنوانها (فشنوسارنا Vischnosana) ويقال إنهم عثروا فيها على: (باب ملك الفيران أو الجرذان).

ومن العلماء من قال فوق ذلك ان المصادر السنسكريتية لا بد ان تحتوي على أبواب:

(إيلاذ وبلاذ وإيراخت، اللبوءة والأسوار، السائح والصائغ، ابن الملك ورفقاءه) تلك هي آراء العلماء عن كليلة ودمنة ونسبة الأبواب المذكورة إلى الهند، وأن هذه الأبواب لم تكن مجموعة من قبل في كتاب وأنها لم تعرف لها مؤلفا واحدا بالذات.

---

(٧٧) أحد ملوك الهند بعد عصر الأسكندر ذي القرنين الرومي. كليلة ودمنة (قول المحقق)/ ١٠.

(*) والأبواب هي: باب الأسد والثور، باب الفحص عن أمر دمنة، باب الحمامة المطوقة، باب البوم والغربان، باب القرد والغيلم، باب الناسك وابن عرس، باب الجرذ والسنور، باب الملك والطائر فنزة، باب الأسد وابن آوى، باب اللبوءة والأسوار والشعر، باب إيلاذ وبلاذ وإيراخت، باب الناسك والضيف، باب السائح والصائغ، باب الملك وأصحابه، باب الحمامة والثعلب ومالك الحزين. ينظر: كليلة ودمنة.

(٧٨) عبد الله بن المقفع – شخصيته – لغته - آراءه الحكمية/ ١٩٦.

وإنما هي عبارة عن قصص متفرقة نسبها الناس قديما إلى رجل خيالي أو حقيقي هو - بيدبا الفيلسوف - وجعلوا الحوار بينه وبين الملك دبشليم بمثابة السلك الذي ينظم هذه القصص ويصل بعضها ببعض.

فالأبواب كلها ربما وجدت في كتاب واحد وربما كان لهذا الكتاب نفسه مؤلف واحد. وأن النسخة الأولى من هذا الكتاب قد ضاعت فلم يبق منها غير هذه الأشتات[٧٩] وهذا قريب من الحقيقة لأن ليس هناك في الهند من يجمعها في كتاب صغير أو كبير. وهناك إختلاف في تحديد الأبواب بسبب عدم وجود الكتاب أو فقدانه في كتاب واحد في المكتبة الهندية.

يستخلص الدكتور عبد الوهاب عزام في مقدمته لكتاب (كلية ودمنة) ما يأتي:

أولا:

١. باب الأسد والثور.
٢. باب الحمامة المطوقة.
٣. باب البوم والغربان.
٤. باب القرد والغيلم.
٥. باب الناسك وابن عرس.
٦. باب السائح والصائغ.

وقد جاء هذا الباب الأخير ضمن باب الأسد والثور في (بنج تانترا)، وثلاثة في (مهابهاراتا) وهي:

١. باب الجرذ والسنور.
٢. باب الملك والطائر فنزة.
٣. باب الأسد وابن آوى[٨٠].

---

(٧٩) ينظر: ابن المقفع (عبد اللطيف حمزة)/ ٢٦٩- ٢٧٣.

(٨٠) ينظر: م. ن/٢٧٢.

ثانيا:

الأبواب التي لم تعرف في اللغة الهندية هي:

١. باب الفحص عن أمر دمنة.

٢. باب إيلاذ وإيراخت وشادرم ملك الهند.

٣. باب اللبوءة والأسوار.

٤. باب الناسك والضيف.

٥. باب ابن الملك وأصحابه.

٦. باب ملك الفيران (الجرذان).

٧. باب مالك الحزين والبطة.

٨. باب الحمامة والثعلب ومالك الحزين.

وأبواب القسم الثاني الثمانية منها ما يرجح الدكتور عبد الوهاب عزام أنه من وضع ابن المقفع أو من ترجمته وهي:

١. باب الفحص عن أمر دمنة.

٢. باب الناسك والضيف.

٣. باب ابن الملك وأصحابه.

وهذا الأخير يرجح ترجمته عن الفهلوية ومنها ما يراه لغير ابن المقفع وهي:

١. باب ملك الفيران أو الجرذان. ويحدي أنه ألحق بالكتاب بعد ابن المقفع بعدة قرون.

٢. باب مالك الحزين والبطة.

٣. باب الحمامة والثعلب ومالك الحزين.

ومنها ما لم يتعرض لإثبات أو نفي نسبته لابن المقفع وهما هذان البابان:

١. باب إيلاذ وإيراخت وشادرم ملك الهند.

٢. باب اللبوءة والأسوار.

ومن الملاحظ ان الباب الأول منهما لا يوجد في الترجمة الفارسية والباب الثاني مدرج بين الأبواب هندية الأصل (٨١).

ثالثا:

مقدمات الكتاب:

١. مقدمة بهنود بن سحوان ويعرف بعلي بن الشاه الفارسي.

٢. باب عرض الكتاب: تتفق النسخ العربية على نسبته الى ابن المقفع وتنسبه النسخة الفارسية الى برزجمهر.

٣. باب بعثة برزويه: تتفق النسخ العربية والفارسية على نسبته إلى برزجمهر.

ويستخلص الدكتور عبد الوهاب عزام ان الفرس زادوا باب برزويه وابن المقفع زاد باب عرض الكتاب"(٨٢)

ويرجح ان باب بعثة برزويه مما زيد في النسخ العربية بأدلة أهمها:

خلو النسختين السريانيتين منه، وأولاهما مترجمة عن الفهلوية (سنة ٥٧٠ م) وثانيتهما مترجمة عن العربية (في القرن العاشر أو الحادي عشر الميلادي)(٨٣) ان هناك محاولات كثيرة من العلماء والباحثين استهدفت تحديد المعنى والإشتقاق الأصلي كلمتي (كليلة ودمنة، شتربة). فتوصلوا إلى أنها كلمتان هنديتان لا فارسيتان محرفتان من الكلمات (دمناكا) و(كاراتاك) و(شترباكا) في الأصل الهندي ولكن كيف؟

(٨١) ينظر: القصة في الأدب الفارسي/٣١٣.

(٨٢) القصة في الأدب الفارسي/ ٣١٣- ٣١٧ وابن المقفع (عبد اللطيف حمزة)/ ٢٧٣-٣٠١ والمجموعة الكاملة لآثار عبد الـلــه بـن المقفع/ ١٣-١٧.

(٨٣) نقلا عن: القصة في الأدب الفارسي/ ٣١٦.

والجواب هو ان في كلمتين (دمنة) و(شترباك)، تغييرات:

نبدأ في "الهاء التي في نهايتها وقد حلت محل الكاف في الأصل الهندي لهما وهو (دمناك) و(شترباك) ولكن كيف نفهم ان لفظة (كليل) في النطق العربي مأخوذة من (كاراتاكا) أو (كاركتا) في النطق الهندي؟

الأمر في هذه الكلمة يسير إذ هناك من الباحثين من يرى: أنه قد يكون اصل - أولا - لفظ (كليلة) في النطق العربي و(كالالاك) في النطق الفهلوي، ثم إنقلبت (الكاف) في آخر هذه الكلمة إلى (هاء)، كما حدث في (دمنة) و(شتربة) ومن ثم رأينا كلمة (كلالاه) في النطق الفارسي تتحول إلى (كليلة) في النطق العربي"[٨٤].

ويقال: "ان إسم الكتاب في السنسكريتية (كرنكا ودمنكا) وفي الفهلوية (كليلك ودمنك) وأبدلت الكاف الفهلوية هاء صامتة في الفارسية. فعرف بإسم (كليلة ودمنة)"[٨٥].

"ولكن الأصل الهندي هو (كاراتاك)، وليس كلالاك، ويلاحظ الباحثون هنا ان اللام في اللفظ البهلوي غالبا ما تكون منقلبة عن راء في اللفظ الهندي فقد وجد في المخطوطات القديمة أنهم يقولون (إيلان) في (إيلانيين) في (إيران) و(إيرانيين)"[٨٦].

"وإذن فليس هناك ما يمنع كون اصل لفظ (كلالاك) في الفهلوية (كاراراك) في الهندية. ان الأصل الهندي للكلمة هو (كاراتاك)، وليس (كاراراك). وأن الهنود يكتبون (كاراتاكا) بالتاء ولكنهم ينطقونها (كاراراكا) بالراء. وتلك إذن جميع الأطوار التي خضعت لها كلمة (كاراتاكا)، في النطق الهندي حتى أصبحت (كليلة) في النطق العربي"[٨٧]. وقد سمي الكتاب بإسم "أخوين من بنات آوى وهما (كليلة ودمنة) وأخبارهما في بابين من أبواب الكتاب هما (باب الأسد والثور، وباب

---

(٨٤) ابن المقفع/ ٢٦٨-٢٩٦.

(٨٥) القصة في الأدب الفارسي/٣٢٠.

(٨٦) ينظر: ابن المقفع/ ٢٧٠ وفي الأدب العالمي (القصة، الرواية، السيرة)/ ٢١٧- ٢١٩.

(٨٧) ينظر: ابن المقفع/ ٢٧٠ وفي الأدب العالمي (القصة، الرواية، السيرة)/ ٢١٧ - ٢١٩.

الفحص عن أمر دمنة). وأما بقية الأبواب فلا علاقة لها بهما، ومعنى هذا أنه صارت تسمية الكل بإسم الجزء وهي طريقة درج عليها الكثيرون من الكتاب القدامى والمعاصرين"[٨٨]. ويبدو ان ابن المقفع "لم يترجم الكتاب كلمة كلمة وجملة بجملة ولكنه تصرف في الفاظه ومعانيه وترتيبه، فكان يحذف بعض الجمل ويضع غيرها مكانها وقد يضع فصلا كاملا حتى جعل ذلك الكتاب ملائما للذوق العربي الإسلامي. ومن الأبواب التي ذكر أنها من وضع ابن المقفع نفسه (باب الفحص عن أمر دمنة، والناسك والضيف، والحمامة والثعلب ومالك الحزين)"[٨٩]. يعد ابن المقفع من أوائل الكتاب في عهد الدولة العباسية. وأشار ابن النديم في كتابه الفهرست إلى أن: "ابن المقفع كان أحد المترجمين من اللسان الفارسي إلى العربي مضطلعا باللغتين (العربية والفارسية) فصيحا بهما ...، وأشار أيضا إلى ان ابن المقفع نقل بعض كتب الفرس منها (كتاب خداينامه في السير، كتاب آيين نامه في الأصر، كتاب كليلة ودمنة، كتاب مزدك، كتاب التاج في سيرة أنوشروان، كتاب الأدب الكبير المعروف بـ (ماقراحسيس)، وكتاب الأدب الصغير، كتاب اليتيمة في الرسائل"[٩٠] والجدير بالذكر ان "كتابي (خداينامه) و(آيين نامه) مفقودان ولا توجد منهما سوى بعض مقطوعات في عيون الأخبار"[٩١] وأشار إليه الجاحظ أيضا قائلا كان ابن المقفع يصوغ الكتب التي يأمر أبو جعفر بنقلها عن الفهلوية والفارسية واليونانية والسريانية في القالب العربي المبين، فضلا عما كان ينقله هو إلى العربية من الأسفار البديعة، والكتب النافعة، مثل كتاب كليلة ودمنة، والتاج، والأدب الكبير، والأدب الصغير، واليتيمة، ويقال ان كتاب كليلة ودمنة من وضعه لا من نقله"[٩٢]

---

(٨٨) المجموعة الكاملة لآثار ابن المقفع/ ١٣.

(٨٩) عبد الـلـه بن المقفع - شخصيته - لغته- آراءه الحكمية/ ١٩٧.

(٩٠) الفهرست/ ١٧٢.

(٩١) عيون الأخبار ج ٤/ ٩٦.

(٩٢) البيان والتبين ج ١/ ١٠٨.

وقال الباقلاني في إعجاز القرآن: "ان ابن المقفع ألف (الدرة واليتيمة) وهي كتابان أحدهما يتضمن حكما منقولة والآخر في شيء من الديانات"[٩٣] ويحدثنا اسماعيل باشا البغدادي ضمن ترجمته لابن المقفع قائلا: "صنف من الكتب في سيرة أنوشروان، ترجمة كليلة ودمنة، من الفارسية إلى العربية، خداينامه في السير، الدرة اليتيمة، الجوهرة الثمينة في الأدب، كتاب مزدك، كتاب اليتيمة في الرسائل[٩٤]" ويذكر المسعودي ان ابن المقفع ترجم:

١. السكيسران أو السكيكين من الفارسية الأولى إلى العربية"[٩٥] وهذا الكتاب يحتوي على موضوعات في شأن تعظيم الفرس من أسلافهم وسير ملوكهم.
٢. كتاب (البنكش): نقله ابن المقفع إلى العربية[٩٦]".

وقال صاحب الفهرست: "كانت الفرس نقلت في القديم شيئا من كتب المنطق والطب الى اللغة الفارسية فنقل ذلك إلى العربية عبد اللـه بن المقفع وغيره"[٩٧]. وهناك رسالة منسوبة إلى ابن المقفع في تعليم ابنه وهي (الأدب الوجيز للولد الصغير)[٩٨].

---

(٩٣) إعجاز القرآن/ ١٩.
(٩٤) هدية العارفين ج١/ ٤٣٨.
(٩٥) مروج الذهب/ ج١: ٤٣٨.
(٩٦) م. ن/ ج٢: ١٩٤.
(٩٧) الفهرست/ ٣٣٧.
(٩٨) ينظر: عبد اللـه بن المقفع -شخصيته-لغته-آراءه الحكمية/ ١٨٥.

الفصل الأول
الوحدات السردية الإيجابية في الحكايات

المبحث الأول
المغامرة والبطولة في الحكايات

المغامرة: وحدة أساسية من الوحدات السردية البارزة في الأبواب الخمسة عشر لحكايات كليلة ودمنة، والمغامرة فيها نوعان:

١. **التغامر في الحكايات الرئيسة:** إنه سيطر سيطرة كاملة على الحكايات الرئيسة منذ البدء بسرد الحكايات وإلى النهاية.

٢. **التغامر في الحكايات الفرعية:** هذا النوع أيضا شائع في أغلب الحكايات الفرعية تحت مظلة الحكايات الرئيسة وتمديد لها أي ان ترسيمة المغامرات في الحكايات تبدو كالآتي:

المغامرة الرئيسة في الحكايات الرئيسة ذات الصفة الإستمرارية

(هدفها التوضيح والتغامر دون الإستسلام)

↓

المغامرة الفرعية ذات الصفة الإستمرارية

لكن بوساطة الحكايات الفرعية الأخرى

(هدفها التأكيد والنصيحة)

إن الأسلوب البطولي ومغامرة البطل في الحكايات الرئيسة يتجه نحو الإغراء أو التشجيع وذلك عن طريق التمديد الحكائي بالحكايات الفرعية كي يستمر البطل بالمغامرة أو المجازفة التي يقوم بها.

فالمغامرة في أكثر الأوقات تؤدي إلى إنتهاء البطل من دوره وعدم إقناع المتلقي في الحكايات وهذا يحتاج إلى الاستمرارية وذلك بسرد الحكايات الأخرى كإمتداد لما جرى سابقا، فمثلا حكاية مجازفة الوالد ثم مجازفة الإبن ومن ثم ترك الثور لدى شخص من غير العائلة ومن ثم مجازفة الرجل الهارب من الذئب واللص والوادي. والمنتهي بالموت أي بالهزيمة، ومن ثم العودة من خلال السرد.

الإسترجاعي للحكايات وعدم التوقف فيها حتى تصل الى حكاية الثور المتروك في الوحل ومن ثم البدء بالسرد الرئيس من خلال اللقاء بين (كليلة ودمنة والأسد، ودمنة والثور) ويبدأ هنا اسلوب المغامرة المسيطرة على أكبر باب من أبواب كليلة ودمنة وهو (باب الأسد والثور). ويتضح هذا من خلال الحوار الجاري بينهما، فالحوار بين الشخصيات وحدة بارزة من الوحدات القائمة داخل القصص القائمة على المغامرة كما في باب الأسد والثور. وكذلك عنصر التوازي موجود بين الشخصيات الثنائية المتحاورة في هذا الباب. ففي كثير من الأوقات وفي طريقة سرد الحكايات يأتي أسلوب المغامرة كأسلوب غالب عند الشخصيات أو أبطال الحكايات. وأن القوة والثقل الموجود للمغامرة أكبر بكثير من الدور البطولي أي:

المغامرة > البطولة

إن التأثير الايجابي لكليلة يتضح في الحكايات القائمة على المغامرة لكن عدم الإستجابة الحقيقية يقلل من شأن هذا التأثير الايجابي مع كل ما يقدمه كليلة لدمنة. فدمنة يقوم بما قرره من القيام بالمغامرة كي يدخل على الأسد.

قال دمنة: "أريد ان أتعرض للأسد عند هذه الفرصة لأنه قد ظهر لي أنه ضعيف الرأي قد إلتبس عليه أمره وعلى جنده أيضا ولعلي على هذه الحال أدنو منه فأصيب عنده منزلة ومكانة فيبتدرني بالكلام، فأجيبه بما تقدحه القريحة. لعلها تنتج بيننا نتيجة تؤدي إلى إظهار أمر مكتوم"[٩٩].

ومع ما يقوم به دمنة يأتي كليلة بنصائح كثيرة كي يترك دمنة ذلك ويقنعه بالعدول عن المغامرة التي قرر ان يخوضها. أي ان كليلة يظهر بطلا مساعدا لدمنة وأن الأدوار هنا تتجه نحو الصراع وظهوره في دور الاساسي بين شخصيات ذات مقصديات مختلفة، فالصراع "هو أحد أنماط التفاعل الاجتماعي ينشأ عن تعارض المصالح حيث يدرك الفرد أنه لا سبيل إلى التوفيق بين مصالحه ومصالح الغريم فتنقلب المناقشة بينهما نزاعا وصراعا. وهذا الصراع يتجه نحو الكراهية المتبادلة

---

(٩٩) كليلة ودمنة/ ١٠٨.

بين الشخصيتين. وتنقلب هذه الكراهية إلى صراع يظهر تدريجيا على شكل إدعاءات أو تبادل شتائم وتهديد، وقد ينتهي بالإشتباك الجسمي في بعض الحالات"[١٠٠].

ولهذا الصراع أسباب كثيرة منها:

"عدم التلاؤم والإنسجام في المعتقدات والقيم والمعايير بما فيها الولاء والإلتزامات تجاه الجماعات والأفراد المختلفة"[١٠١].

وما دامت الحكايات تحمل الحوار والصراع والنزاع والمغامرة، صار الخطاب فيها يظهر سرديا تتابعيا ذا طابع سردي للوحدة الحوارية المؤدية إلى المغامرة.

فعند دخول دمنة على الأسد وعندما خار شتربة خوارا شديدا حاول دمنة ان يقلل من تأثير الصوت المنكر الذي سمعه الأسد أول مرة[١٠٢].

"فداخل هذا الخطاب السردي هناك عدد من الكائنات الحية أو غير الحية تكتسب إياه تدريجيا جملة من المقومات. هذه المقومات وتلك الكائنات تسمى (معانمية smm) غير أنهما يختلفان من حيث الوظيفة. ففي الأولى تعد (وحدات مميزة Units Disct) منتظمة في وصف العوامل (Actant) وتعد الثانية تابعة لها موصولة بها (Intgs) وتسمى (مسندات) وتنقسم هذه بدورها على قسمين تابعين للثنائية:

متحرك/ ثابت

فالمتحرك منهما يحدد الوحدات الوظيفية فيما يعين الثابت منهما الأوصاف (ualification Functional) ويظهر هنا موضوع الحدود الفاصلة بين الصنفين

---

(١٠٠) نقلا عن: صراع الشخصيات في مجموعة روايات إسلامية معاصرة لنجيب الكيلاني (رسالة)/ ٢٢.

(١٠١) مدخل الى علم الإجتماع/ ١١٨.

(١٠٢) ينظر: كليلة ودمنة/ ١١٦ - ١١٨.

إذ كثيرا ما تلتبس الحدود وتتداخل الفواصل، فلا نعرف إلى أي حد تنتهي الوظيفة ويبدأ الوصف أو العكس. ان علاقة العوامل بين كلتا الوحدتين الوظيفيتين تكتسب معناها بوساطة المسندات التي تتساوق على إمتداد الخطاب تساوقا رأسيا، معينة الوحدات الأولى محددة مداها الدلالي. ففي بداية الخطاب لا تتعدى هوية (البطل) التسمية. ثم يكتسب تدريجيا أوصافا ووظائف حتى إذا شارف الخطاب النهاية، إستوت الشخصية محددة الهوية، واضحة المعالم"[١٠٣]. ان الثنائيات من حيث (الثابت والمتحرك) تظهر في المغامرة في باب الأسد والثور كالآتي:

١. ←
الثبوت (كليلة) + الثبوت (دمنة)
الثبوت (كليلة) + الحركة (دمنة).

٢. ←
الحركة والثبوت (دمنة) + الثبوت (الأسد) عند الدخول على الأسد.
الثبوت (الأسد + دمنة).

٣. ←
حركة الماضي (الثور) ثبوت الماضي
حركة الحال (الخور)

حركة الحال (الثور) + ثبوت الحال (الأسد)

٤. ←
ظهور الصراع والمغامرة والمجازفة

والوحدات المتميزة تظهر هنا. وهي وحدات تكتسب كذلك معانيها بعلاقات بعضها ببعض في المحور التوزيعي. والدراسة المختصة بتحديد هذه العلاقات هي التي نطلق عليها (الانموذج العالمي)، وهو نظام خاضع لعلاقات قارة بين العوامل. ومن حيث هو صيرورة قائمة على تحولات متتالية، وأن السرد هنا ينبني على التراوح بين الاستقرار والحركة والثبات والتحول في آن. فمضمون الأفعال يتغير بإستمرار والقائمون بالفعل يتغيرون كذلك لكن الملفوظ يظل ثابتا. إذ ان الاستمرار

(١٠٣) ينظر: في الخطاب السردي/ نظرية غريماس/ ٣٧- ٣٨.

يضمنه توزيع الأدوار مرة واحدة بتشكيل النظام العاملي جملة على نحو ما يوضحه الرسم البياني الآتي[١٠٤]:

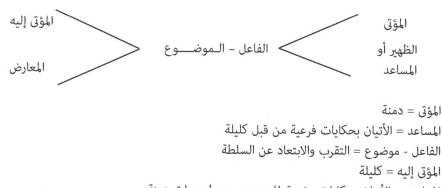

المؤتى = دمنة
المساعد = الأتيان بحكايات فرعية من قبل كليلة
الفاعل - موضوع = التقرب والابتعاد عن السلطة
المؤتى إليه = كليلة
المعارض = الأتيان بحكايات مؤيدة لما ينسجم مع طموحات دمنة
إن المغامرة الموجودة في هذه الحكاية لها جذور بدائية من حيث صعوبتها وهي تظهر كالآتي:

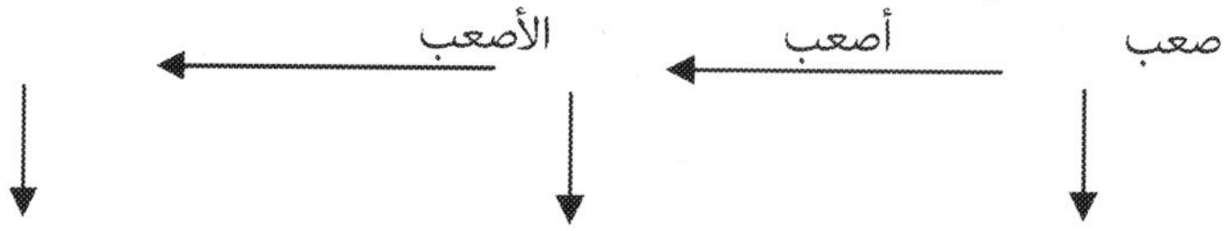

الحوار الإقناعي (كليلة ودمنة) (دخول دمنة على الأسد) (إقناع الثور وإتيانه على الأسد) أي ان ظهور المشاكل والتوجه نحو المغامرة في حكاية الثور والأسد وراءه قرار نهائي وفردي في الوقت نفسه دون الإعتماد على المشاورة مع الآخرين في وقت تكون المشاورة سمة أساسية لدى الإنسان كي ينجو من المغامرة وقد إهتمت بها الأديان السماوية كلها كما في قوله تعالى في القرآن الكريم قال تعالى: **وشاورهم في الأمر**[١٠٥].

---

(١٠٤) ينظر: في الخطاب السردي/ نظرية قريماس/ ٣٨.

(١٠٥) آل عمران/ ١٥٩.

إن الحكايات الأساسية في أغلب الأوقات تتميز بالإطالة وهذا بسبب كثرة الإتيان بالقصص والحكايات الفرعية أي (القصة داخل القصة). لكن قوة الحكايات الأساسية تؤدي إلى عدم نسيان الحكاية (الموضوع الأساسي). ففي كل مرة تقوم الشخصيات بإجراء حوار طويل، وهذا من خلال توارد القصص الواحدة تلو الآخر لكن الأسلوب التغامري للشخصيات يؤدي الى إستمرارية التأثير في القارئ كي يستمر في متابعة خطوات القراءة.

"**خلص الثور من مكانه وانبعث فلم يزل في مرج مخصب كثير الماء والكلأ... فلما سمن وأمن جعل يخور ويرفع صوته بالخوار ...**"[١٠٦].

فبسبب مرور الزمن والتخلص من مكانه أي الإنتهاء من مرحلة الضعف والسكون والثبوت والتوقف المكاني. بدأ الثور يتحرك ويتجه نحو المغامرة لكن ثبوته وتوقفه ليس أبديا لأن مرور الزمن هو الذي يؤدي مرة أخرى إلى الانبعاث والإظهار مرة أخرى. ان إرتفاع الصوت لدى الثور عبارة عن وحدانية الخطاب والمغامرة لأنه لا يعرف وجود الآخرين داخل المنطقة "**وكان قريبا منه أجمة فيها أسد عظيم وهو ملك تلك الناحية ومعه سباع كثيرة وذئاب وبنات أوى وثعالب وفهد ونمور وكان هذا الأسد منفردا برأيه غير آخذ برأي أحد من أصحابه. فلما سمع خوار الثور ولم يكن رأى ثورا قط ولا سمع خواره خامره منه هيبة وخشية وكره ان يشعر بذلك جنده... وكان مع الأسد إبنا أوى يقال لهما كليلة ودمنة. وكانا ذوي دهاء وعلم وأدب...**"[١٠٧].

إن قيام الثور برفع صوته خوارا، وعدم المامه الكامل بالمنطقة يؤدي به الى المغامرة وظهور مشكلة بينه وبين الأسد (ملك الغابة). ان ظهور المنافس للأسد شيء غير مقبول وهو يؤدي الى عواقب وخيمة لطرف منهما وهذا بمثابة الانطلاق

([١٠٦]) كليلة ودمنة/ ١٠٥.

([١٠٧]) كليلة ودمنة/ ١٠٥- ١٠٦.

للمغامرة الكبرى في ظل غياب معرفة الآخر (الثور والأسد). وهنا تتشكل بداية ظهور المفاجأة، أكانت حربا أم سلاما أم الرجوع بخفي حنين؟

والمغامرة الناتجة عن المفاجأة تحمل الكثير من المعاني والدلالات والعبر لأن الخطاب السردي عندها خطاب يحفل بالمغامرة. وهذا ناتج عن "ان هذا الباب عبارة عن أطول الأبواب في حكايات كليلة ودمنة كما يحتوي على أكبر عدد من الأمثال الصغرى مقارنة بالأبواب الأخرى"(١٠٨).

إن الظهور التدريجي للمغامرة في الحكاية يتجه باتجاه الثنائيات وظهورها أو إخفاء بعضها كاستمرارية وجود دمنة مع الأسد والثور وعدم وجود (كليلة) وقت دخول الثور عن طريق دمنة وسيطا على الأسد، فهذا واضح لأن (كليلة) لايريد المغامرة ووقف بكل قوته أمام دمنة، أما (دمنة) فهو المغامر الحقيقي في كلتا المرتين:

١. مرة في الدخول على الأسد.

٢. والأخرى في دخوله على الثور والأتيان بالثور الى الأسد.

ان فكرة الثنائيات فكرة شائعة في الخطاب الادبي. ويستطيع القارئ ان يلاحظها في كليلة ودمنة. وهي في (باب الأسد والثور وباب الفحص عن أمر دمنة) من أقوى أساليب المغامرة منذ البداية حتى النهاية، سواء أكانت في الحكايات الرئيسة أم الفرعية.

إن أكثر المغامرات في (باب الأسد والثور وباب الفحص عن أمر دمنة) تأتي نتيجة نهائية للمشاورة أكانت مغامرة مقبولة لدى الطرفين أم لدى الواحد فقط، كما عند دمنة عندما يريد ان يدخل على الأسد وقال: **"أريد ان أتعرض للأسد عند هذه الفرصة"**(١٠٩) فهذه اللحظة هي الأبتداء بالدخول في المركزية الحكائية (البؤرة الحكائية) والمشاورة الثنائية وهي عبارة عن "نقطة التأهيل طبقا لنموذج

---

(١٠٨) خصائص البناء الفني في كليلة ودمنة/ ٢٨.

(١٠٩) كليلة ودمنة/ ١٠٨.

غريماس السردي المبكر وهي محصلة الأختبار التأهلي في وصف الترسيمة السردية المعيارية"(١١٠) والتأهيل "يتجه إلى التحويل على صعيد الخطاب وأن الأسلوب الخطابي هنا يتميز عن اسلوب الخطاب الاعتيادي لأن الأسلوب هنا يظهر كأسلوب به نبرة دينية يطفح بها الخطاب الأقرب الى اللغة المسكوكة التي تتميز بها الخطابات المكتوبة في تلك الحقبة"(١١١).

ولهذا فإن التحليل التقني لأنماط السرد "يصبح مدخلا ضروريا لاستكشاف الأساليب وتوضيح الأنماط النصية ويتطلب هذا التحليل المتابعة المنظمة لجهود فك الخطاب السردي إلى مكوناته وتحديد أبنيتها الكلية والجزئية قبل محاولة الأمساك بدلالتها الشاملة في كل نص على حده"(١١٢).

فالشخصيات وأدوارها في حكاية الثور والأسد في مد وجزر دائم. ففي بعض الحالات يظهر (الأسد) كبطل حقيقي وفي حين آخر كـ (معارض) أو دمنة يظهر كبطل حقيقي والثور كالمعارض أو كليلة كالبطل ودمنة كالمعارض. ان كليلة يأتي كل مرة بنصائح وأمثال وحكم كثيرة كي يجنب دمنة المغامرة الفردية:

"إذا إبتلى المتحابان بأن يدخل بنيهما الكذوب المحتال لم يلبثا ان يتقاطعا ويتدابرا... "(١١٣).

فهذا القول زاخر بالإيحاء والدلالة و(كليلة) يعرف ان المغامرة التي يريدها (دمنة) سوف تتخذ صورا متعددة. كما ان هذا بمثابة البطل المساعد كي يؤثر في دمنة كي لا يقوم بمغامرة الفتنة. **قال دمنة: "وأحذرك من الذي أردته لعظم خطره عندك وقد قالت العلماء: ان ثلاثة لا يجترئ عليهن إلا أهوج ولا يسلم منهن إلا قليل وهي صحبة السلطان وإئتمان النساء على الأسرار وشرب السم**

---

(١١٠) قاموس السرديات/ ١٦١.

(١١١) الرواية والتراث السردي من أجل وعي جديد بالتراث/ ١٢٠.

(١١٢) بلاغة الخطاب وعلم النص/ ٢٩٨.

(١١٣) كليلة ودمنة/ ١٠٢.

للتجربة..."[114] وبالمقابل لا يؤمن دمنة بما يقوله كليلة ويأتي بثلاث خصال أخرى كي يرد الخصال الثلاث لكليلة وقال:

"وقد قيل ان خصالا ثلاثا لن يستطيعها أحد إلا بمعونة من علو همة وعظيم خطر، منها صحبة السلطان وتجارة البحر، ومناجزة العدو، وقد قالت العلماء في الرجل الفاضل الرشيد: إنه لا ينبغي ان يرى إلا في مكانين ولا يليق به غيرهما: إما مع الملوك مكرما أو مع النساك متعبدا كالفيل إنما جماله وبهاؤه في مكانين: إما ان تراه في البرية وحشيا أو مركبا للملوك"[115] فهذا يثبت حرص دمنة على قرار المغامرة كي يدخل على الأسد "**ثم ان دمنة إنطلق حتى دخل على الأسد**"[116].

ان الخطاب السردي الناتج عن المعادلة المتناقضة على مستوى المغامرة لا يؤدي الى الاتفاق والسماح بالآخر لأن علاقة التفاعل بينهما مختلفة ومتناقضة أحيانا، ولا تجمع بينهما سوى علاقة الأخوة والدخول في المغامرة والمجازفة أفضل دليل لعلاقتهما، وأنها تحتاج إلى الحيل والخداع، فدمنة قدم كل ما استطاع كي يدخل على الأسد. وهذا الشكل عبارة عن "التناقض أو التعارض الذي يتطلب جزءا متشابها في كل محاولة من محاولاتهما"[117].

ان هذه المحاولات تحتاج إلى ظهور وإخفاء الشخصيات والشخصيات التي ظهرت في حكاية الأسد والثور عبارة عن نمطين من الشخصيات[118]:

١. الرئيسة ٢. الثانوية

---

(١١٤) كليلة ودمنة/ ١١٠.

(١١٥) كليلة ودمنة/ ١١١.

(١١٦) ينظر: كليلة ودمنة/ ١١٢.

(١١٧) ينظر أدب الحكاية الشعبية/ ٥٣.

(١١٨) ينظر: الشخصية السردية في حكايات كليلة ودمنة (دراسة تحليلية في قصة الأسد والثور)/ ٤٥٦.

فالرئيسة:

جسدتها ثلاث شخصيات رئيسة غالبا (الثور، الأسد، دمنة) أو أربع شخصيات أحيانا (الثور، الأسد، دمنة، كليلة) وكل واحد منهم قد حمل إسما معينا بإستثناء الأسد الذي برز بإسمه المتعارف عليه عند فصيلة الحيوانات، فالثور سمي بـ (شتربة) وابن آوى بـ (كليلة، ودمنة).

أما الشخصيات الثانوية:

فقد عرفت بمسمياتها الحقيقية. فهناك (النمر، الفهد، الثعلب، الأم). وهي شخصيات مكملة للأولى ويأتي دورها في الجزء الأخير من حكاية الأسد والثور وخاصة في (باب الفحص عن أمر دمنة). وتشارف على الإنتهاء من الحدث القصصي ولا سيما في باب الفحص عن أمر دمنة. وهو جزء مخصص لمحاكمة (دمنة) لما إقترفه من جريمة الفتنة بين الصديقين، وبالتالي يسبب في قتل أحدهما دون ذنب، فتأتي هذه الشخصيات كشاهد عيان على الجريمة المقترفة مع الأخذ بنظر الإعتبار أنها لم ير الجريمة بأعينها وإنما إعتمدت على السماع، فالمصادفة من العناصر البنائية قي سرد الحكايات ومن هنا تلعب دورها في وقوف هذه الشخصيات على الجريمة من خلال العتاب واللوم الذي يلقيه كليلة على دمنة[119] والوحدة السردية الحوارية للمغامرة تبدأ عند دخول دمنة على الأسدو عندما خار شتربة خوارا شديدا. حاول دمنة ان يقلل من تأثير الصوت المنكر الذي سمعه الأسد لأول مرة[120]، أو في حالة دخول دمنة على الثور[121] نتيجة لكل مايغامر فيه دمنة (مرة بدخوله على الأسد وأخرى على الثور) يتجه دمنة نحو الأنزياح عن البنية الدلالية لوحدة البطل السردي "بناء عليه فإن القاعدة التي يقوم عليها بناء النص

(١١٩) ينظر: الشخصية السردية في حكايات كليلة ودمنة (دراسة تحليلية في قصة الأسد والثور)/ ٤٥٦.

(١٢٠) ينظر: كليلة ودمنة/ ١١٦-١١٧.

(١٢١) ينظر: م. ن/ ١١٨.

تتكون من (البنية الدلالية ومن الفعل) وهذا الفعل يمثل دائما محاولة لتجاوز هذه البنية"[١٢٢] ويمثل هذا في:

الفعل ورد الفعل

ان بناء التغامر بهما (الفعل ورد الفعل) تجاوز أقصى الدرجات وذلك بعد غياب أية معلومة لدى (دمنة) عن الأسد والدخول عليه أو تجاهله الكلي للثور (شتربة) والدخول عليه أيضا. ان التجاوز بهذا المعنى هو خلق علاقات صدامية (من النفي إلى الإثبات أو من الإثبات إلى النفي) بين حدي البنية الدلالية والعلاقة الصدامية تعني تحويل الحدود إلى وظائف أي إلى (العمليات) ونتيجة لذلك يحدد يوري لوتمان نوعين من الوظائف المؤسسة للنص في بداية تشكله.

- الوظائف الأولى هي وظائف تصنيفية (ساكنة أو ثابتة).
- أما الوظائف الثانية فهي وظائف العامل (متحركة)[١٢٣].

فوحدات (المؤتى، الظهير - المساعد، الفاعل - الموضوع، المؤتى إليه، المعارض) منذ البدء بمغامرة دخول دمنة على الثور ووقعت في زحزحة مد وجزر مستمرة حتى في بعض الأحوال التي تغييرت الوحدات منها مثلا:

أ: المؤتى والمساعد ← المعارض

"فلما فصل دمنة من الأسد فكر الأسد في أمره وندم على إرسال دمنة حيث أرسله ..."[١٢٤].

ب: الفاعل والموضوع ← المساعد

١. **"ولم يزل الأسد يحدث نفسه بأمثال ذلك حتى جعل يمشي وينظر إلى الطريق التي سارع فيها دمنة فلم يمش غير قليل حتى بصر بدمنة مقبلا**

(١٢٢) سيمولوجية الشخصيات السردية/ ٤٩.

(١٢٣) ينظر: سيمولوجية الشخصيات السردية/ ٤٩ - ٥٠.

(١٢٤) كليلة ودمنة/ ١١٧.

نحوه فطابت نفسه بذلك ورجع إلى مكانه ودخل دمنة عليه فقال له الأسد: ماذا صنعت وماذا رأيت؟
قال: رأيت ثورا وهو صاحب الخوار والصوت الذي سمعته.
قال: فما قوته؟ قال: لا شوكة له وقد دنوت منه وحاورته محاورة الأكفاء فلم يستطع لي شيئا"[١٢٥].
٢. فانطلق دمنة إلى الثور فقال له غيرهائب ولا مكترث، إن الأسد ارسلني إليك لآتيه بك..."[١٢٦].
ج: المعارض ←—— المؤتى
قال له شتربة: "ومن هذا الأسد الذي أرسلك إلي وأين هو وما حاله؟"[١٢٧]
ان الأجواء هنا تحتاج إلى الإشارة للفضاء المكاني. فالفضاء الذي يعيش فيه الأسد وأعوانه ودمنة يختلف تماما عن فضاء الثور (شتربة) لأن فضاء الأسد فضاء جماعي مقابل الفضاء الفردي للثور نتيجة التأثيرات السابقة، والفضاء السردي فضاء إسترجاعي Sitch back[١٢٨] وأن دمنة يحاول ان يقوم بوصف الأسد سرديا أمام الثور حتى يقنعه بأن يأتي به إلى الأسد.

"قال دمنة: هو ملك السباع وهذه الأرض التي نحن عليها وهو بمكان كذا ومعه جند كثير من جنسه"[١٢٩] والوحدة السردية للخطاب السردي هنا عبارة عن "السرد الذي تقدم به الأفكار أو المشاعر لشخصية أو أكثر"[١٣٠] وهذا الشرح

---

(١٢٥) كليلة ودمنة/ ١١٦-١١٧.

(١٢٦) كليلة ودمنة/١١٧.

(١٢٧) كليلة ودمنة/ ١١٧.

(١٢٨) ينظر: قاموس السرديات/ ١٩٤.

(١٢٩) كليلة ودمنة/ ١١٧.

(١٣٠) قاموس السرديات/ ١٩٢.

والتفصيل يأتي نتيجة الجهل وغياب المعرفة بين الأسدو الثور وهذا لم يستمر حتى النهاية بسبب الوساطة التي يقوم بها دمنة كما في الترسيمة الآتية:

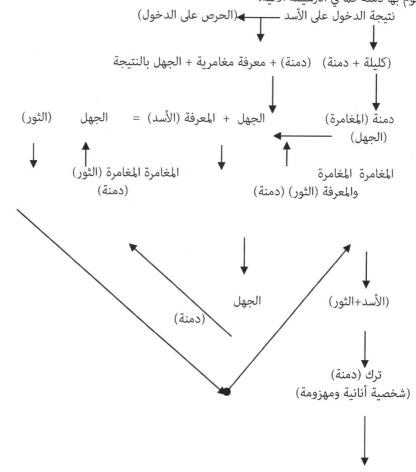

نتيجة الدخول على الأسد
(الحرص على الدخول)
(كليلة + دمنة)
(دمنة) + معرفة مغامرية + الجهل بالنتيجة
دمنة (المغامرة)
(الجهل)
الجهل + المعرفة (الأسد) = الجهل (الثور)
المغامرة المغامرة
والمعرفة (الثور) (دمنة)
المغامرة المغامرة (الثور)
(دمنة)
(الأسد+الثور)
الجهل
(دمنة)
ترك (دمنة)
(شخصية أنانية ومهزومة)
الرجوع إلى كليلة (الشخصية الإنسانية)

تلتقي الشخصيتان (كليلة ودمنة) مرة ثانية ويتجدد الصراع بينهما ويشتد الجدال حول المشكلة التي وقع فيها دمنة وتتبادلان الحوار بينهما، فهذا المشهد الدرامي بحواره المكثف يعرض الفكرة ونقيضها والطعن المتبادل بينهما[١٣١] من حيث إنسانية كليلة وأنانية دمنة. هنا يأتي طلب السلطة والعودة الى الماضي عند الأسد بمثابة نقطة الصراع الدائر بين الشخصيتين، فـ (دمنة) يريد كسبها مرة

(١٣١) ينظر: صراع الشخصيات في مجموعة روايات إسلامية لنجيب الكيلاني/ ٢٥.

أخرى، لكن (كليلة) أثبت رفضه الكلي مرة أخرى. هذه التعددية في الأفكار يجدها القارئ في حكايات كليلة ودمنة. فالصراع بين الشخصية الخيرية والشخصية الأنانية يشتد في حكاية باب الأسد والثور بين (كليلة ودمنة) من جهة و(دمنة والأسد، ودمنة والثور، ومن ثم دمنة والأسد) من جهة أخرى أما الحوار الدائر بين (كليلة ودمنة) فيعرض للصراع بين الشخصية الملتزمة بالإنسانية والشخصية السلبية والأنانية المقيدة (دمنة) بالسلطة.

ان الحوار بين كل من شخصيتي (كليلة ودمنة، دمنة والأسد، دمنة والثور، الأسد والثور) يكشف عن نقطة الإنطلاق للصراع الدائر بينهم ويقود إلى تنمية الأحداث والمغامرات وخلال الحوار تبرز الملامح النفسية والفكرية للشخصيتين أكثر فأكثر. فالنصائح الذي يمنحه كليلة لدمنة أو كلاهما للآخر يمثل مفهوما معينا عن العالم الإنساني أو الأناني. تتميز شخصية دمنة بنظرته الأنانية للحياة وعدم الاهتمام سوى بنفسه لكن شخصية كليلة يأتي على العكس تماما.

ان المغامرة التي تقوم بها دمنة لم توقفه في الصراع فقط وإنما وصلت إلى درجة الخيانة في حق الصداقة وأيضا ان الحالة التي وقع فيها دمنة تجعله يفكر في كل الطرق المؤدية للعودة الى المرحلة السابقة "**فلما رأى دمنة ان الثور قد إختص بالأسد دونه ودون أصحابه... فشكا ذلك الى أخيه كليلة وقال له: ألا تعجب يا أخي من عجز رأيي وصنعي بنفسي ونظري فيما ينفع الأسد واغفلت نفع نفسي حتى جلبت الى الأسد ثورا غلبني على منزلتي!...**"[١٣٢] فهذه الحال تثبت ان دمنة وقع تحت تأثير كبير وأنه يفكر فيه دائما وشغل نفسه بها وقد أصبح شخصا يائسا فاقدا شعور الانتماء للعقيدة ومبادئ الصداقة والإنسانية وهو يرفض هذا الواقع بشكل كامل حتى أنه أصبح باثا لسر الأسد. "**وقال دمنة: إنما يؤتي السلطان ويفسد**

---

(١٣٢) كليلة ودمنة/ ١١٨.

أمره من قبل ستة أشياء: الحرمان، والفتنة، والهوى، والفظاظة، والزمان، والخرق..."[١٣٣].

أي ان هذا بمثابة المغامرة الكلية لدمنة لأنه يقوم بإفشاء ما في قصر الملك وهذا يقوده الى الهدم والموت لأن على الشخص الذي يترك خدمة الملوك ألا يقوم بإفشاء أسرار الملك. ومع هذه الأقوال والأفعال إستمر دمنة على ما يريده للعودة الى الأسد وهو يريد ان يستمر في المغامرة مرة أخرى عندما سأله كليلة:

قال كليلة: "وكيف تطيق الثور وهو أشد منك وأكرم على الأسد منك وأكثر أعوانا؟ قال دمنة: لا تنظر الى صغري وضعفي فإن الأمور ليست بالضعف ولا القوة ولا الصغر ولا الكبر في الجثة. فرب صغير ضعيف قد بلغ بحيلته ودهائه ورأيه ما يعجز عنه كثير من الأقوياء، أو لم يبلغك ان غرابا ضعيفا إحتال لأسود حتى قتله؟ قال كليلة: وكيف كان ذلك؟ قال دمنة:"... "[١٣٤].

وهو لا يريد الثبوت والسكون وهو حريص على ما في باله من اجل العودة الى الملك مع ان كليلة أتى بحكايات ونماذج كثيرة لدمنة كـ (الغراب والأسود والسرطان، والأرنب والأسد) وبعد كل هذه التساؤلات إستطاع دمنة ان يحقق شيئا من النجاح في صراعه ضد شخصية الثور.

"ترك دمنة الدخول على الأسد أياما كثيرة، ثم أتاه على خلوة منه، فقال له الأسد: ماحبسك عني؟ منذ زمان لم أرك! (...)، قال دمنة: حدثني الأمين الصدوق عندي ان شتربة خلا برؤوس جندك وقال لهم: إني قد خبرت الأسد وبلوت رأيه ومكيدته وقوته، فإستبان لي ان ذلك يؤول منه الى ضعف وعجز وسيكون لي وله شأن من الشؤون"[١٣٥].

([١٣٣]) كليلة ودمنة/ ١٢٣.

(١٣٤) كليلة ودمنة/ ١٢٤.

([١٣٥]) كليلة ودمنة/ ١٣٠- ١٣١.

ان دمنة رفض كل الصفات الإيجابية الكائنة في الإنسان والحياة الإنسانية أمثال الحب والصداقة والوفاء والاحترام وهذا من أجل العودة، وخير دليل على ذلك هو لجوؤه المستمر الى الكذب والفتنة.

"فكره دمنة قوله وعلم ان الأسد ان لم يرمن الثور العلامات التي كان ذكرها له اتهمه وأساء به الظن، فقال لشتربة: إذهب الى الأسد فتعرف حين ينظر اليك مايريد منك... قال شتربة: وكيف أعرف ذلك؟ قال: سترى الأسد حين تدخل عليه مقعيا على ذنبه رافعا صدره اليك مادا بصره نحوك قد صر أذنيه وفغر فاه واستوى للوثبة، قال: ان رأيت هذه العلامات من الأسد عرفت صدقك في قولك"(١٣٦).

فهذا التحريض الإستباقي للأحداث دفع دمنة ان يقوم بها وهذا تحت تأثير الحالة النفسية الكئيبة والمؤثرة بفقدان السلطة والمكانة. بعد هذا إتجه دمنة الى كليلة وتحدث بما فعله بين الأسد والثور وجاء كليلة معه ليرى القتال بينهما:

"ثم ان كليلة ودمنة انطلقا جميعا ليحضرا قتال الأسد والثور، وينظرا ما يجري بينهما وما يؤول اليه امرهما (...)، فواثبه ونشأت بينهما الحرب وأشتد قتال الثور والأسد وطال وسالت بينهما الدماء"(١٣٧).

وأدى هذا الى قتل الثور وانتهاء الأسد منه. ان الذي قام به الأسد بمواجهة الثور دون التفكير فيه هو في حد ذاته مغامرة من حيث أنه لم يستطع ان يتأكد من الموضوع فوقع في دائرة الحيلة التي قام بها دمنة، وترسيمة المغامرة لنهاية الأحداث تكون كالآتي:

---

(١٣٦) كليلة ودمنة/ ١٥٠.

(١٣٧) كليلة ودمنة/ ١٥٠- ١٥١.

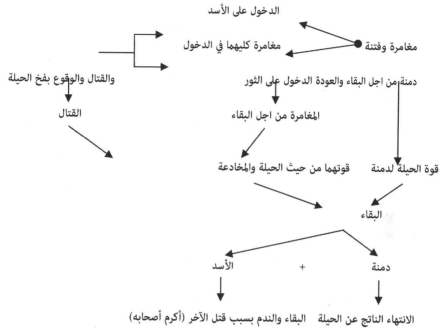

الدخول على الأسد
مغامرة وفتنة
مغامرة كليهما في الدخول
دمنة من اجل البقاء والعودة الدخول على الثور
والقتال والوقوع بفخ الحيلة
المغامرة من اجل البقاء
القتال
قوة الحيلة لدمنة
قوتهما من حيث الحيلة والمخادعة
البقاء
دمنة
الأسد
الانتهاء الناتج عن الحيلة
المؤدية الى قتل الآخر
البقاء والندم بسبب قتل الآخر (أكرم أصحابه)

"ان الأسد حين قتل شتربة ندم على قتله وذكر قديم صحبته وجسيم خدمته وأنه كان أكرم أصحابه عليه وأخصهم منزلة لديه وأقربهم وأدناهم اليه... "[١٣٨] ان النتيجة النهائية لدمنة نتيجة متناوبة (Altnation) أي أنها تقوم على التناوب في الأدوار[١٣٩] وذلك من خلال عمله المؤدي الى قتل الآخر. هنا تأتي المغامرة بمثابة حفر الحفرة للأخ (من حفر حفرة لأخيه وقع فيها) أي ما يقوم به دمنة عبارة عن متتاليات سردية بحيث تعقب وحدات إحدى المتتاليات وحدات متتالية أخرى. أو ان خطاب المغامرة لدمنة عبارة عن سلسلة أو تتابع (Linking) وهو أحد الطرق الأساسية لتأليف المتتاليات السردية[١٤٠] كما أنه وقع في فخ الأعدام والقتل في (باب الفحص عن أمر دمنة).

(١٣٨) كليلة ودمنة/ ١٦٢.

(١٣٩) ينظر: قاموس السرديات/ ١٤.

(١٤٠) ينظر: قاموس السرديات/ ١٤

"فقبل الأسد قولهما وأمر بدمنة ان يقتل ويصلب على رؤوس الأشهاد، ونادى المنادى؛ هذا جزاء من يسعى بين الملوك وبين أجنادهم وبطانتهم بالكذب والبهتان فمن نظر في هذا فليعلم ان من أراد منفعة نفسه بضر غيره بالخلابة والمكر. فإنه سيجزى على خلابته ومكره"[١٤١].

هنا يكون الحوار وحدة رئيسة من الوحدات التي تؤدي دورا فعالا في خطاب المغامرة لوحدة (المؤتى، الظهير أو المساعد، الفاعل أو الموضوع، المؤتى اليه، المعارض). وفي حكايات كليلة ودمنة يكون السرد التدريجي من خلال الحوار هو الوحدة المؤدية الى المغامرة ففي حكاية (الحمامة المطوقة والجرذ والظبي والغراب) تأتي المتواليات السردية خطوة مهمة للوصول الى خطاب المغامرة وذلك من خلال تلك الوحدات.

"إن الصياد نصب شبكته ونثر عليها الحب وكمن قريبا منها فلم يلبث الا قليلا حتى مرت به حمامة يقال لها المطوقة وكانت سيدة الحمام ومعها حمام كثير فعميت هي وصاحباتها (...)، فعلقت في الشبكة (...)، فجعلت كل حمامة تتلجلج في حبائلها. قالت المطوقة لا تتخاذلن في المعالجة... ولكن نتعاون جميعا ونطير كطائر واحد فينجو بعضنا ببعض"[١٤٢].

أي ان خلفية الصيد عبارة عن حيلة لإيقاع الآخر في فخ شبكته. فعندما رأت الحمائم الحب غامرن بحياتهن دون أي خلفية في الفحص عن الأمر أي (التأكد من الحب وعدم وجود الفخ وراءه) لكن المشاورة والحوار يؤديان دورا مهما في الفرار من الفخ الا ان الفرار ليس كليا وإنما جزئي وذلك لأنهم داخل الشبكة بشكل متواز والميزان (Balanc) السردي[١٤٣] الموجود بينهم من حيث إستخدام القوة لوحدة البطل المساعد يؤدي الى هذا النجاح الجزئي.

---

(١٤١) كليلة ودمنة/ ١٨٦.

(١٤٢) كليلة ودمنة/ ١٨٩.

(١٤٣) قاموس السرديات/ ٢٥.

وهناك شخصية خارجية تتابع الاحداث الا وهو الغراب ويأتي مع الاحداث منذ نقطة بدء المغامرة في مجيء الحمائم الى الشبكة بسبب حسها بالحب وعدم المامهن بالفخ الذي وقعن فيه وتابع فرارها الجماعي الى الجرذ. فهذه الشخصية يكون خارج الترسيمة الغريماسية وهي شخصية مسطحة (Flat chaact) أي هي ذات بعد واحد ومن الممكن التنبؤ بسلوكها بسهولة وهو المتابع الخارجي للأحداث ولكن هذا لن يستمر وتغير الى شخص داخلي لوحدة السرد في خطاب البطل المساعد. **قالت المطوقة: "فإن نحن أخذنا في الفضاء لم يخف عليه امرنا ولم يزل يتبعنا وإن نحن توجهنا الى العمران خفي عليه امرنا وانصرف، وبمكان كذا جرذ هو أخ لي (...)، وكان للجرذ مئة حجر اعدها للمخاوف فنادته المطوقة بأسمه وكان اسمه زيرك ثم ان الجرذ اخذ في قرض العقد الذي فيه المطوقة، فقالت له المطوقة إبدأ بقطع سائر الحمام وبعد ذلك أقبل على عقدي..."**[١٤٤].

هنا نرى ان الترسيمة الخماسية الغريماسية تتحول كالآتي:

استمرت المطوقة في مغامراتها القيادية كقائد مناضل من اجل اعوانها؛ وهنا أمرت الجرذ بقطع سائر عقد الشبكة وبعد ذلك قطع عقدها. فهذه المغامرة مغامرة انسانية وتثبت وجود عقلية قيادية مسيطرة على الأحداث. وبعد قطع سائر العقد أقبلت على قرض العقد وهذا النموذج الإنساني قليل في الحياة وخاصة في القطاع السياسي والقيادي.

ثم قالت المطوقة: "اني أخاف ان أنت بدأت بقطع عقدي ان تمل وتكسل عن قطع ما بقي. وعرفت أنك ان بدأت بهن قبلي وكنت أنا الأخيرة لم ترض وان

---

(١٤٤) كليلة ودمنة/ ١٩٠.

أدركك الفتور ان أبقى في الشرك، قال الجرذ: "هذا مما يزيد الرغبة فيك والمودة لك. ثم ان الجرذ أخذ في قرض الشبكة حتى فرغ منها، فانطلقت المطوقة وحمامها معها"[١٤٥].

إن خطاب المغامرة الذي قام به المطوقة وجماعتها يكون كالآتي:

المغامرة الخارجية للغراب

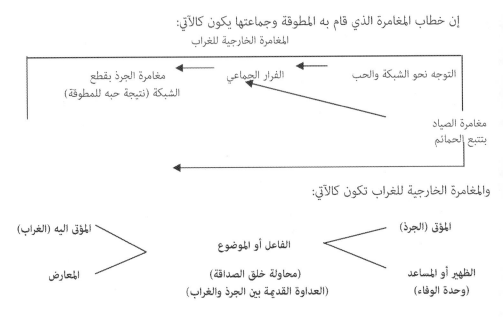

والمغامرة الخارجية للغراب تكون كالآتي:

وخطاب المغامرة هنا خطاب مستمر وهو كالآتي:

مغامرة الجرذ بقبول الغراب = مغامرة الغراب بالتحول من الشخصية الخارجية الى الشخصية الداخلية

الجرذ ⇄ الغراب = هدم العداوة والتوجه نحو السلام

"قال الجرذ: قد قبلت اخاءك فإني لم أردد أحدا عن حاجة قط وإنما بلوتك بما بلوتك به ارادة التوثق لنفسي فإن أنت غدرت بي لم تقل اني وجدت الجرذ ضعيفة الرأي سريع الانخداع... ثم ان الجرذ خرج الى الغراب فتصافحا وتصافيا وأنس كل واحد منهما بصاحبه... واتجه بها الى مكان آخر بسبب قرب حجر الجرذ من

---

(١٤٥) كليلة ودمنة/ ١٩١.

طريق الناس وقال الغراب: ولي مكان في عزلة ولي فيه صديق من السلاحف..."[١٤٦].

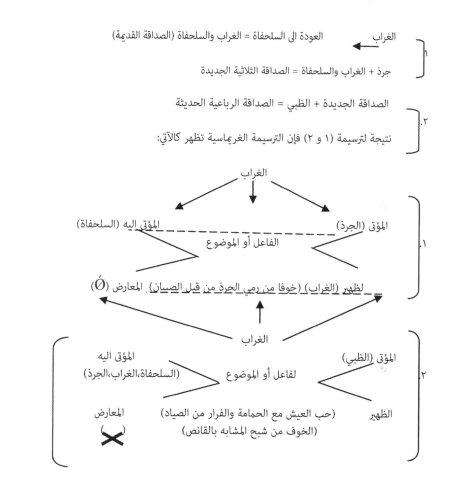

الغراب ← العودة الى السلحفاة = الغراب والسلحفاة (الصداقة القديمة)

١] جرذ + الغراب والسلحفاة = الصداقة الثلاثية الجديدة

الصداقة الجديدة + الظبي = الصداقة الرباعية الحديثة

٢] نتيجة لترسيمة (١ و ٢) فإن الترسيمة الغريماسية تظهر كالآتي:

ومن يعش مع الغراب والسلحفاة ير ويسمع الكثير لأنهما يعيشان في بيئتين مختلفتين هما الجو والبر للغراب والبر والماء للسلحفاة كما في هذه الترسيمة المكانية:

(١٤٦) كليلة ودمنة/ ١٩٣- ١٩٤.

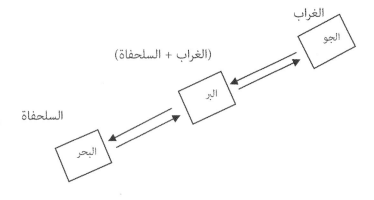

الغراب
الجو
(الغراب + السلحفاة)
البر
السلحفاة
البحر

أي انهما من اصحاب التجارب والخبرة بسبب عيشهما في الأماكن الثلاث (الجو والبر والبحر) وهما المؤديان الحقيقيان الى انقاذه من المأزق والورطة والعيش معهما يعني تجنب المشكلة والورطة وان وقعت فهي آنية وليست كلية.

"أن الغراب والجرذ والسلحفاة ذات يوم في العريش إذ غاب الظبي فتوقعوه ساعة فلم يأت... فقال الجرذ والسلحفاة للغراب: أنظر هل ترى مما يلينا شيئا؟ فحلق الغراب في السماء فنظر فإذا الظبي في الحبائل مقتنصا. فأنقض مسرعا فأخبرهما بذلك فقالت السلحفاة والغراب للجرذ: هذا أمر لا يرجى فيه غيرك فأغث أخاك. فسعى الجرذ مسرعا فأتى الظبي فقال له كيف وقعت في هذه الورطة وأنت من الأكياس؟ قال الظبي: ما يغني الحذر من قدر ولا يجدي اكيس مع المقادير شيئا"(١٤٧).

ان الجرذ مرة أخرى وبمعاونة أصدقائه (السلحفاة والغراب) قام بوضع خطة مغامرة جماعية في الدخول على الظبي وقطع عقد الشبكة وإنقاذ الظبي من الورطة.

أن وحدة العيش الجماعي بينهم وحدة سردية قوية وقت المصائب والمحن، وهي وحدة ذات طابع سردي حواري (Dialogic Naativ) يتميز بتفاعل أصوات عدة وعدة أشكال للوعي أو وجهات نظر مختلفة حول العالم(١٤٨).

---

(١٤٧) كليلة ودمنة/ ٢٠٤ - ٢٠٥.

(١٤٨) ينظر: قاموس السرديات/ ٤٤.

فإن كل واحد منهم وخاصة بعد وقوع الظبي أو السلحفاة في الشرك"**فنظر يمينا وشمالا فلم يجد غير السلحفاة تدب فأخذها وربطها**"[149] لجأوا الى وحدة توحيد الأصوات من خلال سرد حواري سريع كي يسهموا في تحرير السلحفاة وأنهم تحاوروا حوارا نهائيا من اجل السلحفاة. وذلك بتتبع خطوات الأحداث السابقة والسير معها. فالنهاية هنا تحتل موقعا اساسيا وحاسما بسبب الضوء الذي تسلطه (أو الذي يمكن ان تسلطه) على معاني الأحداث[150]. "**فأستجره الظبي الصياد حتى أبعده عن الجرذ والسلحفاة. والجرذ مقبل على قطع الحبائل حتى قطعها ونجا بالسلحفاة... فأستوحش الصياد من الأرض عندما يرى الحبل متقطعا وقال: هذه أرض جن أو سحرة**"[151].

ان الصياد مباشرة "قيم (valuation) المظاهر الموجودة في الحدث، وأن مظاهر الوحدة السردية هنا تبين كيفية المواقف والأحداث"[152] فهو متوتر بما يحدث هنا وربط الأحوال بالجن والسحرة دون النظر الى حقيقة العلاقات الموجودة بين نخبة من الحيوانات.

ففي باب البوم والغربان التداخل السردي هو الوحدة البارزة في الخطاب السردي للمغامرة "**زعموا أنه كان في جبل من الجبال شجرة من شجر الدوح فيها وكر ألف غراب وعليهن وال من أنفسهن، وكان عند هذه الشجرة كهف فيه ألف بومة وعليهن وآل منهن...**"[153].

إن الانتقال الى الخلف (الاسترجاع Sitch Back) في هذه الحكاية يدور على التاريخ وذلك من خلال العداوة التاريخية بين البوم والغربان وان الترتيب

---

(١٤٩) كليلة ودمنة/ ٢٠٤.

(١٥٠) ينظر: قاموس السرديات/ ٥٨.

(١٥١) كليلة ودمنة/ ٢٠٦.

(١٥٢) قاموس السرديات/ ٦٣.

(١٥٣) كليلة ودمنة/ ٢٠٨.

الزمني (Od) من خلال العلاقات القائمة بين الترتيب المفترض بينهما هو العنصر المسيطر وهذا لوقوع الأحداث في الواقع وترتيب حدوثها في السرد[١٥٤]. من المعلوم ان التقارب المكاني بينهما (في وقت كان كل واحد منهما عدوا للآخر) يؤدي الى التشاجر والمعركة "**فأغار ملك البوم في أصحابه على الغربان في أو كارها فقتل وسبى منها خلقا كثيرا وكانت الغارة ليلا ...**"[١٥٥].

هنا ان الوحدات المثبتة للحدث كلها موجودة مثل الزمان (الليل) والمكان (جبل من الجبال) والشخصيات (البوم والغربان) الحدث (الغارة) النتيجة (القتل والأسرو...).

ويأتي هذا عندما سيطر عنصر العودة الى التاريخ (الاسترجاع) وهذا في تفكير البوم عن شهرة الأجداد والآباء عندما وقعوا في حيلة الغربان وذلك من خلال المصالحة والحكم بواسطة الغراب بينهم وبين الكراكي. فالتفكير في المغامرة لدى البوم أدى الى رد فعل مباشر من قبل الغربان عندما: "**اجتمعت الغربان الى ملكها فقلن له: قد علمت ما لقينا الليلة عن ملك البوم وما منا الا من أصبح قتيلا أو جريحا أو مكسور الجناح أو منتوف الريش أو مهلوب الذنب، وأشد ما أصابنا ضرا جرأتهن علينا وعلمهن بمكاننا. وهن عائدات الينا غير منقطعات عنا لعلمهن بمكاننا فإنما لك أيها الملك فأنظر لنا ولنفسك**"[١٥٦].

إن التقابل السردي الناتج عن (الفعل ورد الفعل) بينهما هو المؤدي الحقيقي الى عرض كل واحد منهما بما لديه من القوة والعقل والتفكير.

ان ما حدث للغربان أدى الى أخذ حالة التهيؤ والاستعداد والاستقبال لآراء الآخرين "**وكان في الغربان خمسة معترف لهن بحسن الرأي يسند اليهن في**

---

(١٥٤) قاموس السرديات/ ١٦٤.

(١٥٥) كليلة ودمنة/ ٢٠٨ - ٢٠٩.

(١٥٦) كليلة ودمنة/ ٢٠٩.

الأمور وتلقى اليهن مقاليد الأحوال وكان الملك كثيرا ما يشاورهن في الأمور ويأخذ آراءهن في الحوادث والنوازل ..."[157].

هنا يظهر الخطاب رد فعل للغربان وهذا عندما اجتمع الملك مع الداهيات الخمس. فعنصر الصبر وعدم الإقرار مباشرة من قبل ملك الغربان هو مفتاح الخطاب السردي لما حدث لهن وما يردن القيام به من الهجوم على البوم "ان هذا التصوير المكثف إذا كان ذا دلالة فأنه يدل على حدوث تحول في مسار المستقبل"[158].

ويمكن اعتبار حدث المشاورة رمزا لهذا التحول من رد الفعل الى الفعل. أي ان إنعكاس الحدث يظهر كنقطة انطلاق من قبل الغربان رد فعل على البوم أي من حياة مهزومة الى منتصرة، ويؤدي هذا الى تقديم أحداث غريبة وعجيبة في السياق الضدي بين البوم والغربان وأن الوحدة السردية التحويلية من رد الفعل الى الفعل هو الشفرة الرئيسة للفعل التواصلي.

ان لجوء الملك الى المشاورة مع الغربان الخمسة يدل على تكثيف المناخ الوظيفي الذي يمثل الحياة من اجل جمع أكثر الآراء والأفكار لمقابلة الأحداث وفي هذه المرحلة لا نقع على شيء قدر وقوعنا على وجود فعل المغامرة الغرائبية والمشاورة والهجوم الذي سيحقق الهدف الناتج عن الفعل الماقبلي من قبل البوم[159] وعندما يكثر المستشارون تكثر الآراء. وأن آراء (رد فعل) كل منهم يؤدي الى ظهور خطاب الوحدة السردية للمغامرة الغربانية ضد البوم كما في الترسيمة الآتية:

---

(١٥٧) كليلة ودمنة/ ٢٠٩.

(١٥٨) بناء الشخصيات الرئيسة في روايات سليم بركات/ ١٧ - ١٨.

(١٥٩) ينظر: بناء الشخصيات الرئيسة في روايات سليم بركات/ ١٨.

إستشارة الملك للوزراء الخمس واستجابة الوزراء

١. الهروب
٢. الهروب
٣. بث العيون
٤. الهجرة
٥. الحيلة بالدخول اليهم

وسأل الملك الغراب الخامس عن ابتداء العداوة مابين البوم والغربان. وأن الغراب الخامس هو ذو خبرة وكفاءة وسياسة داخلية وخارجية مع كثرة معلوماته عن ماحدث سابقا وهو لديه المعلومة الكافية عن هذه العداوة وشرحها للملك في حكاية (**الغراب والكراكي**)[١٦٠] وأن هذا الغراب الخامس يلعب دور الشخصية السردية الرئيسة ويقوم بمغامرة الدخول على البوم وهو بمثابة البطل الرئيس وطلب من الملك "**وإني أريد من الملك ان ينقرني على الأشهاد وينتف ريشي وذنبي ثم يطرحني في أصل الشجرة ويرتحل الملك وجنوده الى مكان كذا...**"[١٦١].

ان المغامرة التي قام بها البوم الخامس هي بمثابة الاختيار الحاسم (Dcisiv Tst)، أي أحد الأختيارات الثلاثة التي تسم الذات (Subjct) في الترسيمة التقليدية (الاختيار التأهيلي ualifying Tst) والاختيار التمجيدي (Gloifying Tst). وأن الأختيار الحاسم (الرئيس) يؤدي الى اتصال الذات (الغراب) بموضوعها مغامرة الدخول على البوم[١٦٢] المغامرة التي يقوم بها الغراب الخامس من أقوى أنواع المغامرات وليست عبارة عن مغامرة حصول الحدث فقط وإنما عبارة عن مغامرة البحث عن الهدف المقصود وإنه عبارة عن مغامرة الدخول على العدو من اجل معرفة اسراره وقراءة افكاره وعقله ففي بعض الأوقات عندما تشاور البوم فيما بينهم ومع الملك يأمر بعضهم بقتله أو بالعكس (بالتعامل والتعايش). فالوقوع بهذه الدائرة قائم على المغامرة لأنه هو المقابلة مع

(١٦٠) كليلة ودمنة/ ٢١٢.

(١٦١) كليلة ودمنة/ ٢٢٠.

(١٦٢) ينظر: قاموس السرديات/ ٤١.

العدو وداخل ميدان العدو" **من أنت وأين الغربان؟**..."[١٦٣]. مقابل هذه المغامرة التي قام بها الغراب تشاور البوم مع الملك حول مستقبل التعامل والتواصل مع الغراب.

إن الترسيمة الآتية توضح مشاورة ملك البوم مع من استشاره في الأمور:

قال ملك البوم: "ماذا تقول في الغراب وما ترى فيه"[١٦٤]؟

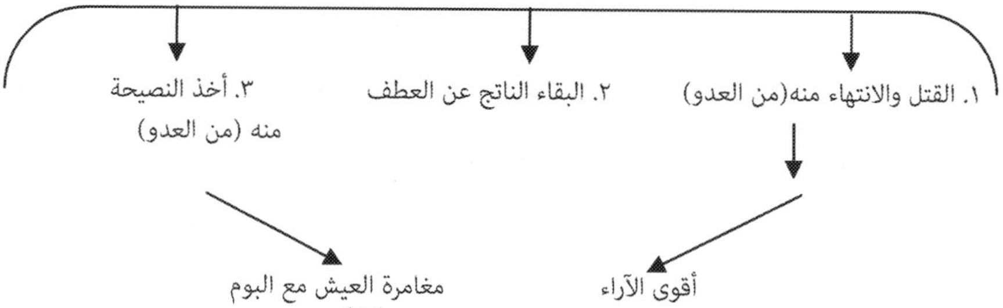

(أظن ان الغراب قد خدعكن مثل حكاية الرجل الذي إنخدع بالمحال......)[١٦٥]

ان المغامرة في العيش مع الغراب سبب لهلاك البوم وقتلها "قال الغراب الداهية: ان البوم بمكان كذا (...)، ونتروح عليها ضربا بأجنحتنا حتى تضطرم النار في الحطب فمن خرج منهن احترق ومن لم يخرج مات بالدخان موضعه (...)، ففعل الغربان ذلك فأهلكن البوم قاطبة ورجعن الى منازلهن سالمات آمنات..."[١٦٦].

إن "الكفاءة السردية (Naativ Comptnc) في أغلب الوحدات المغامرية السردية مسيطرة، وهي ما يجعل الحدث ممكنا ولا سيما تأهيل الذات على محاور الرغبة (الرغبة في العمل) أو محاور المعرفة (معرفة كيفية العمل) أو محاور القدرة (ان تكون قادرة على العمل)"[١٦٧] أو "عدة إختبارات لانجاز دورها في

---

(١٦٣) كليلة ودمنة/ ٢٢٠.

(١٦٤) كليلة ودمنة/ ٢٢٠.

(١٦٥) كليلة ودمنة/ ٢٢٠- ٢٢٨.

(١٦٦) كليلة ودمنة/ ٢٢٨.

(١٦٧) قاموس السرديات/ ٣٤.

العقد (الإنجازPfomanc)"[168] ويمكن "الإنجاز في تحويل إحدى الحالات ولاسيما إتصال (الذات) بـ (الموضوع)"[169].

ان خطاب الوحدات السردية للبطل المغامر يشكل وحدة سردية مستمرة منذ البدء بسرد الحكايات والى النهاية كما في حكاية القرد والغيلم وهي إحدى حكايات المغامرة "**فرغب القرد في الذهاب معه. فقال: حبا وكرامة. ونزل فركب ظهر الغيلم فسبح به (...)، قال الغيلم: وقد قالت الأطباء. إنه لا دواء لها (زوجة الغيلم) الا قلب قرد. وقال القرد للغيلم: وما منعك؟ أصلحك الـلـه ان تعلمني عند منزلي حتى كنت أحمل قلبي معي؟ (...) قال الغيلم وأين قلبك الآن؟ قال: خلفته في الشجرة. فإن شئت فأرجع بي الى الشجرة حتى آتيك به**"[170].

على هذا النحو تنتظم دلالة النص بنيويا كما يفتتحه الحوار في مطلعه وكما تسعى الحكاية لتأكيده. فالغيلم الذي سعى الى الحصول على قلب القرد تمكن من الظفر به لكنه لم يتمكن من الاحتفاظ به بسبب إفتقاده للمهارة أو الحذق اللازم لذلك. فلم يلبث ان أضاعه وإنتهى في مهمته الى الفشل. والرسم البياني الآتي يثبت مغامرة القرد بالدخول على الغيلم وتضييع الغيلم الحاجة بعد الظفر بها:

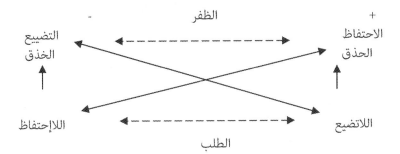

([168]) قاموس السرديات/ ١٣٠.

([169]) ينظر: م. ن/ ١٤٤.

([170]) كليلة ودمنة/ ٢٣٠ - ٢٤٠ - ٢٤١.

والفشل لم يتم بسبب حماقة الغيلم الذي لم يحسن الاحتفاظ بظفره، بل إنه تحقق أيضا بفضل براعة القرد الذي أحسن التماس المخرج من الورطة التي أوقعه الحرص والشره فيها بحيث يمكننا ان نقول: ان نجاح القرد هو الوجه الآخر لفشل الغيلم. وعلى هذا الأساس يتقدم القرد ليس كموضوع. وحسب بل وخاصة كذات يمكن لوضعها الخاص ان يقدم صورة أخرى عن الوضع البنيوي العام للحكاية. كما يمكن للمعطيات الدلالية المتصلة به ان تؤديه[١٧١]. كما يلخصه الرسم الآتي (ترسيمة خاصة بنجاح القرد من ورطة المغامرة التي أوقعه الشره فيها):

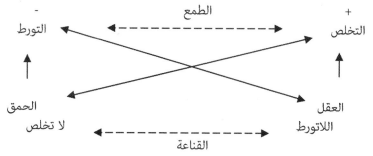

لا يبين هذا المربع التضاد الذي يحصل بين التورط والتخلص ومتضمنيهما فقط، بل إنه يوضح التناقض العمودي بين الطمع والقناعة من جهة. والتناقض الأفقي بين العقل والحمق من جهة ثانية ليقيم مجالين دلاليين بناء لهذه المعطيات جميعا، إيجابيا يتمثل في التخلص واللاتورط والعقل من ناحية. وسلبيا يتمثل في التورط واللاتخلص والحمق من ناحية مقابلة؛ وإذا كان الطمع يفترض التخلص والتورط فإن القناعة تستبعدهما، لذلك فإن فشل الغيلم في الأحتفاظ بظفره ونجاح القرد في التخلص من ورطته يخصان في النهاية أمرا واحدا والترسيمة الرباعية الآتية توجز لنا ببساطة البنية الدلالية والمغامرية العامة للنص على المستوى الخاص بالقدرة (الإنسانية) على النجاح في المهام المطروحة[١٧٢].

(١٧١) ينظر: في دلالية القصص وشعرية السرد/ ٣٠٤ - ٣٠٩.

(١٧٢) ينظر: م. ن/ ٣١٠.

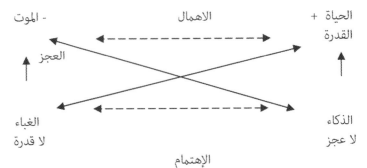

الإهتمام

يشكل التضاد بين القدرة والعجز أساسا للتناقض بين الاهمال والاهتمام من جهة وبين الذكاء والغباء من جهة ثانية. وتتوزع هذه المعطيات الدلالية للنص من ثم في مجالين دلاليين عامين: إيجابي يجمع القدرة واللاعجز والذكاء ويتخذ الحياة سمة له وسلبي يضم العجز واللاقدرة والغباء ويكون الموت سمته المقابلة.

هكذا يكون المآل النهائي للنجاح أو الفشل، الحياة أو الموت، على هذا الأساس يمكن قراءة النص في بنيته الدلالية العامة سواء فيما يخص الغيلم أو يخص القرد.

"ان محاولة الغيلم للحصول على قلب قرد تستلزم لنجاحها القدرة على التمكن منه وذلك لا يكون الا بالحيلة أو الذكاء الذي في انقلابه عن طريق حيلة القرد الى غباء يفضي الى عجز وبالتالي الى فشل. ولما كان قلب القرد مطلوبا لانقاذ حياة الزوجة مبدئيا، فإن تضييعه يعني مبدئيا كذلك موت الزوجة.

أما القرد الذي جعله إهماله بين القدرة والعجز والذي يكتشف غباءه والخطر المهدد بموته. فإنه ينتقل الى الأهتمام ليستعين بذكائه للتخلص من الخطر وبلوغ الأمان وصون حياته. فيبرز في كلتا حالتي المغامرة الدور الحاسم للذكاء أو (العقل أو الحذق) في تقرير الأوضاع والنتائج، إنه شرط القدرة كما هو شرط التخلص وشرط الاحتفاظ بالظفر"[١٧٣].

وهناك حكاية أخرى من الحكايات الموجودة في كليلة ودمنة، وحدة المغامرة فيها هي الوحدة المسيطرة، وهي حكاية (الناسك وابن عرس):

---

(١٧٣) في دلالية القصص وشعرية السرد/ ٣١١.

"إنها (الزوجة) إنطلقت الى الحمام وخلفت زوجها والغلام. فلم يلبث ان جاء رسول الملك يستدعيه ولم يجد من يخلفه عند ابنه غير ابن عرس داجن عنده كان قد رباه صغيرا فهو عنده عديل ولده... فخرج من بعض أحجار البيت حية سوداء فدنت من الغلام. فضربها ابن عرس فوثب عليها فقتلها ثم قطعها وإمتلأ فمه من دمها. ثم جاء الناسك... فالتقاه ابن عرس كالمشير له صنع من قتل الحية، فكلما رآه ملوثا بالدم وهو مذعور... ولكن عجل على ابن عرس وضربه بعكازة كانت في يده على أم رأسه فمات ودخل الناسك فرأى الغلام سليما حيا وعنده أسود مقطع فلما عرف القصة وتبين له سوء فعله في العجلة لطم على رأسه وقال ليتني لم أرزق هذا الولد ولم أغدر هذا الغدر..."[١٧٤].

إن وحدة المغامرة هنا جاءت نتيجة الاستعجال في الأمر دون وجود الالمام بما حدث فهي وقعت بالصدمة (الفعل) وقام بما في باله نتيجة العجلة (رد الفعل) لماحدث أي ان الوحدة السردية المغامرية هنا تبدأ بالثبوت والسكون وتتغير بعد قليل الى الندم ومحاكمة النفس.

وحكاية (الجرذ والسنور) من حكايات المغامرة في كليلة ودمنة. ان وحدة المغامرة في هذه الحكاية تظهر خاصة عندما: **"خرج الجرذ يدب ويطلب ما يأكل وهو حذر من رومي فبينما هو يسعى إذ بصر به في الشرك فسر وإستبشر. ثم التفت فرأى خلفه ابن عرس يريد أخذه وفي الشجرة بوما يريد اختطافه. فتحير في أمره وخاف؛ إن رجع وراءه أخذه ابن عرس. وإن ذهب يمينا أو شمالا إختطفه البوم، وإن تقدم أمامه إفترسه السنور فقال في نفسه: هذا بلاء قد اكتنفني وشرر تظاهرت علي ..."**[١٧٥].

من المعلوم ان العداوة التاريخية هي الوحدة المسيطرة على هذه الحكاية المغامرية كما توضحه هذه الترسيمة:

---

(١٧٤) كليلة ودمنة/ ٢٤٧- ٢٤٨.

(١٧٥) كليلة ودمنة/ ٢٥٠ - ٢٥١.

المستقبل		الحاضر		الزمن الماضي	
+ الرفض		- القبول		العداوة +الرفض	
- الرفض		+ القبول		الصداقة - Ø	
- الرفض		+ القبول		المغامرة - Ø	

أي ان لجوء الجرذ الى السنور عندما يقترب من الهلاك والحتف يجعله ان يغامر بحياته كي ينقذ نفسه من جهة وينقذ السنور من جهة ثانية وذلك عن طريق قطع حبائل شبكة السنور. وهنا يظهر الجرذ كمساعد للسنور عندما يريد قطع الشبكة. وأنقذ الجرذ نفسه والسنور من الفخ والورطة. ورجع الى مكانه. فحاور السنور معه كي يقنعه بأن يستمر في العيش معه لكنه إنتهى بدون فائدة **"لأن من كان أصل أمره عداوة جوهرية ثم أحدث صداقة لحاجة حملته على ذلك فإنه إذا زالت الحاجة التي حملته على ذلك زالت صداقته فتحولت وصارت الى أصل أمره...".**[١٧٦]

كذلك حكاية أخرى من حكايات المغامرة في كليلة ودمنة هي حكاية (الأسد وابن آوى) فالمغامرة في هذه الحكاية تبدأ في ضغط الأسد على ابن آوى كي يدخله لأنه يعيش كزاهد ويسكن في مكان بعيد عن مملكة الأسد فهذا من جهة وأيضا لأنه شخص عادل ومخلص لأعماله بعكس الآخرين من أعوان الأسد. ولهذا ضغط الأسد عليه بالدخول فالمغامرة تبدأ في رفض ابن آوى لقرار الأسد وضغط الأسد عليه.

ورفض ابن آوى لقرار الأسد يأتي نتيجة معرفته لأعوان الملك وحيلتهم وفي محاولتهم لإيقاع الآخر في الورطة والمشكلة كي لا يثق به الملك كما في سرقتهم قطعة اللحم وإخفائها في وكر ابن آوى.

(١٧٦) كليلة ودمنة/ ٢٥٤.

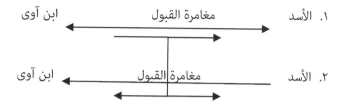

ففي هاتين الحالتين تولد مغامرة الندم وهذا مع مرور الوقت عندما يصل الأسد الى الحقيقة في صدق ابن آوى معه وخيانة أعوانه له كي يأمر الأسد بقتل الزاهد(ابن أوى) الصادق:

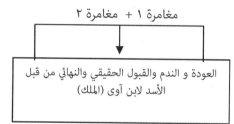

وحدة الندم الناتج عن المغامرة وحدة بارزة في هذه الحكاية وحكاية إيلاذ وبلاذ وإيراخت حيث يجتمع البراهمة (أعداء الملك) لتفسير حلم الملك ويغامرون في التفسير غير الحقيقي للحلم ويتفقون على تشويهه ويحاولون إقناع الملك بقتل أحبائه. وقد غامر الملك بعدم شرح حلمه أمام وزيره (إيلاذ) وزوجته (إيراخت) ولم يستشر هما كما استشار البراهمة. لكن هذا لم يكن مستمرا وإنما كان لفترة قصيرة وخاصة بعد دخول الوزير على زوجة الملك كي يقنعها ان تدخل على الملك. ووقع الملك في فخ البراهمة الأعداء وآمن بما يقولونه. لكنه نجا من فخهم كما في الترسيمة الآتية:

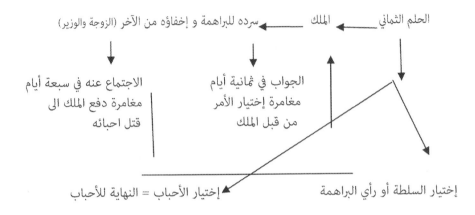

الحلم الثماني
الملك
سرده للبراهمة و إخفاؤه من الآخر (الزوجة والوزير)
الجواب في ثمانية أيام
مغامرة إختيار الأمر
من قبل الملك
الاجتماع عنه في سبعة أيام
مغامرة دفع الملك الى
قتل احبائه
إختيار السلطة أو رأي البراهمة
إختيار الأحباب = النهاية للأحباب

عندما إنكشف هم الملك عند ايلاذ وإيراخت حاولا معرفة سبب الهم. بالمقابل حاول الملك إخفاءه لكن دون جدوى. شرحه لهما وهما مع الملك لجأوا الى (كباريون) الحكيم ليشرح الحلم كما هو وذلك على عكس ما فسره البراهمة لكنه لم يشرح الضرب الثامن من الحلم: "**وأما الطائر الذي رأيته ضرب رأسك بمنقاره فلست مفسرا ذلك اليوم وليس بضارك فلا توجلن منه ولكن فيه بعض السخط والأعراض عما تحبه**"[١٧٧] وغامر الملك في يوم من الأيام في أمره بقتل أحب الناس اليه وهي إيراخت (الزوجة) "**فقام الملك من مكانه ودعا بإيلاذ وقال: ألا ترى وأنا ملك العالم كيف حقرتني هذه الجاهلة وفعلت بي ما ترى؟ فأنطلق بها وأقتلها ولا ترحمها ...**"[١٧٨]

ان الذي غامر به الملك جاء نتيجة استعجاله في الأمر (قتل زوجته) وذلك فيما حدث كما استعجل (الناسك في قتل ابن عرس). وبعد ان قتل ابن عرس ندم. وفي الأخير بعدما اختفت ايلاذ زوجة الملك ولم يقتلها كي لا يقع في الخطأ الذي وقع فيه الملك عندما قرر. فهو تمسك بالاحتفاظ بإيراخت الزوجة. كي يسكن الملك ويندم

(١٧٧) كليلة ودمنة/ ٢٨٩.

(١٧٨) كليلة ودمنة/ ٢٩١.

لما فعله وأتى بإيراخت وقال: **"فأعف عني ان شئت أو فعاقبني بما تراه فإن إيراخت بالحياة"**[١٧٩].

هنا ظهر ايلاذ كبطل مغامر عندما اختفى ايراخت ولم يقتلها، لأن الملك أمره كي يقتلها. فلم يفعل ذلك ويندم الملك ويعطي هدية لايلاذ لما أعطاه ايراخت مرة أخرى.

_____

[١٧٩] كليلة ودمنة ٢٩٨.

المبحث الثاني
الوفاء والاستنجاد في الحكايات

من الوحدات التي تتميز بها بنية الحكايات في الأبواب الخمسة عشر (وحدة الوفاء والاستنجاد). عادة يأتي الوفاء نتيجة الصداقة مع الآخر "فأدب الصداقة من ضرورات الحياة"[١٨٠] وهي نوعان: صداقة قائمة على تبادل ذات النفس وهي المصافاة، وصداقة قائمة على تبادل ذات اليد. أي المساعدة، وهي دون الأولى قيمة وعلى العاقل ان يحسن إختيار الصديق المخلص الذي لايبخل بالمشورة[١٨١].

ان صداقة ذات النفس هي (رأس المودة والاسترسال)[١٨٢] وهناك ثلاثة أشياء تزداد بها الصلة بين الأصدقاء: "المؤاكلة، والزيارة في البيت ومعرفة الأهل والحشم، وأن ثلاثة لا يلبث ودهم ان يتحرم: الخليل الذي لا يلاقي خليله ولا يكاتبه ولا يراسله"[١٨٣].

أن الوفاء في بداية باب الأسد والثور يبدأ عندما يشعر دمنة ان الأسد مقيم في مكان واحد "رأيت الملك قد أقام في مكان واحد لا يبرح منه خلافا لمألوفه"[١٨٤] أن الذي احس به دمنة لم يأت من وفائه للملك وإنما هو يريد إقناع الأسد كي يمنحه بعض النصائح. ان دمنة هنا لم يكن شخصا ذا وفاء حقيقي وإنما في داخله (نفسه) الحيلة والخداع كي يثبت مكانه لدى الملك فقط وهو يريد بأية طريقة أكان يصيبه شيء إيجابي أم سلبي. فالترسيمة الآتية توضح الوفاء البدائي لدمنة:

---

(١٨٠) الموجز في الأدب العربي وتاريخه/ ٥٣.
(١٨١) كليلة ودمنة/ ١٩٣.
(١٨٢) كليلة ودمنة/ ٢٠٠.
(١٨٣) كليلة ودمنة/ ٢٥٩.
(١٨٤) كليلة ودمنة/ ١١٤.

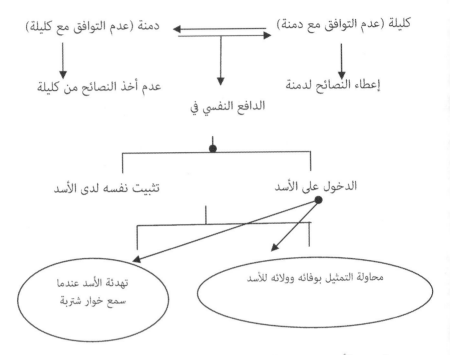

عندما سمع الأسد خوار شتربة حاول دمنة ان يهدئه كبادرة وفاء تجاهه. وكي يخفف من شدة الصوت
والخوف عليه، لأن الأسد سمع هذا الصوت اول مرة، وكمحاولة لتثبيت القدمين لدى الأسد حاول ان يدخل
الثور عليه. أي ان مسلسل الوفاء لدمنة يبدأ كوفاء بدائي وذلك بإعطائه النصائح في عدم البقاء في مكان واحد،
وإنما يتجه بهذا الى المغامرة من اجل اظهار وفائه للأسد عندما أقر الدخول على الثور كما في الترسيمة الآتية:

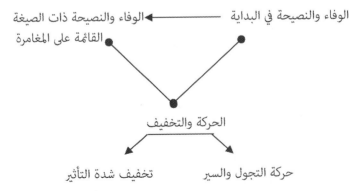

ان سرعة حركة الوفاء بين الأسد ودمنة تتغير الى التجرد عند دمنة وتحول الأسد بتبديل دمنة بالثور "**وقد أعجب به الأسد إعجابا شديدا لما ظهر له من عقله وأدبه، وشاوره في أمره، ولم تزده الأيام إلا عجبا به ورغبة فيه تقريبا له حتى صار أخص أصحابه عنده منزلة**"[١٨٥].

فالسرعة في التحول والتبديل من الوحدات السردية المتغيرة في كل حكايات كليلة ودمنة. لكن الحكايات لا تسير على سرعة سردية واحدة وبنمط واحد وإنما تمر بتغيرات ومد وجزر كثير. أي (أحادية السرعة)، ومهما بلغ مستوى التفنن فيها. فالحكاية يمكن ان لا تتقاطع مع الزمن ولكن يصعب عليها ان تسير على سرعة ثابتة[١٨٦].

إن ماحدث في نأي الأسد عن دمنة بأي تدريجي. وهذا النوع من التجرد يتجه نحو المتتاليات السردية. فالوحدة المتتالية السردية هنا من المتتاليات السردية الزمنية وهي بنية متجردة عن التعاقب الزمني (A chonic stuctu). وأن الأحداث هنا يوازيها حدث واحد ومنفصل في الوقت نفسه، أو حدثان منفصلان، يتميز بعدم خضوعه للتتابع الزمني[١٨٧] والترسيمة الآتية تثبت التحول السردي لوحدة الوفاء وقبول الآخر:

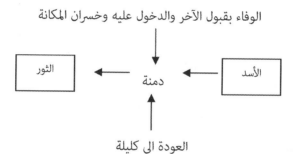

(١٨٥) كليلة ودمنة/ ١١٨.

(١٨٦) ينظر: معجم مصطلحات نقد الرواية/ ٤٣.

(١٨٧) ينظر: قاموس السرديات/ ٧- ٨.

هنا تأتي عودة دمنة الى كليلة بمثابة الدخول على الصديق الوفي في حين إنه أخوه، وإن عنصر المساعدة من قبل كليلة يثبت الوفاء الكامل لكليلة مع أخيه ومع الآخرين ولو كانوا غير معروفين له. كي لا يعود دمنة الى الأسد ولا يغدر بالثور ولا يهلكه في الحيلة مع الأسد. ان النسق القائم هنا بين ثنائية (الأسد والثور) و(كليلة ودمنة) نسق ثلاثي. فلا وجود للواحد بلا حدود. فالثاني أي ما بعد هذه الحدود يؤخذ بإعتباره مسبوقا بالأول. ومن جهة أخرى فإن عملية إعطاء (كليلة) لـ (دمنة) هي تشكل علاقة ثلاثية بإعتبارها وفاء له[١٨٨] فقبول الأسد بالثور وفاء له ويعطي نفس ما قدم كليلة لدمنة. كالترسيمة الآتية:

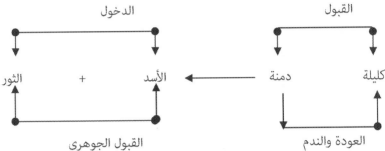

وبحسب غريماس فان كل مرحلة من مراحل الأختيار بين (كليلة ودمنة) و(دمنة والأسد) و(دمنة والثور) و(الأسد والثور) مكونة من ثلاث مراحل فرعية وهي: (المواجهة والهيمنة والنتيجة).

فالمواجهة تقوم على مخاطبة كليلة لدمنة مخاطبة مباشرة ودعوته إياه ان يعود اليه، والهيمنة مظهرها هو خوف الأسد من إلحاق الثور الأذى به، والنتيجة تتجلى في الإستجابة لدعوة كليلة لدمنة بالتخلي عن الدخول[١٨٩] "يمكن ان نصوغ دلالة الخط الاجتماعي في العلاقات السداسية (كليلة ودمنة، دمنة والأسد، دمنة والثور، الثور والأسد و دمنة، الأسد والثور ودمنة، دمنة وكليلة) بأنه هو ما يحيل على الامتثالية.

(١٨٨) ينظر: السيميائيات أو نظرية العلامات/ ٧٧-٧٨.

(١٨٩) ينظر: في الخطاب السردي/ نظرية قريماس/ ٥٤.

وهي طريقة للقول في ان الفرد يجب ان يمتثل في سلوكه لمقتضيات أخلاق مجتمعه وألا يتجاوزها أو يخرقها أو يسيء اليها. ويمكن هنا ان نتصور حقلا دلاليا ينظم سلسلة من الصور التي تحيل على الكون (الامتثالية الاجتماعية). وأن هذا التصور يحدد لنا شكلا خطابيا. ودور الخطاب أمام هذا التشكل يكمن في إنتقاء هذه الامكانية داخل إطار نصي يحدد للخطاب هويته، وبناء عليه تبدو التشكلات الخطابية بإعتبارها نوعا من المحكي الذي يملك تنظيما تركيبيا دلاليا مستقلا، إنها قابلة للإنضواء داخل وحدات خطابية واسعة من خلال حصولها على دلالات وظيفية متطابقة مع الأطار العام"[190] يثق الأسد بوفاء الثور له. لكن قوة تأثير دمنة (الصديق المحتال) بفك هذه الثقة تؤثر فيه كي يشوه الصداقة بينهما، **فقال الأسد: "قد فهمت ذلك ولا أظن الثور يغشني ولا يرجو لي الغوائل وكيف يفعل ذلك ولم ير مني سوءا قط، ولم أدع خيرا إلا فعلته معه ولا أمنية إلا بلغته إياها!"**[191] وبالمقابل خرج دمنة عن الأسد متوجها الى الثور "**فدخل على شتربة كالكئيب الحزين (...)، وقال دمنة حدثني الخبير الصدوق الذي لا مرية في قوله، ان الأسد قال لبعض أصحابه وجلسائه: قد أعجبني سمن الثور (...)، فلما بلغني هذا القول وعرفت غدره وسوء عهده أقبلت اليك لأقضي حقك وتحتال أنت لأمرك**"[192]. ان ثنائية الفتنة التي قام بها دمنة تكون كالآتي:

---

(١٩٠) سيميولوجية الشخصيات السردية/ ٨١-٨٢.

(١٩١) كليلة ودمنة/ ١٣٣.

(١٩٢) كليلة ودمنة/ ١٣٧- ١٣٩.

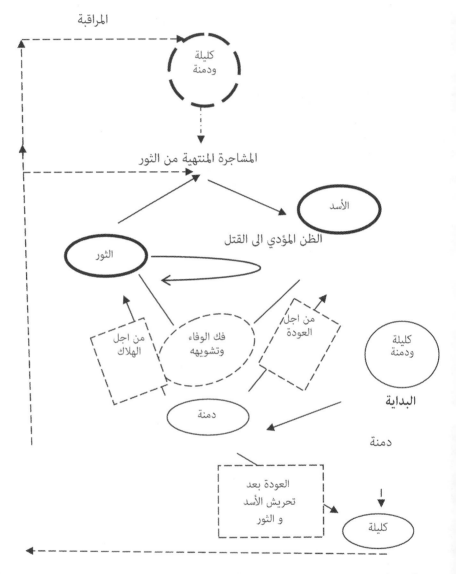

المراقبة

كليلة ودمنة

المشاجرة المنتهية من الثور

الأسد

الظن المؤدي الى القتل

الثور

من اجل العودة

فك الوفاء وتشويهه

من اجل الهلاك

كليلة ودمنة

البداية

دمنة

دمنة

العودة بعد تحريش الأسد و الثور

كليلة

كل هذه المحاولات من الدخول والخروج والبقاء خارج الاطار الثنائي كبقائه خارج ثنائية (الأسد والثور) بعد الفتنة مبنية على سلسلة من الأفعال المتعاقبة التي يقوم بها دمنة لاشباع حاجته أكانت مادية أو معنوية تستدعي رحيلا من المكان الذي يقيم فيه والذهاب الى مكان خصومة (الثور) هي بنية الوحدة الحكائية بوصفها فعلا

متكاملا يقوم به دمنة[١٩٣]. وكليلة هو خارج الترسيمة السردية المؤدية الى القتل لكنه لم يحب هذا ويدين دمنة على ما فعله: "**وأنت يا دمنة أردت ان لا يدنو من الأسد أحد سواك. وهذا الأمر لا يصح ولا يتم أبدا، وإن البحر بأمواجه والسلطان بأصحابه، ومن الحمق الحرص على التماس الأخوان بغير الوفاء لهم وإلتماس الآخرة بالرياء ...**"[١٩٤] وهذا يثبت براءة كليلة ووفاءه للآخرين (المقابل) وعدم تدخله في أية خطة عدوانية من اجل الدخول على الملك والسلطة بعكس ما أراده دمنة. فترسيمة وحدة الوفاء والصداقة ذات استمرارية مهيمنة على بنية الحكايات من اجل الأحتفاظ بالكيان والحق والارادة.

ففي باب (الفحص عن أمر دمنة) وحدة الوفاء وحدة سردية مستمرة منذ البدء بالحكاية "**ان الأسد حين قتل شتربة ندم على قتله وذكر قديم صحبته وجسيم خدمته، وأنه كان أكرم أصحابه ...**"[١٩٥] وهذا يثبت وحدة الوفاء والندم على ما فعله الأسد بصديقه (شتربة) والترسيمة الآتية توضح هذا:

---

(١٩٣) ينظر: السردية العربية/ ١٥٠.

(١٩٤) كليلة ودمنة/ ١٥٢.

(١٩٥) كليلة ودمنة/ ١٦٣.

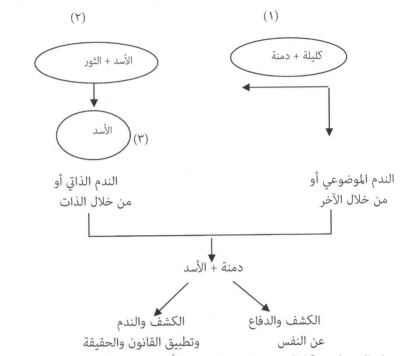

ان الندم لدى (كليلة + دمنة بعد القتل) و(الأسد بعد الثور) هو العنصر النفسي (الذاتي) المسيطر لكن بين كليلة ودمنة عنصر موضوعي من خلال الآخر.

أما الندم لدى الأسد في البداية فهو ندم نفسي (ذاتي) عندما فكر في فقدان صديقه والتأكد من فتنة دمنة في تحريضه على الثور وقتله يكون ندما موضوعيا من خلال دخول الآخر:

(أم الأسد بصورة مباشرة [بطل مساعد] + النمر بصورة غير مباشرة [بطل مساعد]) ودخول الذات والآخر في الندم يثبت قوة الوفاء وشدة تأثيره في ذات الفاعل (دمنة + الأسد). لكن تأثيره أقل في دمنة لأنه أناني ويريد المصالح الشخصية أكثر من أي شيء آخر عند الأسد. وإن الآخرين يشعرون بهذا التأثير وخاصة الأسد عندما دخلت عليه أمه كي تنصحه بعقوبة دمنة "**قالت أم الأسد: فأنظر الآن وابحث في ذات نفسك. هل ترى ضميرك يشهد ذلك ان الذي فعلته بالثور كان عدلا أم ظلما؟**

فقال الأسد: "فإني لم أقتل الثور إلا ظلما لأني قد بحثت في نفسي كما تقولين. فلم أجد فيها إلا مايدل على براءة شتربة وقتله ظلما وبغيا مكذوبا عليه من الأشرار ..."[١٩٦].

"ان أم الأسد والنمر هما اللذان يعملان -على نحو أو آخر- لإظهار الحق الذي وقفا عليه صدفة، فيما تبرز الأم/ أم الأسد بوصفها المرأة الحكيمة المتعلقة والتي تضع الأمور في نصابها الصحيح. مثال الرحمة والقوة والعقل المدبر، وربما كان لجوء النمر اليها أول الأمر بعد معرفة الحقيقة إيمانا منه بأنها تزن الأمور، وذات عقلية فاعلة، فلو أنه سعى الى الأسد ربما لم يكن ليصدقه فأراد بعمله هذا ان يلجأ الى شخصية يثق بها الأسد ويدرك قابليتها في تفعيل منطق العقل والحكمة، ولم يكن هناك سوى الأم لتأخذ ما جعلها في الموضع الأهم، ولو أنه أولى هذه الشخصية إهتماما أكبر منذ البدء ربما كان الحدث سيسير في إتجاه آخر ولا سيما ان الأسد يستند اليها والى قوتها وحكمتها.

وبالمقابل ان كليلة هو الشخصية الملاصقة لشخصية دمنة ويختلف عنه في طريقة نظره الى الأمور وفي حكمته وتعقله، لا يتدخل فيما لا يعنيه، وهو شخصية مرسومة بدقة، فهو الوجه المناقض لدمنة على الرغم من العلاقة التي تربطهما[١٩٧]" هذا يثبت عدم تدخل كليلة في أمور الآخرين. دائما هو الذي يقدم الصفات الايجابية كالمحبة والحنان والاحترام.

وفي باب الحمامة المطوقة نرى وفاء الملكة (الحمامة المطوقة) عندما تدخل مع الحمامات الأخرى على الجرذ كي تقطع الشبكة التي فيها المطوقة وإخوانها.

فقالت المطوقة للجرذ: **"إبدأ بقطع عقد سائر الحمام وبعد ذلك أقبل على عقدي، فأعادت اليه مرارا وهو لا يلتفت الى قولها"**[١٩٨].

---

(١٩٦) كليلة ودمنة/ ١٦٤.

(١٩٧) بناء الشخصية السردية في حكايات كليلة ودمنة (دراسة)/ ٤٦٨.

(١٩٨) كليلة ودمنة/ ١٩٠.

ان الحمامة المطوقة هنا جديرة بالثقة والذين معها ليسوا كذلك. يمكن ان يكونوا على حد سواء متروكين لمصيرهم. دون مساندة أو تصحيح من طرف الآخرين وقد يكونون مساندين ومصححين. أحيانا يكون شبه مستحيل ان نقرر ان كانت الحمامة المطوقة تخطىء. وإلى أي حد تخطئ. وأحيانا أخرى يكون ذلك سهلا حينما يكون هناك تأكيد علني من طرف آخر -الجرذ-[١٩٩].

قالت: "إني أخاف ان أنت بدأت بقطع عقدي ان تمل وتكسل عن قطع ما بقي وعرفت أنك ان بدأت بهن قبلي وكنت أنا الأخيرة لم ترض وإن أدركك الفتور ان أبقي في الشرك. قال الجرذ: هذا مما يزيد الرغبة فيك والمودة لك. ثم ان الجرذ أخذ في قرض الشبكة حتى فرغ منها. فأنطلقت المطوقة وحمامها معها"[٢٠٠].

من الواضح ان الملك متروك لمصيره وبذلك ستحدث أحداث أخرى ومتعددة في هاتين الحالتين:

١. الإنقاذ بالقوة والمساندة.

٢. أم البقاء والوقوع بدائرة الخطر.

ومباشرة بعدما انطلقت المطوقة مع الحمامات جاء الغراب الى الجرذ وهو يراقب العملية (صداقة المطوقة والجرذ. ودخول الحمامة مع الجماعة على الجرذ) **"فلما رأى الغراب مع الجرذ رغب في مصادقته، فجاء وناداه بأسمه. فأخرج الجرذ فقال له: ماحاجتك. قال: إني أريد مصادقتك"**[٢٠١].

إن دخول الغراب على الجرذ بمثابة دخول شخصية أخرى كي تستمر وحدة الوفاء والصداقة.

إن تغيير الفضاء المكاني من مكان الى آخر وحدة أخرى من الوحدات المساعدة لظهور وحدة الوفاء في الحكايات. وخير دليل على ذلك تغيير الجرذ

---

(١٩٩) ينظر: نظرية السرد من وجهة النظر الى التبئير/ ٥٠.

(٢٠٠) كليلة ودمنة/ ١٩١.

(٢٠١) كليلة ودمنة/ ١٩١.

مكانه وذلك بمساعدة الغراب لأن "**جحره قريب من طريق الناس. وقال الغراب: "أخاف ان يرميك بعض الصبيان بحجر ولي مكان في عزلة ولي فيه صديق من السلاحف وهو مخصب من السمك ...، قال الجرذ: وإني أيضا كاره لمكاني ...، فأخذ الغراب بذنب الجرذ وطاربه حتى بلغ حيث أراد فلما دنا من العين التي فيها السلحفاة ومعه جرذ فذعرت منه ولم تعلم أنه صاحبها ...فلما سمعت السلحفاة شأن الجرذ عجبت من عقله ووفائه ورحبت به ...**"[٢٠٢].

هذا التحول المكاني يؤدي الى ظهور أقصى درجات الوفاء وأشد أنواعه وذلك لأن كلا منهم عندما رأى الآخر وقع في مشكلة يغامر بحياته كي ينقذه. ويظهر هذا بالتدريج وخاصة عندما يصاحبهم الظبي..

"**فبينما الغراب في كلامه والثلاثة مستأنسون بعضهم ببعض إذ أقبل نحوهم ظبي يسعى مذعورا، فذعرت منه السلحفاة فغاصت في الماء ودخل الجرذ بعض الأجحار، وطار الغراب فوقع على شجرة. وإنتهى الظبي الى الماء فشرب منه يسيرا ثم وقف خائفا يلتفت يمينا وشمالا، ثم ان الغراب حلق في السماء لينظر هل للظبي طالب؟ فنظر فلم ير شيئا، فنادى الجرذ والسلحفاة فخرجا. فقالت السلحفاة للظبي حين رأته ينظر الى الماء ولا يقربه: إشرب ان كان بك عطش ولا تخف فإنه لا خوف عليك**"[٢٠٣].

هذا يظهر تحول ودخول الظبي على:

١. الغراب ٢. السلحفاة ٣. الجرذ

وأيضا يثبت إنتهاء التحركات عند هذا الحد ويبين كما يقول المثل عن تضييع الصيد بعد الظفر به، أو يمكن القول من وجهة نظر الظبي عن خلاص هذا الأخير من التي وقع فيها بعودته الى وضعه السابق (الأمان) بعد تعرضه للموت (عالم الصيد والشبكة). هكذا يقدم الفضاء القصصي الأماكن والتحركات التي

---

(٢٠٢) كليلة ودمنة/ ١٩٤.

(٢٠٣) كليلة ودمنة/ ٢٠٢- ٢٠٣.

تمارسها الشخصيات فيها صورة مبسطة عن الوضع البنيوي العام للحكاية[٢٠٤] التحول هنا يظهر قوة وحدة الوفاء في الحالات الحرجة بدءا بالجرذ ثم الغراب والسلحفاة وأخيرا الظبي. والتحول هنا يظهر بعدا إنفعاليا للشخصيات في هذه الحكاية. فالشخصيات تعيش قلقا دائما مع ذاتها ومع محيطها. وهي تبعا لذلك تعيش في بنية تقوم على أساس إجتماعي تتجلى فيه تراتبية إجتماعية وأخلاقية وإن لها موقعا إجتماعيا محددا. ووفق هذا تتبنى هذا الموقف أو ذاك[٢٠٥].

ان متانة وحدة الوفاء فيما بينهم يؤدي بهم الى البحث عندما يتأخر أحدهم "**فبينما الغراب والجرذ والسلحفاة ذات يوم في العريش إذ غاب الظبي فتوقعوه ساعة فلم يأت. فلما أبطأ أشفقوا ان يكون قد أصابه عنت. فقال الجرذ والسلحفاة للغراب: أنظر هل ترى مما يلينا شيئا؟ فحلق الغراب في السماء فنظر فإذا الظبي في الحبائل مقتنصا. فأنقض مسرعا فأخبرهما بذلك ...**"[٢٠٦].

يعبر هذا النص عن "صراع لتحقيق رغبة أو إنجاز مهمة، إنه حكاية مسار وسيرورة هذا الصراع حتى بلوغه نهايته بالانتصار أو الهزيمة، إذ ان الذات التي يناط بها بلوغ ذلك قد تواجه مصاعب وعراقيل كما قد تلقي تسهيلات ومساعدات، تضع كفاءاتها على المحك وتجعل من الأحداث الواقعة مجموعة متكاملة من المؤشرات الدالة على منحى الصراع بين القوى المتنازعة وعلى النتيجة النهائية التي تبلغها منه، لا فرق أكانت هذه النتيجة تصب لمصلحة الذات نفسها أم لمصلحة طرف آخر مغاير لها"[٢٠٧].

([٢٠٤]) ينظر: في دلالية القصص وشعرية السرد/ ٣٤٦- ٣٤٧.

([٢٠٥]) ينظر: إنفتاح النص الروائي/ ١٤١.

([٢٠٦]) كليلة ودمنة/ ٢٠٣.

([٢٠٧]) ينظر: في دلالية القصص وشعرية السرد/ ٣٢٠.

"**ووافق فراغ الجرذ من قطع الشرك، فنجا الظبي بنفسه وطار الغراب محلقا ودخل الجرذ بعض الأجحار ولم يبق غير السلحفاة ... فأخذها وربطها ...**"(٢٠٨) ان عنصر المفاجأة والوقوع بالمشكلة عنصر مسيطر ومستمر عليهم. وبالمقابل أنهم لم يقفوا مقيدي الأيدي، وأنهم إستخدموا كل الحيل والمحاولات كي ينتصروا على العدو والوصول الى نقطة الانقاذ والنجاح "**أنهم إجتمعوا فنظروا القانص قد ربط السلحفاة وقال الجرذ: أرى من الحيلة ان تذهب اليها أيها الظبي فتقع بمنظر من القانص، كأنك جريح ويقع الغراب عليك كأنه يأكل منك، وأسعى أنا فأكون قريبا من القانص مراقبا له، فإني أرجو ألا ينصرف وقد قطعت الحبائل عن السلحفاة وأنجو بها. ففعل الظبي والغراب ما أمرهما به الجرذ وتبعهما القانص فأستجره الظبي حتى أبعده عن الجرذ والسلحفاة. والجرذ مقبل على قطع الحبائل حتى قطعها ونجا بالسلحفاة، وعاد القانص مجهودا لاغبا فوجد حبائله مقطعة**"(٢٠٩) هذا الفشل لم يتم بسبب حماقة الصياد الذي لم يحسن الاحتفاظ بظفره فحسب، بل أنه تحقق أيضا بفضل براعة الجرذ والغراب والظبي. بحيث يمكننا القول ان نجاح الجرذ من جهة والغراب من جهة أخرى بمخادعة الصياد وجه آخر من أوجه فشل الصياد.

"تشكل هذه الصفات بنمط توزيعها أسلوبا قائما على إنتقاء العناصر القادرة على توليد قصة، والقصة ذاتها لا تتحدد ميكانيزماتها الأولية إلا داخل هذا الأنتقاء نفسه. وان الحديث عن أول عملية إنتقاء معناه ان الخطاب السردي لا يكف عن الأنتقاء، ففي كل مرحلة من مراحل السرد يقوم هذا الخطاب بإنتقاء إمكان ضمن ما تختزنه اللحظة التي وصل اليها السرد؛ إنه التقليص المؤدي الى الاستنفاد أو هو بلغة غريماس "لحظة إمتلاء العلامات" فإذا كانت سلسلة التحديدات هذه تقوم بإلغاء عالم موصوف بالعادي. فإنها في الوقت نفسه تعمد الى تثبيت وإنتقاء عالم آخر لا

---

(٢٠٨) كليلة ودمنة/ ٢٠٤.

(٢٠٩) كليلة ودمنة/ ٢٠٤- ٢٠٦.

يستقيم الا على أنقاض العالم الأول ويوصف هذا العالم المنتقى بالغرابة واللاعادي والتمييز في كل شيء"[٢١٠].

"وفكر في أمر الظبي والغراب الذي كان يأكل منه وتقريض حبائله فأستوحش من الأرض وقال: هذه أرض جن أو سحرة ..."[٢١١].

هذا التقلب "لن يتم الا من خلال تحويل العمليات الى فعل تركيبي يستدعي دخول ذات الخطاب كشرط ضروري لتحريك المربع السيميائي ويطلق غريماس على هذه العملية: التسريد (Naativisation) والتسريد معناه تحويل المجرد الى عنصر محسوس وبعبارة أخرى منح البعد الدلالي العام وجها تصويريا قابلا للادراك من خلال التجلى النصي. والمربع السيميائي الغريماسي موضح في الترسيمة الآتية:

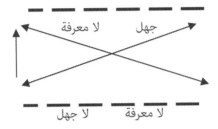

فعملية إدراك الشيء تتطلب إسقاط الحد المناقض من أجل إنتقاء الحد المعاكس من (الجهل) الى (اللاجهل) ومن اللاجهل الى المعرفة"[٢١٢].

ان سلسلة وحدة الوفاء في الحكايات الرئيسة مرورا بالحكايات الفرعية مستمرة كي تقوي شدة التمسك بالوفاء والعهود. فإن الغراب الخامس (المستشار المعتبر لدى الملك) في حكاية البوم والغربان تمسك تمسكا شديدا بوفائه وولائه للملك والغربان الآخرين.

([٢١٠]) سيميولوجية الشخصيات السردية/ ١٤١.

([٢١١]) كليلة ودمنة/ ٢٠٦.

([٢١٢]) سيميولوجية الشخصيات السردية/ ٧٥ - ٧٦ – ٨٦.

"**وقال: كيف لا تطيب نفسي لذلك وفيه أعظم الراحات للملك وجنوده**"(٢١٣) أن هذا يثبت قوة إدارة الملك على الغربان وعقليته المدبرة في الأمور وخاصة عندما وقعوا تحت هجوم البوم وأدى هذا الهجوم الى قتل الكثير منهم. نتيجة لهذا يأتي بقاء الغراب الخامس بمسقط رأسه ووقوعه بين البوم معبرا عن أقصى درجات المغامرة (كما بينا في مبحث وحدة المغامرة).

ان القيام بهذه المغامرة وراءه وفاء كامل للملك وجنوده أي ان القيام بها هي من اجل راحة الآخر مع أنه قام بحفر حفرة كبيرة ذات مشقة ومأساة لنفسه أي (الوقوع بدائرة العدو). فالوقوع هنا وقوع ذو رغبة شخصية عقلانية وله إرث تاريخي (تاريخ العداوة بين البوم والغربان) ذلك مع وجود الملم كامل بما يجري ويجب ان يجري. وبالمقابل فإن ما فعله الغراب من خدعة وحيلة من اجل الوصول الى المعلومات الإستخباراتية الكافية عن البوم وما في بالهن يظهر أرقى درجات الوفاء.

هناك مفكرون ومستشارون أولو الباب بين البوم وهم يعرفون هذه الحيلة التي قام بها الغراب قال واحد منهم: "**ما أرى الا المعالجة بالقتل. فإن هذا أفضل عدد الغربان وفي قتله لنا راحة من مكره. فإن الأمور مرهونة بأوقاتها، ومن وجد عدوه ضعيفا ولم ينجز قتله ندم إذا إستقوى ولم يقدر عليه**"(٢١٤).

ان ثنائية [الحيلة للغراب (الفعل)، ولجوء ملك البوم الى المشاورة (رد الفعل)] يثبت قوة عقل الاثنين لكن التنفيذ هو الوحدة الأساسية بينهما. فالغراب نفذ خطته وحيلته وينتظر النهاية والنتيجة بصورة سرية. لكن البوم تمسك تمسكا شديدا بالمشاورة وفي الوقت نفسه لا يعتمد على الرأي الأصح الناتج عن المشاورة. فإن ملكهم فرض رأيه ببقاء الغراب رغم مشاورته مع الآخرين، وهذا قريب من الأنظمة الدكتاتورية فيما يخص القرار. الترسيمة الآتية توضح هذا:

---

(٢١٣) كليلة ودمنة/ ٢٢٠.

(٢١٤) كليلة ودمنة/ ٢٢١.

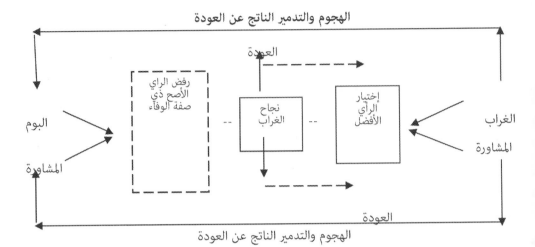

هنا يبدو العالم السياسي عبارة عن عالم استخبارات وامن من اجل إستقرار الآخرين.

"مهما تعددت هذه السياقات وتنوعت فإن المدخل الأول سيظل ثابتا (مدخل دخول الغراب على البوم) ولأنه يعد الأساس الذي يتم انطلاقا منه استشراف الامكانات الدلالية المرتبطة بتطور الممارسة الإنسانية والمتميزة بتعدد الجوانب التي يمكن انطلاقا منها تحديد ماهية الإنسان"[٢١٥] ان الوصول الى الممارسة الإنسانية ظهر عندما نجت الغربان من البوم لأن البوم بمثابة عقدة أمام الآخرين وأن خداعها وهلاكها يحتاج الى الصبر والتفكير عندما رأينا إستشارة ملك الغربان مع المستشارين الخمسة.

"إن أي إختيار هو إقصاء الامكانات وتحيين لأخرى، وهو في الوقت نفسه تحديد لتوجه آيديولوجي، وأن الأمر يتعلق بمراقبة صارمة لعملية الإنتقاء الدلالي، فالوحدات الدلالية المقتطعة من المخزون الثقافي العام تخضع، لحظة تحققها، لتحديد صارم لنمط هذا التحقق وكذا لحجم وحدود إنتشارها وتلاحقها مع وحدات أخرى من الطبيعة نفسها أو من طبيعة متشابهة"[٢١٦]. فالغراب هنا يقوم بدوره الى جانب

---

(٢١٥) النص السردي نحو سيميائيات للآيديولوجيا/ ٧٠.

(٢١٦) م. ن/ ٦٨ - ٦٩.

الإنسان. وأنه رمز للنصيحة وإن هذا التشابه لايمكن معرفته بسهولة ويحتاج الى دراسة أوسع، ولكن من المؤكد ان الحكايات الشعبية في العالم كله تشتمل على رموز وأفكار عامة أو أنماط أصلية تشترك فيها البشرية وتكمن في أعماق اللاشعور الإنساني، وفي ذاكرة الإنسان في كل مكان وزمان(٢١٧). وأن البطل المزيف (الغراب - المستشار الخامس) هنا أثر في الحكاية كي يتخذ النص مسارا جديدا وهو أدى المهمة الصعبة. فيؤديها أكمل مايكون الأداء، وحينئذ يتعرف عليه الناس وأن نهايته نهاية ذات طابع تتويجي ومفرح(٢١٨).

إن وحدة الوفاء في بعض الأوقات في حكايات كليلة ودمنة هي التي تدفع الشخصيات كي تقوم بالخيانة من اجل كسب وفاء الآخرين (أكان شخصيا أم عائليا) كما في حكاية (**القرد والغيلم**)(٢١٩).

وحيث الخيانة لاتكون قرارا أو دافعا شخصيا وإنما تجيء نتيجة تأثير المقابل كما في الترسيمة الآتية:

---

(٢١٧) ينظر: أدب الحكاية الشعبية/ ٧٣- ٧٨.

(٢١٨) ينظر: م. ن/ ٨١ – ٨٢.

(٢١٩) كليلة ودمنة/ ٢٣٩.

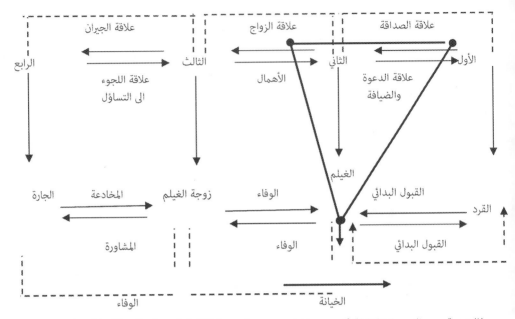

فالخدعة هي الوحدة المقابلة كي ينجو المخدوع من الخدعة الكلية السرية والورطة وذلك بإستخدام العقل. **قال الغيلم: "وقد قالت الأطباء إنه لا دواء لها الا قلب قرد"**[٢٢٠].

وبالمقابل ان القرد يقوم بكل مالديه من حيلة وخدعة من اجل الفرار والهروب من الورطة وهو قال لنفسه: **"واأسو أتاه!! لقد أدركني الحرص والشر على كبر سني حتى وقعت في شر ورطة"**[٢٢١] وهو حدث الغيلم هكذا" **وما منعك، أصلحك الـلـه، ان تعلمني عند منزلي حتى كنت أحمل قلبي معي؟ فإن هذه سنة منا معاشر القردة إذا خرج أحدنا لزيارة صديق له خلف قلبه عند أهله أو في موضعه لننظر إذا نظرنا الى حرم المزور وليس قلوبنا معنا. قال الغيلم وأين قلبك الآن؟ قال: خلفته في الشجرة فإن شئت فارجع بي الى الشجرة حتى آتيك به. ففرح الغيلم بذلك**

([٢٢٠]) كليلة ودمنة/ ٢٤٠.

([٢٢١]) كليلة ودمنة/ ٢٤١.

وقال: "لقد وافقني صاحبي بدون ان أغدر به، ثم رجع بالقرد الى مكانه ..."[222] فالوفاء هنا هو الذي أثر في فك صداقة القرد والغيلم من جهة وادى الى تقويته بين الغيلم وزوجته وعودة الغيلم الى الزوجة.

وحكاية الناسك وابن عرس حكاية أخرى من حكايات كليلة ودمنة ذات الطابع الإنساني والبعيد عن طابع الخرافة والأسطورة وهي من أقوى الحكايات بعد باب الأسد والثور فيما يخص وحدة الوفاء القائمة في حكايات كليلة ودمنة. فهذه الحكاية تحكي:

"زعموا ان ناسكا كان بأرض جرجان و له أمرأة صالحة فمكثا زمانا لم يرزقا ولدا، ثم حملت بعد الإياس. فسرت المرأة وسر الناسك بذلك"[223] هذه الحكاية هي بمثابة نصف حياة - نصف موت، أي ان المجتمع أو (العائلة ←── الناسك والزوجة) تعيش لحظات جدلية صعبة، وأحيانا الموت غالب عليها ويستمر هذا الوضع قائما خلال بداية الحكاية والاستهلال الذي يعرض لنا الوضع القائم والى حين مجيء المنقذ. وهو غالبا ما يكون من جنس البشر أو حاملا لهويته[224].

"ثم جاء الناسك وفتح الباب فالتقاه ابن عرس كالمشير له بما صنع من قتل الحية فلما رآه ملوثا بالدم وهو مذعور طار عقله وظن أنه خنق ولده، ولم يثبت في أمره ولكن عجل على ابن عرس وضربه بعكازة كانت في يده، ودخل الناسك فرأى الغلام سليما حيا وعنده أسود مقطع. فلما عرف القصة وتبين له سوء فعله العجلة لطم على رأسه وقال ليتني لم أرزق هذا الولد ولم أغدر هذا الغدر"[225].

هنا نستخلص الدلالة من علاقات الاختلاف والتقابل (اختلاف رأي الزوجة مع الزوج وتقابلهما في الوفاء لابن عرس) القائمة بين حزمة من الوحدات الدالة

---

(222) كليلة ودمنة/ ٢٤١.

(223) كليلة ودمنة/ ٢٤٥.

(٢٢٤) المساحة المختفية (قراءات في الحكاية الشعبية)/ ٢٦.

(٢٢٥) كليلة ودمنة/ ٢٤٨.

فكما لا يستقيم مفهوم الطول الا بمقابلته بالقصر والحياة بالموت والعلم بالجهل) وتعد هذه الثنائيات البنية الأساسية للدلالة. غير ان التقابل بين المعنمين المؤسسين للبنية الدلالية الأساسية يقتضي وجود عنصر مشترك بينهما ونطلق على هذا العنصر تسمية (المحور الدلالي). فالمحور الدلالي الجامع للثنائية الدلالية: [الحياة-الموت] هو الوجود بينما تجتمع ثنائية العلم والجهل في محور المعرفة، وثنائية أبيض - أسود في محور اللون. والترسيمة الآتية تبين مشاركة الإنسان والحيوان والحياة وانتهائها بينهما كما في الترسيمة الآتية:

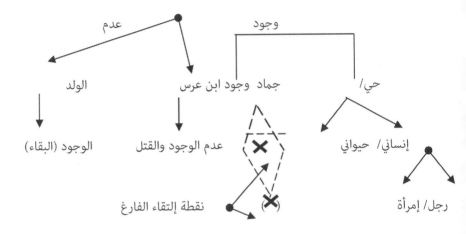

ففي حكاية الجرذ والسنور لا تستمر وحدة الوفاء لأن الوفاء جاء نتيجة الخوف والوقع بمصيدة الآخر:

"فأتى ذات يوم صياد فنصب حبالته قريبا من موضع رومي فلم يلبث ان وقع فيها، فخرج الجرذ يدب ويطلب ما يأكل وهو حذر من رومي، فبينما هو يسعى إذ بصر به في الشرك فسر واستبشر، ثم التفت فرأى خلفه ابن عرس يريد أخذه وفي الشجرة بوما يريد إختطافه. فتحير في أمره وخاف ..."[٢٢٦].

([٢٢٦]) كليلة ودمنة/ ٢٥٠.

نتيجة الخوف المسيطر على الجرذ لجأ مضطربا الى رومي كي يساعده وهذه المساعدة ليست مساعدة حقيقية أو سريعة وإنما مشروطة ومربوطة بالمصلحة والنجاة من الورطة التي وقع كل منهما فيها، كما في الترسيمة الآتية:

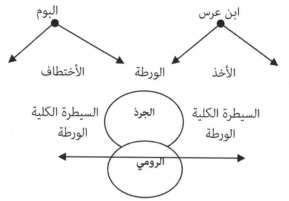

هنا ان سر النجاح أو مفتاح الانقاذ هو الندم من العداوة واللجوء الى وحدة شبيهة بوحدة الوفاء (ليس وفاء حقيقيا أو مستمرا وإنما وقتية). فهذا يؤثر في الجرذ كي يلجأ الى السنور كي يساعده وينقذه وينقذ نفسه. فالوحدة المسيطرة هنا هي وحدة شخصية وللمصلحة الشخصية (أي إنقاذ الجرذ عن طريق السنور أو بالعكس):

"**ثم ان الجرذ أخذ في قطع حبائل السنور، فبينما هو كذلك، اذ وافى الصياد فقال له السنور: الآن جاء وقت الجد في قطع حبائلي. فجهد الجرذ نفسه في القرض، حتى إذا فرغ وثب السنور الى الشجرة على دهش من الصياد، ودخل الجرذ بعض الأجحار ...**"[٢٢٧].

ان سرعة سير الأحداث تتوازى توازيا كاملا مع وحدة الوفاء كي ينجو كل منهما من الورطة وبعد ان ينجوا من الورطة، يرجع السنور الى الجرذ كي يقنعه

([٢٢٧]) كليلة ودمنة/ ٢٥٣.

بأن يصادقه (وهذا نتيجة إنقاذه له) لكن دون فائدة بسبب شدة الخوف والعداوة التأريخية بينهما.

"**فناداه السنور: أيها الصديق الناصح ذو البلاء الحسن عندي، ما منعك من الدنو الي لأجازيك بأحسن ما أسديت الي؟ هلم الي ولا تقطع إخائي، فإنه من إتخذ صديقا وقطع إخاءه وأضاع صداقته حرم ثمرة إخائه وأيس من نفعه الإخوان والأصدقاء ...**"[٢٢٨].

فهذه الأقوال لا تقلل من شدة تمسك الجرذ بالتجنب عن السنور لأنه قال "**وأن صداقتنا كالماء الذي يسخن بالنار، فإذا رفع عنها عاد باردا وليس من أعدائي عدو أضر لي منك (...)، وقد ذهب الأمر الذي احتجت الي واحتجت اليك فيه وأخاف ان يكون مع ذهابه عود العداوة**"[٢٢٩].

ان التعايش الثنائي (الإنسان مع الحيوان أو بالعكس) سيؤدي الى التمسك والمحبة و ومساعدة الآخر من قبل كلا الجانبين أي:

الإنسان ⇄ الحيوان

فحكاية (الملك والطائر فنزة) من الحكايات التي تغلب عليها طابع التعايش الثنائي (الإنسان والحيوان)، حيث يصير كل منهما مساعدا للآخر كي يبقى التعايش ويستمر بينهما:

"**وكان فنزة يذهب كل يوم الى جبل فيأتي بفاكهة لا تعرف فيطعم ابن الملك شطرها ويطعم فرخه شطرها، فأسرع ذلك في نشأتهما وشبابهما وبان عليهما أثره عند الملك فأزداد لفنزة إكراما وتعظيما ومحبة**"[٢٣٠] هذا يثبت الصداقة الثنائية وسرعة إزدياد الوفاء والتعاطف الثنائي بينهما، لكن عجلة الزمن وتسرع الإنسان في اتخاذ القرار تعكس الحقائق والأحداث دائما كما في حكاية (الناسك وابن عرس

---

(٢٢٨) كليلة ودمنة/ ٢٥٣.

(٢٢٩) كليلة ودمنة/ ٢٥٤.

(٢٣٠) كليلة ودمنة/ ٢٥٦ - ٢٥٧.

عندما ندم الناسك نفسه في قتل ابن عرس). ففي هذه الحكاية تؤدي محاولة الإنسان في الحصول على إجتناء الثمر والأكل والشرب الى الوقوع في مغبة قراراته السريعة.

"ففي يوم من الأيام وفنزة غائب في إجتناء الثمرة وفرخه في جحر الغلام حدث من الفرخ ما أغضب الغلام فأخذه فضرب به الأرض فمات"[٢٣١].

ان وحدة السرعة والمفاجاة هنا تؤدي دورا مهما في سير الأحداث والوقائع فعندما غضب ابن الملك وزادت عليه شدة الجوع إضطر الى قتل الفرخ، وبالمقابل علينا ان لا ننسى وجود نفس القوة لدى الحيوان في ثأره من الإنسان ونهشه اكثر اعضاء الإنسان حساسية وهو العين **"ثم ان فنزة أقبل فوجد فرخه مقتولا فصاح وحزن و قال: قبحا للملوك الذين لا عهد لهم ولا وفاء! وهم يستصغرون ما يرتكبونه من عظيم الذنوب ويستعظمون اليسير إذا خولفت فيه أهواؤهم ثم وثب في شدة حنقه على وجه الغلام ففقأ عينيه، ثم طار فوقف على شجرة عالية"**[٢٣٢].

هذا الخطاب السردي يظهر التفكك الثنائي (الإنساني والحيواني). ومحاولة الإنسان الحصول على بقاء الطير مرة أخرى وذلك بأخذ كل سبل القناعة كي يقنع الطائر بالعودة. ومن ثم عقوبته لكن الطائر في كل مرة يأتي بكلام أكثر قوة وقناعة لمغادرة الملك (الإنسان) وبهذا السبب لا يستطيع الملك ان يخدعه.

"وإنه لا أمن لي عندك أيها الملك ولا طمأنينة لي في جوارك ثم ودع الملك وطار"[٢٣٣] ان للثقة بالصادق وصاحب الوعد والأمانة في حكاية الأسد وابن آوى أثرا في ظهور الثقة بين الملك (الأسد) وابن آوى **"كان الأسد قد استطاب لحما فعزل منه مقدارا وأمر ابن آوى بالاحتفاظ به ..."**[٢٣٤] وهذه الثقة الكافية والكاملة أثرت في

---

(٢٣١) كليلة ودمنة/ ٢٥٧.

(٢٣٢) كليلة ودمنة/ ٢٥٧.

(٢٣٣) كليلة ودمنة/ ٢٦٣.

(٢٣٤) كليلة ودمنة/ ٢٧٠.

أصحاب الأسد وهم حاولوا حفر حفرة لابن آوى **"فلما رأى أصحاب الأسد ذلك غاظهم وساءهم فأجمعوا كيدهم، واتفقوا كلهم على ان يحرشوا عليه الأسد"**[٢٣٥].

هذا الاجتماع بين أصحاب الأسد يؤدي الى فك علاقة الأسد بابن آوى ووضع ابن آوى موضع الشك والريبة من قبل الأسد خاصة عندما سرق أصحاب الأسد اللحم، ووضعوه في بيت (ابن آوى). يعد هذا الموقف موقفا مهما وغير نهائي في تغير وحدة وفاء الأسد الى الكره والغضب العارم على ابن آوى بسبب عدم المامه الكامل بما حدث في سرقة اللحم واخفائه في جحر ابن آوى، لكن سرعة دخول شخصيات أخرى كـ (أم الأسد) أدى الى تصحيح خطأ الملك وعدم الاسراع والأستعجال في معاقبته لابن آوى. وقد حاولت ان تقلل من شدة غضب الأسد على ابن آوى وأعطت النصيحة كي يتأكد من السرقة ولا يقرر بسرعة بسبب ماحدث في عدم احتفاظه باللحم. وفعل الأسد ذلك ووصل الى ان ابن آوى مخلص للأسد وطلب ابن آوى من الأسد العودة الى مملكته السابقة كي يشغل نفسه بالعبادة وما كان عليه سابقا من الزهد والطاعة بعيدا عن المملكة وأصحاب الأسد. وعاد ابن آوى الى مملكته السابقة.

"فعاد ابن آوى الى ولاية ما كان يلي. وضاعف له الأسد الكرامة ولم تزده الأيام الا تقربا منه"[٢٣٦].

ولو نظرنا الى البعد المكاني لابن آوى رأينا أنه بدأ العيش على النحو الآتي:

المكان الأصلي (الموطن) ◄- - - - - - - - - - مملكة الأسد (الموطن الخارجي)

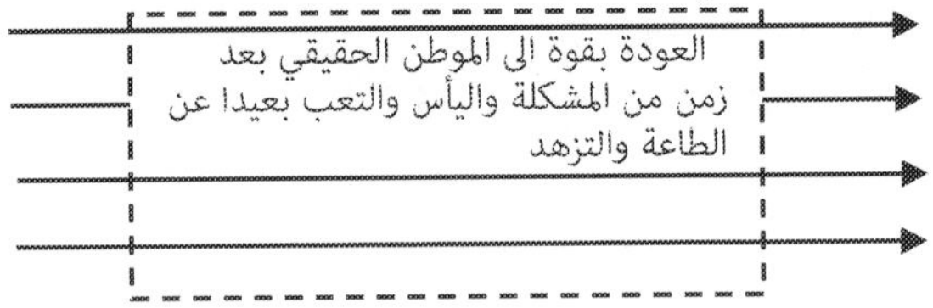

العودة بقوة الى الموطن الحقيقي بعد
زمن من المشكلة واليأس والتعب بعيدا عن
الطاعة والتزهد

(٢٣٥) كليلة ودمنة/ ٢٧٠.

(٢٣٦) كليلة ودمنة/ ٢٧٦.

ان السبب الرئيس للعودة يعود الى ان المكان الثاني (الموطن الجديد) الذي يعيش فيه مع الأسد وأعوانه "مكان معاد وهو كل مكان يرغم المرء على العيش فيه، إذ يستحث هذا المكان كل ما يثير الأحساس بالضيق والضجر والعداء، ويشمل هذا المكان السجن والمنفى ومكان الحرب وظهور الكره والغضب بينه وبين الآخرين بسبب التقرب من السلطة وإزدياد حب الملك له. وأن وصف المكان ومكوناته هو وصف الشخصية التي تعيش فيه، في الوقت نفسه، والوصف يحدد معالم المكان وكل ما يتعلق به"(٢٣٧).

كذلك ان عودة ابن آوى الى الموطن الأصلي تؤكد شدة تمسكه ووفائه الأبدي لوطنه وعدم إختلاطه بالآخرين كي يتجنب من الأثم والمشكلات. كما حدث عند إختلاطه بعالم الملك (الأسد) وأصحابه الطامعين في السلطة.

ففي حكاية (ايلاذ وبلاذ وايراخت) بعد ان رأى الملك حلما وفسره للبراهمة تندرج وحدة الوفاء في المد والجزر الدائم وخاصة عند دخول البراهمة على الملك لتفسير حلمه. في وقت كانوا يريدون تدمير وحدة الوفاء وتهديمها بين الملك (بلاذ) وزوجته (ايراخت) ووزيره (ايلاذ)، فبعد ان شرحوا له حلمه فكر الملك "فقال لهم: الموت خير لي من الحياة ان أنا قتلت هؤلاء الذين هم عديل نفسي. وأنا ميت لا محالة. والحياة قصيرة ولست كل الدهر ملكا. وإن الموت عندي وفراق الأحباب سواء فضلا عما أرتكبه من الأثم في قتلهم"(٢٣٨).

"من الواضح ان الإنسان مخلوق يمتاز بالرقي العقلي ويمتلك الاحساس بالأمور المعنوية والمادية. ان شيوع أنماط السلوك من هذا القبيل يقود الى تحقيق غايات الإنسان ويعيد اليه الاعتزاز بنفسه ككائن يرقى على بقية المخلوقات"(٢٣٩).

(٢٣٧) نقلا عن: الرؤية السياسية والاجتماعية في روايات غائب طعمة فرمان وابراهيم احمد- دراسة مقارنة -/ ١٣٤.

(٢٣٨) كليلة ودمنة/ ٢٨٣.

(٢٣٩) التكنيك والموضوعات الدالة بين القصة الانكليزية والعربية والكردية القصيرة/ ٨٣.

ان ذكاء الوزير والزوجة عند الدخول على الملك سبب مهم لتجنب الملك الهم والحزن الذي ظهر عليه نتيجة مشاورته لاعدائه البراهمة الذين قتل منهم الملك إثني عشر الف شخص. ان سر نجاح الملك ومفتاح سعادته، ايراخت (الزوجة) وايلاذ (الوزير). لكن بعد مدة ظهرت النتيجة الكلية لأحلامه الثمانية حسب ما فسره كباريون الفيلسوف. فوفاء الوزير لأصحابه وخاصة ايراخت يظهر في كل الأوقات كوحدة قوية لمنع تهديم مسار حياة الملك. وخاصة نحو القتل كما في شدة غضب الملك على الزوجة وأمره بقتلها وذلك في حين ان الملك أمر بقتل الزوجة من قبل الوزير في اقرب وقت. لكن الوزير في أكثر الأحوال يظهر كقوة مدبرة للملك وأموره. فهذه المرة أنه لم يقتل الزوجة لأنه يعرف ندم الإنسان بعد الغضب وهذا شيء منطقي. وهو اخفى الزوجة في بيته دون قتلها على خلاف ما قرره الملك. فبعد هذا رجع الملك من قراره بأمره في قتل الزوجة لأنها أحب الناس اليه.

"وقال: لو رأيت ايراخت لأشتد فرحي"[٢٤٠] فهذا يثبت شدة وفائه للزوجة والندم لما قرره في قتله لها بصورة سريعة ومستعجلة.

إن الوحدات الموجودة في حكايات كليلة ودمنة تؤدي بنا الى الدخول في ميدان العلاقة بين الحكاية والنقد الأدبي الحديث وهو المجال الذي يمكن ان يضيء مساحتين:

الأولى: هي تثبت أسس قراءة الحكايات الشعبية بطريقة يمكن فهمها فهما معاصرا.

والثانية: هي المستخلصات الرؤيوية الأخرى التي تدخل في ميدان القصة الحديثة والرواية وحتى الشعر والمسرح. ويعنى بهذا الجذر الميثولوجي للأبداع المنقود[٢٤١] ومن خلال الممارسة النقدية نجد ان المكانية والأسطورة والحكاية الشعبية ككل تمثل جذرا حقيقيا لكل

---

(٢٤٠) كليلة ودمنة/ ٢٩٤.

(٢٤١) ينظر: المساحة المختفية/ ٦٤.

أبداع جديد. وقد أستفاد النقد الأدبي الحديث من الميثولوجيا الكثير الذي جعله يغتني بها ويفتح آفاقا للمعاصرة. وتتسع الرؤية النقدية الحديثة للنص الأدبي، كلما أضاف الإنسان اكتشافا جديدا للمعرفة، وكلما قطعت الإنسانية شوطا مهما من أشواط نموها الحضاري والثقافي. فلم يعد النقد اليوم تعليقا على نص ما، أو تفسيرا أحادي الجانب لأبعاده أنه استقراء للرموز ومستوياتها أو أدلجة خارجية مفروضة على قيمة فقط. وإنما هو -أي النقد- فاعلية أبداعية تعيد خلق النص ثانية بأساليب النقد الحديثة^(٢٤٢).

ونتيجة لما يحدث في الحكايات في كثير من الأوقات تؤدي الوحدات المسيطرة والكاملة الناتجة عن العوامل السداسي الغريماسي (المؤتي، الظهير أو المساعد، الفاعل أو الموضوع، المؤتي اليه، المعارض) الى ظهور حالة مفاجئة في أغلب الحكايات الى إعطاء المكافأة والجزاء (Sanction). ففي وصف غريماس لبنية السرد المعيارية هو ذلك الجزء من الحبكة التي يتم فيها مكافأة الذات التي أنجزت "العقد" (عدلا) أو معاقبتها على عدم الانجاز (ظلما)، بوساطة المرسل (Snd)^(٢٤٣) كما رأينا هذه المكافأة أو الجزاء في باب (الفحص عن أمر دمنة، باب الحمامة المطوقة، باب البوم والغربان، باب القرد والغيلم، الناسك وابن عرس، باب الملك والطائر فنزة، باب الأسد وابن آوى، باب اللبوءة والأسوار والشعهر، باب إيلاذ وبلاذ وإيراخت، باب السائح والصائغ، باب ابن الملك وأصحابه، باب الحمامة والثعلب ومالك الحزين).

في كليلة ودمنة يظهر نتيجة حاسمة أي وهي نهاية الأحداث ونتيجته (sult) المكونة النهاية لـ (الفعل المعقد Complication Action).

(٢٤٢) ينظر: م. ن/ ٦٤ - ٦٥.
(٢٤٣) ينظر: قاموس السرديات/ ١٧٢.

ولو إفترضنا ان السرد يتألف من سلسلة من الاجابات على بعض الأسئلة، فإن" النتيجة" أو "الحل" solution يكون هو ذلك الجزء من السرد الذي يجاب فيه عن هذه الأسئلة "ما الذي إنتهت اليه الأمور؟"(٢٤٤).

مع كل النتائج والانجازات النهائية للوحدات الحكائية في كليلة ودمنة نرى ان وحدة حل الشفرات هي وحدة الحل والقرار solution النهائي. ان هذا بالنسبة لأرسطو هو ذلك الجزء من الحبكة الذي يمتد من نقطة التحول في المصير حتى "النهاية nd" وبهذا المعنى لا ينبغي الخلط بين "الحل" والجزء الأخير الذي ينتهي عنده الحدث (القرار)(٢٤٥).

ويرى البنيويون أمثال "رولان بارت في الشخصيات والأصوات والمشاهد عناصر متكونة بفعل قوى غائبة أو شفرات. أما النص فهو بنية هذه العناصر التي يقع مركزها خارج محدودية النص"(٢٤٦).

ويقسم بارت النص على "وحدات قراءة Lxis ويعرف كل وحدة قراءة بأنها واحدة من الشفرات Cods الخمس:

١. الشفرة التخمينية Poaitic.   ٢. الشفرة التأويلية Hmnutic.
٣. والشفرة الدلالية Smantic.   ٤. الشفرة الرمزية Symbolic.
٥. الشفرة الإحالية "fntial"(٢٤٧).

---

(٢٤٤) ينظر: قاموس السرديات/ ١٦٩.
(٢٤٥) ينظر: م. ن/ ١٦٨.
(٢٤٦) البنيوية والتفكيك/ ٦٩.
(٢٤٧) م. ن/ ٧١.

المبحث الثالث
التجربة والخبرة والنصيحة في الحكايات

تنتهي عادة حكاية الحيوان بخبرة عملية تصحح الحياة[٢٤٨] وهذه هي السنة التي قررها ابن المقفع في (كليلة ودمنة) بقوله "ثم ان العاقل إذا فهم هذا الكتاب وبلغ نهاية علمه فيه، ينبغي له ان يعمل بما علم منه ينتفع به ويجعله مثالا لا يحيد عنه ..."[٢٤٩] "ولعل عبد الله بن المقفع أول من اصطنع طريقة (زعموا) السردية التي تلائم طبيعة الحكاية في شكلها المألوف منذ القدم"[٢٥٠].

ان إستخدام هذه الصيغة تقوية للقول والتأكد من أنه ليس كلاما لشخص واحد وإنما هي صيغة للجمع. ويأتي هذا نتيجة للخبرة المثالية والمؤثرة في القارئ أو المستمع، ان إستخدامه ناتج عن الخبرة السابقة وهي بمثابة النصيحة القوية للآخر.

"وربما يكون عبد الله بن المقفع إصطنع مصطلح (زعموا) لأن الناس كانوا على عهده حراصا على الرواية الموثوقة؛ فكانوا شديدي العناية، عهدئذ، بجمع نصوص الحديث النبوي وتوثيقها توثيقا صارما، ورواية اللغة العربية وضبط قواعدها وترويج الشواهد الشعرية -خصوصا- عليها بين أئمتها.

ولقد ظل مصطلح (زعموا) هو اللازمة السردية الغالبة على نص كليلة ودمنة حيث تكررت هذه العبارة فيه ثلاثا وأربعين مرة في الأقل، ولم يكد ابن المقفع يصطنع سواها إلا قليلا في مطالع حكايات هذا النص السردي البديع. ان استخدام مصطلح (زعموا) في كليلة ودمنة يعني تثبيت جذور الانسجام مع طبيعة السرد القائم على التسلسل الزمني الذي يأتي من الخارج، أو عن طريق حيادية المؤلف المزعوم القائم على اصطناع ضمير الغائب، وقد أجمع نقاد الرواية الحداثية أو

---

(٢٤٨) ينظر: خزانة الحكايات/ ١٠١.
(٢٤٩) كليلة ودمنة/ ٧١.
(٢٥٠) في نظرية الرواية -بحث في تقنيات السرد-/ ١٦٣.

كادوا على ان ضمير الغائب والماثل هنا في شكل (زعموا) المقفعي ليس الا دلالة حتمية على نفي الوجود التاريخي، وإثبات الصفة الخيالية الخالصة للعمل الأدبي بعامة و العمل السردي بخاصة[٢٥١].

ولو تتبعنا هذا الأسلوب المقفعي لرأينا ان هذا الأستخدام من أقوى أنواع الأستخدامات لغرض تجنب بطش السلطة والدخول على الآخرين بفكرة غامضة ذات مقصدية قوية. ومن المعلوم ان هذه الطريقة لم تأت من درجة صفر أو غرض إعتباطي. وإنما أتت نتيجة الخبرة الكاملة من اجل تقديم النصائح للملك بصورة غير مباشرة خوفا من بطشه. وللعوام بصورة ظاهرة. وبأسلوب لا يستطيع أحد ان يشعر به إلا عن طريق قراءة متمعنة. وعبارة زعموا عبارة مسيطرة في مستهل الحكايات بين السارد والسارد منه منذ البدء بالحكايات الرئيسة ودخولا على الحكايات الفرعية إنتهاء بالحكايات الرئيسة. وهذا الأسلوب له تأثير قوي في المسرود له كي يستمر مع الأحداث والوقائع بصورة مستمرة وذلك بسبب قوة سرعة الأحداث وتأثيرها القوي في المتلقي (السارد له) وفيما يخص التقسيم الأسلوبي. فعلى الرغم من بعض الفروق الدقيقة والأستثناءات الهامشية والبديهية فإن الطابع الأدبي هو الأساس لهذه الطريقة[٢٥٢] وإذا "أخذنا الأشكال الفنية التي كانت سائدة في التراث العربي القديم والذي يلهث الكتاب من أجل فهمها وتمثلها غريزيا أو عقلانيا، أو إذا أخذنا تلك الأشكال كالسيرة والحكاية والشعر العمودي وغيره ونظرنا الى الأشكال المعاصرة، وجدنا تلك المقابلات:

- السيرة: (كالسيرة الشعبية).
- والمتوالية السردية (كألف ليلة وليلة): يقابلها الرواية الآن.
- الحكاية القديمة أو (المقامة): يقابلها القصة القصيرة.
- الشعر العمودي الكلاسيكي: يقابله الشعر المعاصر بكل أشكاله.

(٢٥١) م. ن/ ١٦٤ - ١٦٥.

(٢٥٢) ينظر: عودة خطاب الحكاية/ ٦٧.

وتنويعاته وأنواع تمرده السائدة

- المحاورة كما الحال في (كليلة ودمنة)   يقابلها المسرح أو البناء الدرامي
  أو الطقس الاجتماعي البدائي الشعبي
- الموازنة   يقابلها النقد الأدبي الحديث
- الخطابة   يقابلها المقالة
- الحكمة أو القول المأثور   يقابلها التنويعات النثرية ذات
  الطابع الشعري

ان الأجناس الأدبية التراثية تحولت بفعل القوانين لتصبح الأجناس السائدة اليوم"(٢٥٣) وبسبب هذا التحول وقوته وثقل مركزه التأثيري تبدو وحدة الخبرة والنصيحة المستهلة بالعبارات المستخدمة المتكررة كـ (زعموا، بلغني، حدثني عيسى بن هشام ...) هي العبارات الناتجة عن الخبرة وذلك من اجل ابتعاد النفس عن المشكلة والتورط ضد الملك والسلطة. ونستنتج من هذا ان هذه الوحدة وحدة سردية بارزة ذات طابع استمراري في الحكايات منذ البدء بها مباشرة وذلك الى النهاية. وأن وحدة الحوار وحدة أساسية لإبراز الخبرة والنصيحة لدى الآخر.

ففي كل مرة نشعر بهذه الوحدة (النصيحة أو الخبرة) ولكن بصور مختلفة مثلا البطل المساعد هو الذي يستمر بتقديم النصائح للآخر وهو الذي يشرح الأمور عند الدخول على الآخر أيضا وذلك لتجنبه الشيء الذي يريد القيام به كي يحصل عليه وهذا من اجل التأثير فيه حتى ندم النفس كما في باب (كليلة ودمنة وباب الفحص عن أمر دمنة) حيث لم يستمر البطل الحقيقي أو المساعد في إعطاء النصائح وشرح خبرته عن الأحداث ويترك الحكاية وسردها وذلك بسبب عدم اهتمام الثاني (المسرود) بقوله (السارد).

ففي باب الأسد والثور نجد وحدة النصيحة والخبرة وحدة أساسية وبارزة. وذلك لان سرد الخبرة والنصيحة ناتج عن الحوار المختلط من الحكايات الكثيرة

(٢٥٣) في الثقافة والحداثة/ ١١٣ – ١١٤.

وليست واحدة كما يبدأ من حكاية [١] ثم ينتقل الى حكاية [٢]. وهذا مايدعونا للتأمل في بداية الحكاية الثالثة، استنادا الى هذه القراءة تنقسم الحكاية على مستويين:

- احدهما سطحي وهو وقائع الحكايتين [١] و[٢].

- والآخر عميق وهو علاقة الراوي (السارد) بالحكاية ذاتها أي: الحكاية [٢] في القصة [١][٢٥٤].

ففي باب الأسد والثور نرى دخول الحكايات (كل حكاية داخل اخرى) وذلك في سبع عشرة مرة وهي كالآتي:

الحكايات الفرعية

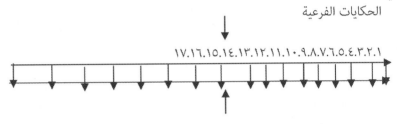

١.٢.٣.٤.٥.٦.٧.٨.٩.١٠.١١.١٢.١٣.١٤.١٥.١٦.١٧

الحكايات الأساسية

بعد انتهاء سرد الحكايات ولا سيما بعد الحكايتين "مثل الشيخ وبنيه الثلاث، (والرجل الهارب من الذئب واللصوص) تظهر هذه الوحدة لأن الحكايتين الأولى والثانية بمثابة تمهيد للدخول في صلب الموضوع. وبعد هذا يظهر اسم كليلة ودمنة". **وكان فيمن معه من السباع ابنا آوى يقال لأحدهما كليلة وللآخر دمنة. وكانا ذوي دهاء وعلم وأدب"**[٢٥٥].

"هذا الابتداء بالمحاورة يثبت الميل الى النصيحة وتقديمها لدمنة وعدم سماحه بالتفكير في المغامرة والتدخل في شؤون الآخر (الملك) وأن تقديم النصيحة من اجل تجنب الآخر عن المأزق والورطة هو بمثابة الوحدة التي تتيح للشخصية ان تعبر عن نفسها وتكشف عن جوهرها بأحاديثها وتصرفاتها الخاصة"[٢٥٦].

---

(٢٥٤) قصة اللقاء- الرؤية الناقصة والتعرف عبر السرد -/ ٢٧.

(٢٥٥) كليلة ودمنة/ ١٠٦.

(٢٥٦) نقلا عن: بناء الشخصية السردية في حكايات كليلة ودمنة (دراسة)/ ٤٦٣.

ان شخصية كليلة ودمنة "ترتبط بالأحداث ارتباطا وثيقا، ذلك لأن الأحداث أيضا تسهم في الكشف عن الوحدات بصورة عامة ووحدة الخبرة والكفاءة وتقديم النصائح والدوافع المؤثرة التي تؤدي الى تحريض الشخصيات على ممارسة فعل معين (خيرا) كان أو عدم ممارسته؟ إنه كان (شرا)"[٢٥٧].

قال كليلة: "فأمسك عن هذا وأعلم أنه من تكلف من القول والفعل ما ليس من شكله أصابه ما أصاب القرد من النجار. قال دمنة وكيف كان ذلك؟ قال كليلة: زعموا ان قردا ..."[٢٥٨].

من خلال هذا بدأ الحوار الثنائي بين (كليلة ودمنة)، وظهر نتيجة هذا وحدة الخبرة والنصيحة لكل منهما وذلك بالدخول أو عدم الدخول.

"ان الملاحظة على البنية العامة في كليلة ودمنة هي انها تشكل من عنصرين أساسيين، ربما يعتبران سر شهرة الكتاب عبر العصور واستمرارية تلهف الناس على قراءته، هذان العنصران هما:

أولا: القصة الاطار بما تحتوي من أبواب أمثال لها مقوماتها السردية الخاصة بها.

ثانيا: التداخل السردي الذي يتمظهر في شكل قصة داخل القصة أيضا لها مقوماتها السردية الخاصة بها"[٢٥٩].

أن وحدة سرد القصص الفرعية وحدة مسيطرة. وأن الحكايات الرئيسة في الأبواب الخمس عشرة في كليلة ودمنة تحتوي على الحكايات الفرعية على النحو الآتي:

---

(٢٥٧) بناء الشخصية السردية في حكايات كليلة ودمنة/ ٤٦٩.

(٢٥٨) كليلة ودمنة/ ١٠٦.

(٢٥٩) خصائص البناء النصي في كليلة ودمنة/ ٢٥.

١. باب الأسد والثور/ يحتوي على سبع عشرة حكاية فرعية:

(الشيخ وبنيه الثلاثة، الرجل الهارب من الذئب واللصوص، القرد والنجار، الثعلب والطبل، الناسك واللص، الغراب والأسد، العلجوم والسرطان، الأرنب والأسد، السمكات الثلاث، القملة والبرغوث، الذئب والغراب وابن آوى والجمل، وكيل البحر والطيطوي، السلحفاة والبطتين، الرجل والطائر، الخب والمغفل، العلجوم والحية وابن عرس، التاجر والأرض التي تأكل جرذانها الحديد).

٢. باب الفحص عن أمر دمنة يحتوي على أربع حكايات فرعية (الخازن الذي فضح سره بالتلبيس، الطبيب والجاهل، الرجل وامرأتيه، البازيار).

٣. باب الحمامة المطوقة يحتوي على ثلاث حكايات (الحمامة المطوقة الجرذ والظبي والغراب، السمسم المقشور وغير المقشور، الذئب والرجل والقوس).

٤. باب البوم والغربان يحتوي على تسع حكايات (الغراب والكراكي، الأرنب وملك الفيلة، الأرنب والصفرد والسنور، الجماعة والناسك وعريضه، التاجر وامرأته والسارق، الناسك واللص والشيطان، الرجل الذي إنخدع بالمحال، الفأرة التي خيرت بين الأزواج، الأسود وملك الضفادع).

٥. باب القرد والغيلم يحتوي على حكاية واحداة (الأسود وابن آوى والحمار).

٦. باب الناسك وابن عرس يحتوي على حكاية واحدة (الناسك المخدوع).

٧. باب الجرذ والسنور حكاية ذات الطابع الاستمراري فردي.

٨. باب الملك والطائر فنزة يحتوي أيضا على الطابع الاستمراري الفردي.

٩. باب الاسد وابن آوى يحتوي أيضا على الطابع الاستمراري الفردي.

١٠. باب اللبوءة والأسوار والشعهر يحتوي أيضا على الطابع الاستمراري الفردي.

١١. باب ايلاذ وبلاذ وايراخت يحتوي على حكايتين (الحمامتين، الرجل وطبق العدس).

١٢. باب الناسك والضيف يحتوي على حكاية واحدة (الغراب الذي أراد ان يدرج كالحجلة).
١٣. باب السائح والصائغ يحتوي على حكاية واحدة (الحية والقرد والببر).
١٤. باب الملك وأصحابه يحتوي على حكاية واحدة (السائح).
١٥. باب الحمامة والثعلب ومالك الحزين يحتوي أيضا على الطابع الاستمراري الفردي.

ان تداخل القصص من اجل ابراز الوحدات السردية في حكايات كليلة ودمنة بصورة عامة ووحدة النصيحة والخبرة بصورة خاصة يكون تداخلا مبرمجا. عن طريق هذا التداخل "يثبت الإنسان وجوده من خلال ما يؤديه من واجبات والتزامه بالزمن ويعتمد على جهده ويبذل طاقاته المخزونة من أجل الأهداف السامية في الحياة ويعطي القيمة والقدسية للعمل والوقت وهذا يحقق احتراما وقيمة لذاته من ثم يساعد على إنشاء مجتمع يكافح من أجل كرامة وسعادة أفراده"[٢٦٠].

من خلال هذا نستطيع القول ان خبرة كليلة وتوقعاته للأحداث ودخول المغامر مع الملوك شيء ليس باستطاعة أحد ان يحافظ على سعادته وكرامته عندما يجلس مع الملك، ولا سيما عندما يريد ان يثبت قدميه لدى الأسد كما أراد دمنة.

قال دمنة: "أريد ان أتعرض للأسد عند هذه الفرصة لأنه ظهر لي أنه ضعيف الرأي"[٢٦١].

فهذا ما أراده دمنة بالمقابل ان كليلة لا يتوقع نجاح هذا لأن سر النجاح هو الابتعاد وعدم البقاء مع الملوك كما قال كليلة: **"ثلاثة لا يجترئ عليهن الا أهوج ولا**

([٢٦٠]) التكنيك والموضوعات الدالة بين القصة الانكليزية والعربية والكردية القصيرة- دراسة مقارنة-/ ٨٦.

([٢٦١]) كليلة ودمنة/ ١٠٨.

يسلم منهن الا قليل، وهي صحبة السلطان، وإئتمان النساء على الأسرار، وشرب السم للتجربة"[262].

ان البناء العام للحكاية يتحدد في وجود إخلال بمسار حياتي لشخص اعتيادي وان نمو القصة وتصوراتها سيركزان على هذه الحادثة. وان هذه الحالة على الرغم أنها هي ما تشكل القصة وما يبرز الفعل فليست معطا أصليا لازما لحياة شخص ما، فالفعل لا ينطلق من وضع أصلي لتجاوزه وإنما ينطلق من ضرورة العودة الى وضع تم الإخلال به.

عدم التدخل (دمنة) ←—— التدخل (دمنة) ←—— عدم التدخل (دمنة)

على هذا الأساس تبدو ممكنات الفعل السردي محصورة في اسقاط عالم الماضي على وقائع الحاضر لـ "إقناع" المتلقي بضرورة العودة الى وضع كان[263].

وكذلك من يقرأ هذه الكتاب ولم يعلم غرضه ظاهرا أو باطنا لم ينتفع بما بدا له من خطبه ونقشه. كما لو قدموا لرجل جوزا صحيحا لم ينتفع به الا ان يكسره وينتفع بما فيه[264].

ان بنية النص من منظور ابن المقفع تشبه حبة الجوز في استعصاء إدراك لبها بعد كسرها، كذلك الأمر مع النص الذي يحتاج الى قارئ مثالي متمكن من أصول القراءة، ليتسنى له إدراك بناه العميقة، فإن كلام ابن المقفع يوحي بوجود علامات مستترة في النص بدءا من العنوان حيث لا يتم اكتشافه الا بكسر حواجز النص. وإذا قرأ المتلقي أمثال الكتاب كما أراد ابن المقفع. فإنه -لا محالة- يدرك ان العنوان يتضمن علامتين مستترتين توحي بهما شخصيتا كليلة ودمنة إنطلاقا من الأغراض السردية التي تؤديانها في النسيج السردي للنص[265].

---

(٢٦٢) كليلة ودمنة/ ١١٠.

(٢٦٣) ينظر: النص السردي نحو سيميائيات للآيديولوجيا/ ١٤٤.

(٢٦٤) كليلة ودمنة/ ٧٠.

(٢٦٥) ينظر: خصائص البناء النصي في كليلة ودمنة/ ٢٧- ٢٨.

"تتمثل هاتان العلامتان في وحدتي الخير والشر. ولقد تقدم اسم كليلة على دمنة في العنوان من منطلق تقديم الأيجابي على السلبي؛ فكليلة يمثل جانب الخير في النص السردي بينما دمنة يمثل جانب الشر"[٢٦٦].

ان إيجابية شخصية كليلة تأتي في تقديمه المستمر للنصائح وعرض الخبرة كي يؤثر في (دمنة-الشخصية الشريرة). وبالمقابل ان دمنة حريص على أتخاذ قراره ولم يعترف بسلبيته الشخصية ونستطيع ان نرى هذا في عدم إهتمامه بما قدمه كليلة أو الأسد أو الثور. فهو يريد الوصول الى مصالحه عن طريق أخذ كل السبل حتى كانت منتهية الى قتل الاخرين أو على حساب الآخر كما فعل في تقديم أقوال كاذبة لكل من الأسد والثور كي يشوه ما بينهما حتى يعود الى مكانته السابقة مرة أخرى.

"أما أنا فلست اليوم أرجو ان تزداد منزلتي عند الأسد فوق ما كانت عليه. ولكن التمس ان أعود الى ماكانت حالي عليه"[٢٦٧].

قد يكون تصوره للأحداث بهذا الشكل نتيجة تفكيره المنطقي للأمور بحيث يرى ان إنتهاء البطل حتما الى الانتصار أمر غير مقبول في واقع الحياة. فالمنطق ان الأنتصار ليس حتميا بإعتبار صراع البطل فعلا إنسانيا، قد يؤول الى الانتصار، وقد يؤول الى الفشل، فهو معرض للمآل وضده، وذلك حسب الشروط المهيأة وعزيمة الشخصية[٢٦٨].

غير ان ما أورده ابن المقفع "بشأنهما لا يشفي غليلا، ولا يشفع منهما، فلم وقع الخيار على ابن آوى من بين السباع، ولم لم يكن الأسد أو النمر أو الثعلب أو الذئب مثلا، ثم من هو ابن آوى؟ فتحديد فصيلته من السباع فقط لا يكفي؟ فالسباع لها

---

(٢٦٦) م. ن/ ٢٨.

(٢٦٧) كليلة ودمنة/ ١٢٢.

(٢٦٨) ينظر: شخصيات رواية الشمعة والدهاليز/ ١٦.

ألوان وأنواع فمنها الملك، ومنها المخادع، ومنها الشديد في السرعة، فمنها السيد، ومنها المسود"(٢٦٩).

عند التفتيش والتنقيب عن ابن آوى وجدنا الآتي في كتاب (حياة الحيوان الكبرى) للدميري "ان جمعه بنات أوى وكنيته أبو أيوب وأبو ذئيب وأبو كعب وأبو وائل، وسمي ابن آوى لأنه يأوى الى عواء أبناء جنسه! ولا يعوي الا ليلا. وذلك إذا استوحش وبقي وحده، وصياحه يشبه صياح الصبيان!! وهو طويل المخالب والأظفار يعدو على غيره. وخوف الدجاج منه أشد من خوفها من الثعلب لأنه إذا مر تحتها وهي على الشجرة أو الجدار تتساقط وان كانت عددا كثيرا!!!"(٢٧٠).

فابن آوى في الثقافة العربية الموروثة هو مثال للحنان والرقة والشفقة فهو لايصبر على فراق جنسه وهو لا يطيق الوحشة والوحدة، وهو فوق ذلك كله. قريب الشبه بالإنسان في صياحه وصوته. فلم يتخذ ابن المقفع من أسماء الأسد الكثيرة "(الضرغام، الغضنفر، القسورة، الليث، الضيغم ...) إسما لكتابه لأن الأسد في المخيال الجمعي العربي رمز للقوة والبطش، والجبروت، ولم يتخذ ابن المقفع الأبل -أيضا- على حب العرب لها ومكانتها في نفوسهم وفي حياتهم الصحراوية، الجمل عندهم رمز للقوة والتحمل والصبر ...الخ. فإختيار ابن آوى له دلالته التي لا تخطأ"(٢٧١).

إن إختيار ابن آوى منذ الابتداء بالحكايات ولا سيما في باب الأسد والثور وباب الفحص عن أمر دمنة، دلالة قوية للوحدات السردية في كتاب كليلة ودمنة وذلك من اجل الوصول الى الوحدات السردية الأخرى وإظهارها، أي أنها هي بمثابة وحدة داخل الوحدات كما في تداخل القصص والحكايات. وأن وحدة النصيحة والخبرة في كتاب كليلة ودمنة وخاصة في الحكايات الأساسية والرئيسة البدائية

---

(٢٦٩) كليلة ودمنة في أرابستان، عبدو أبو يامن (مجلة الحوار المتمدن، عدد ١٢٧٧، سنة ٢٠٠٥).

(٢٧٠) حياة الحيوان الكبرى/ ١: ١٥٥.

(٢٧١) كليلة ودمنة في ارابستان/ ١- ٢.

إنسلخت من الحكايات المنسلخة عن الحكايات الهندية التي تمثل لدى الناس الأصل الأصيل لهذا الأثر السردي الإشكالي، فكأن هذه الخرافات المقفعية بمصطلح آخر أقرب الى الوضوح وأنسب بالحال (حكاية حكاية الحكاية)؛ وقياسا على ما يقال: (نقد النقد Mta Citic) أو (نقد نقد النقد Mta-Mt citic). فالاطلاق الأول يعني كتابة نقد على نقد، بينما الآخر يعني كتابة نقد على نقد كان كتب حول نقد آخر[٢٧٢] أي ان وحدة النصيحة والخبرة هي بمثابة هذه السلسلات (وحدة الوحدة أو وحدة وحدة الوحدات).

إن باب الفحص عن أمر دمنة خير دليل لهذه الوحدات. ومع ظهور الأحداث تظهر وحدة النصيحة والخبرة لكنها جديدة من قبل كل من (كليلة، دمنة، الأسد، أم الأسد،النمر، الفهد، الخنزير، الشعهر). ان وحدة النصيحة والخبرة للشخصيات الحكائية في باب الفحص عن أمر دمنة تأتي إما من الشخصيات الرئيسة (كليلة، دمنة، الأسد). أو من الشخصيات الثانوية التي تبرز بوصفها فواعل مساعدة للشخصيات الرئيسة. فهي تمثل مكونا أساسيا لهذا البناء وتبرز أدوارها في أنها تضع المسار الصحيح للحدث القصصي الذي تأزم.

ان البدء بكلمة (فحص) في عنوان حكاية (الفحص عن أمر دمنة) له دلالة الوصول الى الحقيقة وتجنب الزيف والكذب، وأن عملية الفحص عن حقيقة الأمر (التأكد من قول دمنة بين الأسد والثور، وسماع الآخرين بسر الفتنة ونصائح كليلة لدمنة متخفيا) هي في الوقت نفسه عبارة عن عملية الوصول الى عالم السعادة والنجاة من الهم الذي وقع فيه الأسد بسبب قتله شتربة. قال القاضي: **"قد علمتم ان سيد السباع لم يزل منذ قتل شتربة خاثر النفس، كثير الهم والحزن، فأستدعى الأسد أصحابه وجنده فأدخلوا عليه، ثم أمر ان يؤتى بدمنة. فلما حضر دمنة نكس الأسد رأسه الى الأرض مليا"**[٢٧٣].

---

(٢٧٢) ينظر: في نظرية الرواية بحث في تقنيات السرد/ ١٦٥ - ١٦٦.

(٢٧٣) كليلة ودمنة/ ١٧٣.

ان هذا القرار من قبل الأسد يأتي نتيجة التبادل الحواري (Dialogu Discussion) مع الأم (أم الأسد). عندما أتى النمر الى أم الأسد وشرح لها ما سمعه من التبادل الحواري بين كليلة ودمنة ومشاورتهما (رفض كليلة لما فعله دمنة وعدم رفضه من قبل دمنة) يؤدي الى ظهور التمفصل والإنفصال والتمرد في مسار الأحداث.

ان الشعور والأحاسيس هما اللذان يؤثران في كل من كليلة (الرفض الكلي للأمر)، والأسد (الندم النفسي أو الاجتماعي لسوء تصرف الملك لما فعله من قتل شتربة). وقد يكون الإنفصال عند هذه الحالة إنفصالا مؤثرا في الإنسان وهذا الإنفصال في بعض الأوقات يأتي بسبب البعد الإنساني (ابتعاد الثور عن الملك). أو الأبتعاد النفسي (الشعور بالندم). أو الإبتعاد الاجتماعي (تجنب الأسد من الأعوان والعائلة)[٢٧٤] هنا ان الإنفصال يأتي نتيجة الأخذ الكلي لرأي الآخر دون الحذر منه وجعله موضع الإعتبار.

إن فقدان الصديق الروحي (الثور) أثر تأثيرا كبيرا في الأسد وجعله يشعر بالحزن والكآبة والقلق النفسي. أصبح الأسد في حالة حزن وتحسر لإفتقاره الى ذلك الصديق لذلك كان الضعف الذي أصابه قويا نتيجة رحيل الصديق والمعلم الروحي.

"هنا ينبغي الأشارة الى ان صراع الشخصيات في هذه الحكاية يدخل في أغلب الأوقات في نطاق صراع الشخصية الخائنة وذات المصلحة الشخصية والأنانية ضد الشخصية الصادقة والبريئة ويمثل هذا الصراع الإعلامي تمهيدا للمواجهة الفعلية بين الشخصيتين. وفي نهاية الحوار تتسع دائرة هذا الصراع. فينتقل من النطاق الشخصي الضيق ليشمل الأيديولوجية المجردة التي تشكل المحرك الأساس للشخصية كي تواصل الصراع حتى النهاية"[٢٧٥] والترسيمة الآتية توضح نهاية مجرى الأحداث:

---

(٢٧٤) ينظر: التكنيك والموضوعات الدالة بين القصة الانكليزية والعربية والكردية القصيرة/ ١٢٢.

(٢٧٥) ينظر: صراع الشخصيات في مجموعة روايات إسلامية لنجيب الكيلاني/ ٣٨- ٤٢.

القضاء على تلك الفكرة= القضاء على شخصية دمنة وأمثاله إن إستمرار أسلوب الصراع الدائر في باب الفحص عن أمر دمنة يأتي في عدة إتجاهات مثلا:

- الصراع من أجل البقاء وذلك بإستخدام أسلوب الدفاع وتجاهل النفس كما في تجاهله (دمنة) عن حقيقة الأمر: "**ما حدث من أمري حتى وجب به قتلي**"[٢٧٦] أو في هجومه على ملك الخنازير: "**انظري الى عريك وبعد ذلك انظري الى عري غيرك**"[٢٧٧].
- الصراع في توجيه التهمة الى الآخر كما في قول دمنة: "**فلا يكونن الملك وخاصته وجنوده ملك السوء**"[٢٧٨].
- الصراع في فرض النفس والفكرة والأيديولوجيات كما في هذا القول: "**ومن يجزي بالخير خيرا وبالاحسان إحسانا الا اللـه؟**"[٢٧٩].
- الصراع من أجل تمديد الموضوع من اجل الإقناع كما في: "**وإن الملك قد شاهد مني ذلك عيانا وظهرت له منه العلامات التي ذكرتها له أفهذا جزائي من ان أقتل؟**"[٢٨٠].
- الصراع من اجل تشويه الحقيقة كما في:
  ١. "حكاية الخازن الذي فضح سره بالتلبيس عليه"[٢٨١].
  ٢. "حكاية الرجل وأمرأتيه"[٢٨٢].
  ٣. "حكاية البازيار"[٢٨٣].

---

(٢٧٦) كليلة ودمنة/ ١٦٥.

(٢٧٧) كليلة ودمنة/ ١٧٧.

(٢٧٨) كليلة ودمنة/ ١٦٦.

(٢٧٩) كليلة ودمنة/ ١٦٦.

(٢٨٠) كليلة ودمنة/ ١٦٦.

(٢٨١) كليلة ودمنة/ ١٦٧.

(٢٨٢) كليلة ودمنة/ ١٧٧.

(٢٨٣) كليلة ودمنة/ ١٨٣.

عندما نأتي الى تحديد وحدة النصيحة والخبرة في حكاية (الحمامة المطوقة) نرى أنها تأتي نتيجة نهائية من اجل حل المشاكل التي يعاني منها المجتمع. رغم أنها ذكرت في القديم لكن لم تفقد من قوتها شيئا بل ما زالت تحافظ على قوتها وستحافظ على ذلك لقرون عديدة.

ان هذه الحكاية (الحمامة المطوقة) تحتوي على القصص الداخلية (الحمامة المطوقة والجرذ والظبي والغراب، السمسم المقشور وغير المقشور، الذئب والرجل والقوس). فكل هذه القصص عند قراءتها بإمعان رغم لغتها البسيطة نجدها تذكر الإنسان بالقضايا المعيشة في المجتمعات في يومنا الراهن وسبل تجاوز هذه المشاكل والصعوبات بالاستفادة من أفكار هذه الحكاية التي تعطي الكثير من الدروس والعبر في هذا الصدد[٢٨٤].

إن تداخل الوحدات في باب الحمامة المطوقة تداخل ينتج عنه نوع من التداخل على الاتفاق والتعاون مع الآخرين كما في (دخول الحمامة المطوقة وأصدقائها على الجرذ، ثم الغراب على الجرذ، ثم الجرذ والغراب على السلحفاة، ومن ثم دخول الظبي عليهم).

ففي بعض الأوقات تظهر وحدة الخبرة والنصيحة من خلال الدفاع عن نفوس الآخرين.

ومن ثم الشخصية نفسها (الذات) كما في حوار الحمامة المطوقة مع الحمامات كي ينقذن أنفسهن جماعيا ثم عند دخولهن على الجرذ كي ينقذ الجرذ الحمامات والمطوقة (الملك) كما قالت: **"لا تتخاذلن في المعالجة ولا تكن نفس إحداكن أهم اليها من نفس صاحبتها. ولكن نتعاون جميعنا ونطير كطائر واحد فينجو اليها بعضنا ببعض، فجمعن أنفسهن، ووثبن وثبة واحدة فقلعن الشبكة جميعهن بتعاونهن وعلون بها في الجو ..."**[٢٨٥].

([٢٨٤]) ينظر: قراءة مقارنة في قصة كليلة ودمنة/ ٢.

([٢٨٥]) كليلة ودمنة/ ١٨٩.

ومن ثم قالت المطوقة للجرذ عند دخولهن عليه: "**إبدأ بعقد سائر الحمام وبعد ذلك أقبل على عقدي**"[٢٨٦].

فالعقل هنا هو "**أعدل الأشياء قسمة بينهن، وموجود بالقوة عند كل الناس، وليس ظهوره بالفعل الا بسبب المعرفة والتجربة بل ان العقل هو طريق المعرفة والسعادة والتحرر والحرية**"[٢٨٧].

فالتجربة في مثل هذه الأحداث هي التي تؤدي الى تقديم النصائح والمحاولة من اجل تجنب الكل عن المشكلة والورطة والعصيان كما وقع فيها المطوقة والحمائم ومن ثم الظبي والسلحفاة. "**فحلق الغراب في السماء فنظر فإذا الظبي في الحبائل مقتنصا ... ودنا الصياد فوجد حبائلة متقطعة، فنظر يمينا وشمالا فلم يجد غير السلحفاة تدب فأخذها وربطها**"[٢٨٨].

نتيجة لهاتين المشكلتين نجد الحوار هو العنصر الرئيس يلجأ اليه الإنسان حتى يساعده على الانقاذ والنجاة. وبجنب الحوار ان النصيحة والخبرة لتخطيط الخدعة شيء أساس من اجل الوصول الى السعادة وإلتقاء الأصدقاء مرة أخرى كما فعل (الغراب مع الجرذ والسلحفاة) لانقاذ الظبي. وأيضا كما فعل (الغراب والجرذ والظبي) لانقاذ السلحفاة. وذلك بمخادعة الصياد وفك شبكة صيده.

"إن هذه العلاقة، بدورها تؤكد ان هذا الخطاب ليس مجرد وحدة لغوية مفارقة، وإنما وحدة من وحدات الفعل الإنساني والتفاعل والإتصال والمعرفة. وأنه ليس كيانا ثابتا جامدا من الكلمات والدوال، وإنماحقل فعال من المشاغل والأهتمامات

---

(٢) كليلة ودمنة/ ١٩٠.

(٢٨٧) كلية ودمنة/ ٩ تقديم أحمد برقاوى/ دار طلاس للدراسات والترجمة والنشر/ دمشق/ ط ١/ سنة ٢٠٠٠ م.

(٢٨٨) كليلة ودمنة/ ٢٠٣- ٢٠٤.

والتوترات والصراعات والتناقضات التي تكشف تنظيم المجتمع ومؤسساته وأبنية القوى وأدوارها المضمنة"[٢٨٩].

في كل ما قدمه بيدبا الفيلسوف للملك (دبشليم) يصل الى ان قوة وشدة التأثير الإقناعي على الملك نتيجة تعمقه في الأفكار والمعتقدات يؤدي الى وضع الملك موضع تعلقه بما يقوله بيدبا. وذلك منذ البدء بالحكاية الأولى والإنتهاء من الكل. وهنا ان التجربة والنصيحة المقفعية هي بمثابة المظلة الكبيرة والمسيطرة على الوحدات السردية الموجودة في طي الحكايات.

"ان تحليل وحدات القص حسب (غريماس) يعني تحليل مستوياتها المختلفة، بما فيها جميع مظاهر الخطاب، وأبعاده الدلالية العميقة بصفة آنية ومنسقة حسب الوحدات التي تتميز بصيغة لغوية خاصة. ومفردات ذات معان منظمة، حسب علاقات منطقية، قد تكون نواة تشكل مع مثيلاتها المعنى الضمني للقصة. فالنواة الدلالية "S'm" لامجال الى استكشافها الا بعد التفكيك الدلالي للمفردات التي هي وحدات دلالية معقدة، تتماسك فيها معاني مختلفة ولكنها بسيطة"[٢٩٠].

ان باب حكاية البوم والغربان خير دليل لمستوى الوحدات المختلفة بسبب الأبعاد الدلالية المختلفة لحقيقة العداوة وخاصة في الوقت الذي يداهم البوم أوكار الغربان نتيجة للدور السلبي الذي مثله الغراب بين البوم والكراكي.

عندما سأل ملك الغربان الوزير الخامس عن بداية العداوة بينهما (البوم والغربان) وكيفية التعامل مع البوم بسبب مهاجمتهم على الغربان؟

"وكان الملك كثيرا مايشاورهن في الأمور ويأخذ آراءهن في الحوادث والنوازل"[٢٩١].

([٢٨٩]) آفاق العصر/ ٧٣.

([٢٩٠]) السيميائيات من نظرية المحاكاة الى النظرية الشكلية/ ٦.

([٢٩١]) كليلة ودمنة/ ٢٠٩.

فالمشاورة هنا تثبت وجود العقل المدبر (الملك) مع الآخرين كي يأخذ نصائحهن ويعرف مدى تجربتهن في التعامل مع الأحداث وخاصة في استشارته مع الغراب الخامس.

"ونهض الملك من ساعته وخلا به فأستشاره، فكان أول ما سأله عنه الملك أنه قال: هل تعلم إبتداء العداوة ما بيننا وبين البوم؟ قال نعم، قال الملك: وكيف كان ذلك؟ وقال هذا مثل البوم والغراب والكراكي ..."^(٢٩٢)

نلاحظ ان هذا الاتجاه (المشاورة) عند الملك يتصف بثلاث صفات يحتاج الدارس الى معالجتها وهذه الصفات هي:

١. **التجربة**: وهذا يعني إخضاع الظاهرة المراد درسها الى إمتحان يثبت صحة نتائجه بعد المرور على كل الأحداثيات الظاهرة مهما بلغ تعدادها (جمع الآراء وإختيار الأفضل).

٢. **الدقة**: وهذا يعني عدم الاطمئنان الى رأي لم يؤكده حدوث متكرر للظاهرة. يمكن الدارس من الإنتقال من دراسة الظاهرة الى التعميم (محاولة معرفة بدايات الحدث).

٣. **التعميم**: وهو يتضمن جملة النتائج التي تم إستخلاصها من معاينة كل أفراد الظاهرة بلا إستثناء على أرض الواقع^(٢٩٣) (كما في استشارته للوزراء بصورة عامة).

سمع الملك آراء الغربان دون الرفض المباشر ونتيجة لهذا نرى ان رؤيته التجريبية ساعدت على القيام بإختيار أفضل الغربان ورأيه كي ينقذن أنفسهن ويصلن بها الى السعادة في وقت ان الغراب الأول والثاني والرابع فضلوا الهجرة والهروب لأن العدو أقوى منهن ومثل هذه المواقف لا يحتاج الى الصبر والمجازفة بالحياة.

---

(٢٩٢) كليلة ودمنة/ ٢١٢.
(٢٩٣) ينظر: التحليل البنيوي للقصص/ ١٧– ١٨.

فالإنتقال وتبديل الوطن بموطن جديد عبارة عن هجرة ورحلة جماعية وهي إنتقال الإنسان من مكان الى آخر، وقد تضيق المسافة فتسمى الرحلة داخلية وقد تتسع، فتسمى خارجية. هنا ان رحلة الغربان ليس رحلة خيالية وإنما رحلة واقعية وهي تحدث ضمن مكان وزمان معينين. وهذا تحت شدة تأثير العدو في محاولتهم لابادة الغربان ثأرا.

ان سلسلة الوحدات السردية في الأتيان بحكايات فرعية في باب البوم والغربان تسير بمسار شبيه بباب الأسد والثور وباب الفحص عن أمر دمنة من حيث الدخول في الحكايات الفرعية والإتيان بوحدة الوحدات أو وحدة وحدة الوحدات. وذلك في حكاية حكاية الحكايات كما في هذه الترسيمة:

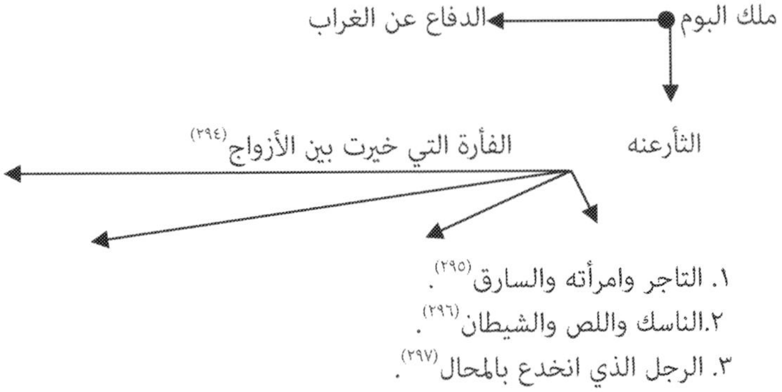

ملك البوم
الدفاع عن الغراب
الثأرعنه
الفأرة التي خيرت بين الأزواج[٢٩٤]
١. التاجر وامرأته والسارق[٢٩٥].
٢.الناسك واللص والشيطان[٢٩٦].
٣. الرجل الذي انخدع بالمحال[٢٩٧].

([٢٩٤]) كليلة ودمنة/ ٢٢٦.

([٢٩٥]) كليلة ودمنة/ ٢٢٢.

([٢٩٦]) كليلة ودمنة/ ٢٢٣ .

([٢٩٧]) كليلة ودمنة/٢٢٤.

بالمقابل ان ترسيمة الغربان تكون كالآتي:

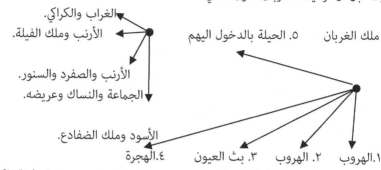

الغراب والكراكي.
الأرنب وملك الفيلة.
ملك الغربان
٥. الحيلة بالدخول اليهم
الأرنب والصفرد والسنور.
الجماعة والنساك وعريضه.
الأسود وملك الضفادع.
١.الهروب
٢. الهروب
٣. بث العيون
٤.الهجرة

غير ان هذه الصور الحكائية وإن كانت تترع من معين واحد هي صورة البطولة الكاملة في النص. فإنها ليست على شاكلة واحدة. وهي لا تضطلع بالوظائف عينها في السياق. إذ ان تعدد الصور الجزئية في النص الواحد لا يعني إنتاج تأثير جمالي متماثل، وإلا ستكون حيال تكرار عاطل من الدلالات. بل ان تلك الصور على العكس من ذلك تتواتر في نظام دائر مطرد الإتساع. حيث يفسح المجال بإستمرار لأن تنتخب كل صورة مولدة مكونات جديدة تطعم دائرة الصورة المولدة، وتهيئ ضمنا شروط إتساع لاحق وهكذا ينطلق المتلقي من دائرة صغرى، ومع تواتر السرد يتسع مدار تلك الصورة، وتكتنز أوصالها. والنتيجة ان تخيل الى الأذهان ملامح الصورة التي تنحتها شعائر البطولة في النص ككل[٢٩٨].

ففي باب القرد والغيلم نرى إتساع الأدوار للوحدات السردية الى نوع من الإنحراف والانزياح. وهناك سلطتان يتسم بهما شكل القصة اتساما اساسيا:

- أما الأولى فتمثل في مد الإشارات على طول القصة"[٢٩٩].

"زعموا ان قردا كان ملك القردة يقال له ماهر وكان قد كبر وهرم. فوثب عليه قرد شاب من بين المملكة فتغلب عليه وأخذ مكانه. فخرج هاربا على وجهه حتى إنتهى الى الساحل"[٣٠٠].

([٢٩٨]) ينظر: بيان شهرزاد – التشكلات النوعية لصور الليالي -/٧٦.

([٢٩٩]) مدخل الى التحليل البنيوي للقصص/ ٨٢.

ان الإشارة الى سرد الحياة الشخصية وامتدادها هنا يبرز السمة الأولى من حيث الإشاره الى طول الحكاية والإتيان بكل الوحدات الجزئية لحياة القرد من مكان عيشه وزمنه وكيفية حكمه ولجوئه الى المكان الجديد وسبب لجوئه كل هذا من جهة والإتيان بإسمه من جهة ألا وهو ماهر. فهذه التسمية إنسية مأخوذة من صفة المهارة التي يتحلى بها الإنسان(٣٠١). فالمكان الجديد يمثل المكان الأفضل الذي يختاره القرد بعد المكان الأول الذي يسبب إصابته بالهزيمة وفقدان السلطة والفرار وإقالته.

- "أما السمة الثانية فتتمثل في إدخال إتساعات غير متوقعة في هذه الإنحرافات"(٣٠٢).

إن عنصر المفاجأة هنا يشبه وحدة الخبرة والنصيحة من حيث الإبتعاد عن السلطة بسبب غلبة الهرم عليه وعدم قدرته بالسيطرة على القرد الشاب فهذا يثبت الصراع بين ثنائية (الشاب/ الهرم) وغلبة الشاب على الهرم وهذا شيء منطقي بسبب ظهور الضعف في القوة الجسمانية. فإختياره للمكان الجديد (الساحل) يأتي نتيجة خبرته وتجربته في الحياة وعلى شجرة التين أيضا نفس الشيء. فالمكان الجديد وشجرة التين يساعدان القرد على إيجاد صديق جديد ولاسيما بعد سقوط التينة والصوت المنبعث من الماء يؤكد الوحدانية التي تملكت القرد ومدى حاجته الى الألفة والمؤانسة(٣٠٣) وأن الفضاء الثاني (فضاء الشجرة) فضاء ضيق مقارنة بالأول وهو يعيش مع الأعوان والأصدقاء في وقت يشعر الثاني بالغربة والوحدة ومدى رغبته في اللعب مع الماء بالتين وإظهار الصوت الغريب منه وتكراره يثبت هذه الرغبة.

---

(٣٠٠) كليلة ودمنة/ ٢٣٧.

(٣٠١) ينظر: البنيات الدالة بين كليلة ودمنة والف ليلة وليلة/ ١١٠.

(٣٠٢) مدخل الى التحليل البنيوي للقصص/ ٨٢.

(٣٠٣) ينظر: البنيات الدالة بين كليلة ودمنة والف ليلة و ليلة/ ١١٢.

إن معاشرة الغيلم والصداقة معه يؤدي الى فقدان الخبرة والمجازفة بالحياة خاصة عندما قرر الذهاب مع الغيلم بقبوله دعوة الغيلم. في وقت ان القرد لم يعرف سبب الدعوة والضيافة. فالغيلم حاول خداع القرد بإسم الدعوة والضيافة وهذا من اجل الحصول على قلب القرد لأن الزوجة (زوجة الغيلم) تحتاج الى قلب القرد بسبب المرض الذي أصابها.

قالت جارة الغيلم: "**ان زوجتك مريضة مسكينة وقد وصف لها الأطباء قلب قرد، ثم عاد الى الساحل حزينا كئيبا مفكرا في نفسه ...، فرغب القرد في الذهاب... ونزل فركب ظهر الغيلم فسبح به... فنكس رأسه ووقف وقال في نفسه: كيف أغدر بخليلي لكلمة قالتها إمرأة من الجاهلات**"(٣٠٤).

لذلك يجدر بنا النظر في النص القصصي لنبحث في إمكانات المعرفة التي يختزنها أو بحثا في حدود التأويل التي يمكن للذات المعنية بها ان تبلغها. يفترض هذا إثر التمعن بالبنية الدلالية العامة للنص التبصر في المسعى القصصي العام للحكاية – المثل – التي يتجسد فيها موضوع الطلب ظاهرا وموضوع الإصلاح والحكمة باطنا؛ وهو مسعى يتعلق بدءا بتضييع الغيلم للقرد بعد ظفره به، وهو مايمكن ان يتاح تصوره على الترسيمة العواملية الآتية:

العلاقة الزوجية/ الطبابة النسائية ← الدواء: قلب القرد ← الزوجة: الشفاء

الغيرة الزوجية/ الهوى النسائي   إهلاك الصديق   إرضاء الزوجة/ الشر

الاحتيال (العقل)/ الصداقة/ هوى القرد ← ضمير الغيلم → الغيلم (العقل)/ الذكاء القرد/ الصداقة

يبرز هذا المخطط ذاتا سلبية (الذات) أو ذاتا مضادة (الغيلم) تتولى مهمة الظفر بموضوع الرغبة (قلب القرد) بإعتباره دواء شافيا للزوجة المريضة، وهي مضادة لأن مشروع عملية البحث التي تنخرط فيها سلبي وغايته الإيذاء والشر. كما

---

(٣٠٤) كليلة ودمنة/ ٢٣٩ – ٢٤١.

يبرز إزدواجية عملية الإرسال، كأن هناك عمليتين متوازيتين متزامنتين وليس في الواقع هناك الا عملية واحدة لها وجهان:

الأول: وجه وهمي يدل عليه الخط الأعلى، وهو الوجه الذي يعتقد الغيلم بصحبته ويتصرف على أساسه، تتقدم فيه قيم العلاقات الزوجية ومستلزماتها فضلا عن تعليمات الطبابة المفترضة وضروراتها مرسلا يوجه الدواء المطلوب أي قلب القرد (الموضوع) الى الزوجة كمرسل اليه من أجل شفائها. والعملية على هذا النحو في ظاهرها مقبولة وإيجابية وتتسم بالخير، لأنها كذلك تحسم الغيلم أمره ويأخذ على عاتقه إنجاز المهمة، فليست الزوجة مريضة و ليس قلب القرد دواؤها، وهو ما يغيب عن الغيلم ومايبينه وجه عملية الإرسال الآخر الموازي الأول.

الثاني: وجه حقيقي يشير اليه الخط الأسفل في عملية الإرسال، وتطرح فيه غيرة الزوجة من صداقة زوجها للقرد التي أدت الى إهمالها، وهواها له وتطلعها للأحتفاظ به لديها موضوع إهلاك هذا الصديق كي تستفيد من حضور الزوج وترضى، ونظرا لما يتضمنه هذا المشروع من إيذاء وقتل يلحق بشخصية غير معادية ولا يتوخى غير المصلحة الذاتية والأنانية وإشباع الهوى الشخصي الضيق. فإن العملية تتسم بالسلبية والشر، ويتناقض بالتالي هذا الوجه الحقيقي مع ذاك الظاهر الوهمي(٣٠٥) فالتجربة والنصيحة الذاتية هنا تساعدان القرد على إنقاذ نفسه عن الورطة.

ان تقصير العقل في عدم تمييز الظاهر من الباطن وفي سوء التصرف بالإنحراف وراء العاطفة والهوى لا يعدم إشارات ممهدة قوية الدلالة عليه في النص، فالغيلم الذي يلتقط ما يرميه القرد من تين في الماء وهو (لا يشك ان القرد

(٣٠٥) ينظر: في دلالية القص وشعرية السرد/ ٣٢٧ – ٣٢٨.

إنما يطرح التين في الماء وولعه به)، علما ان هذا الأخير (الغيلم) يفعل ذلك لإعجابه بوقع التين في الماء، يدل بوضوح على سوء الحكم والتأويل وقصور العقل دون معرفة الحقيقة الباطنة. أو خفته في تصور باطن غير حقيقي؛ إنطلاقا من واقع ظاهر كما ان الغيلم الذي أصبح والقرد صديقين ويألف كل منهما صاحبه يلبث زمانا لا ينصرف الى أهله. وفي ذلك إهمال بين لإرتباطاته الزوجية بالإنغماس في الهوى الجديد المتمثل بالصداقة الطارئة وقصور عقلي عن معرفة واجباته والقيام بإلتزاماته وهو ما لا يتمكن الغيلم من تقدير أبعاده، كما لا يتمكن حين يذكر متأخرا واجباته من تدارك مضاعفاته[٣٠٦].

إن كيفية تعامل القرد مع الحدث هنا وحدة مهمة من اجل الإنقاذ والخروج من المأزق الذي وقع فيه، فهذا نتيجة مشاورته مع نفسه كحوار داخلي (مونولوج داخلي).

"وإني قد إحتجت الآن الى عقلي في التماس المخرج مما وقعت فيه. قال الغيلم: وأين قلبك الآن؟ قال: خلفته في الشجرة... فإن شئت فأرجع بي الى الشجرة حتى آتيك به، ففرح الغيلم بذلك وقال: لقد وافقني صاحبي بدون ان أغدر به، ثم رجع بالقرد الى مكانه. فلما قارب الساحل وثب عن ظهره فأرتقى الشجرة، وقال الغيلم: ياخليلي أحمل قلبك وأنزل. فقال القرد: هيهات! أتظن أني كالحمار الذي زعم ابن آوى أنه لم يكن له قلب ولا أذنان؟"[٣٠٧].

إن التفكير عن الحدث والخبرة السابقة هنا ساعدت القرد على النجاة وأن نصيحته للغيلم ساعدت على بقاء ما في يده، ونستطيع أن" نستشف آيات الرمز التي تدارى في أطواء جدليات التقابل بين صورة مثالية بديعة التنسيق عن تناقضات القوة والدهاء والضعف والغفلة المميزة للسلوك الإنساني"[٣٠٨].

---

(٣٠٦) ينظر: م. ن/ ٣٣١.

(٣٠٧) كليلة ودمنة/ ٢٤١.

(٣٠٨) بيان شهرزاد/ ٧٢.

ان الشخصيات في حكاية (الأسد وابن آوى والحمار) تقدم التحديد النوعي لـ (الأسد/ الحمار/ ابن آوى). وفي مقابل ذلك تهيء آلية تصوير الشخصيات الحيوانية لأداء وظائف رمزية في السياق النصي تفضي في النهاية الى تشخيص حكمة "**إن طلب الحاجة أهون من الاحتفاظ بها**"[٣٠٩] وذلك بالإعتماد على الرصيد الصوري للشخصيات وماتتخيله من صور جمالية ومعنوية متماثلة في الأستعمال الخرافي[٣١٠].

وحين تتخلق الصورة بقيم الرمز على هذا النحو فإنها تلتحم بالتواتر الحكائي البسيط للمواقف (الأسد مريض وابن آوى يساعده/ ابن آوى يستدرج الحمار الى عرين الأسد مرتين/ ابن آوى يتمكن بدهائه من استغفال الأسد وينفرد بفريسته)، وتمتزج الخبرة والنصيحة بآليات التقابل النمطي الذي تنتهجه الحكاية بين أبطالها، فتوحي بضروب مختلفة من الثنائيات التي تستبطن الطبع والسلوك الإنسانيين، من مثل: (الدهاء/ الغباء)، (القوة/ الضعف)، (الحيلة/ الإستكانة)، (الظفر/ التفريط). وإذا كان هذا التقابل يستفاد الى حد كبير من الذاكرة الرمزية للحيوانات المختارة، فإن الصورة التي تتولد عن هذا التقابل لا تبقى سجينة تلك الذاكرة، بل تتخطاها الى الإنجاز الأسلوبي الذي يحين تلك الذاكرة، ويرفدها بنسغ الجمال وطلاقة الخيال.

فالأسد قوي لأنه أسد أولا ولأنه يحمي ابن آوى ويفتك بالحمار في الحكاية، والحمار غبي غافل لأن تلك هي صورته في مخيال المتلقي أولا، ولأنه ينقاد-في الحكاية- لمشيئة ابن آوى حتى بعد ان يكتشف خداعه، وابن آوى داهية واسع الحيلة لأنه كذلك في الواقع، ثم لأنه يستغل قوة الأسد لتحقيق مآربه. ويحول كل المواقف في الحكاية لصالحه (مرض الأسد/ حاجة الحمار الى الطعام/ انصراف الأسد للإغتسال). والحاصل ان الصورة الخرافية تتأسس على الطاقة الرمزية لهذه

---

(٣٠٩) كليلة ودمنة/ ٢٧٣.

(٣١٠) بيان شهرزاد/ ٧٢- ٧٣.

الحيوانات جميعا بيد أنها لا تكتنز الا بفعل تصاديها مع الأداء الحيواني (المحدد الوظيفي) في السياق النص[٣١١].

أن ابن المقفع كان "ينصح الخلفاء من خلال هذه الحكايات حتى لا يحيدوا عن طريق الصواب وكان يروم أيضا تشكيل وعي عام عند الرعية حتى يطالبوا بتحقيق العدل والمساواة"[٣١٢]. وأن العقل هو الذي يؤدي دورا رياديا في الوصول الى الحقائق وذلك نتيجة التجارب السابقة والنصائح المقدمة.

"والعقل الذي ينتصر له ابن المقفع ويدافع عنه، ويعلي من شأنه، ويعتبره من أكبر الحاجات الأساسية في ديمومة الحياة وتطورها"[٣١٣]. وفي باب الناسك وابن عرس عندما يقتل الناسك ابن عرس يندم على ذلك.

"ثم جاء الناسك وفتح الباب فالتقاه ابن عرس كالمشير له بما صنع من قتل الحية، فلما رآه ملوثا بالدم وهو مذعور طار عقله وظن أنه قد خنق ولده (...)، ولكنه عجل على ابن عرس وضربه بعكازة كانت في يده على أم رأسه فمات (...)، ودخلت أمرأته فوجدته على تلك الحال فقالت له: ما شأنك؟ فأخبرها بالخبر من حسن فعل ابن عرس وسوء مكافأته له فقالت: هذه ثمرة العجلة لأن الأمر إذا فرط مثل الكلام إذا خرج والسهم مرق، لا مرد له"[٣١٤].

ان النصيحة التي قدمتها الزوجة لم تكن في وقتها وقبل الحدث لكنها قدمتها بعد الحدث ومع هذا فإنها أثرت تأثيرا بالغا في الزوج (الناسك) لأنه في أكثر الأحوال والأمور يتسرع في الأمور وذلك دون التفكير والتحقيق عنه أي أنه فردي المزاج في قراءته للأحداث دون محاولة تقييمها (valuation).

([٣١١]) ينظر: بيان شهرزاد/ ٧٣.

([٣١٢]) ابن المقفع من قفص الحكايات الى فضاء التأويل (مقالة)/ ١.

([٣١٣]) م. ن/ ٢.

([٣١٤]) كليلة ودمنة/ ٢٤٨.

إن قتل ابن عرس للحية وإنقاذ حياة ابن الناسك جاء "نتيجة التصرف بإستعجال وبشكل سريع. فالتعجل في الأمور ودون التأكد والقراءة السابقة له يؤدي الى الورطة والندم. وأن القراءات المستعجلة تظهر الكثير من الأخطاء في الأمور وتتطلب الدقة والتأكد منها قبل ان يقوم به أو قبل ان يتخذ حكما على أمر ما ومن ثم لا ينفع الندم بعد إرتكاب الخطأ"[٣١٥].

ان الأسلوب الإقناعي من اجل إقناع المقابل (الآخر) في حكاية الجرذ والسنور يمر بمراحل نقاشية كثيرة لأن العداوة السابقة لا تسمح بهذا النوع من الصداقة. وأن التجارب السابقة أكدت هذه العداوة الموجودة بين الجرذ والسنور **"لا خير للضعيف في قرب العدو القوي ولا للذليل في قرب العدو العزيز. ولا أعلم لك قبلي حاجة إلا ان تكون تريد أكلي، ولا أعلم لي قبلك حاجة وليس عندي بك الثقة ..."**[٣١٦].

إن قراءتنا لهذه القصة وعند مقارنتها بواقعنا وما نعيشه تجعلنا نستنتج الكثير من الدروس والعبر من أجل حياتنا فهي بمثابة مدرسة تعلم الإنسان الكثير من الأمور في الحياة في كيفية التغلب على الصعوبات والمشقات التي تعترض الطريق وكيف سينجح في هذا من أجل المسير في الحياة بدون عراقيل والتغلب عليها في حال الظهور دون الخوف منها ليتمكن من العيش بسلام بعد الإعتماد على العقل السليم والخطة والتدبير والسماح بسيطرة العقل والتجارب السابقة من اجل التجنب والإبتعاد عن الورطة[٣١٧].

وفي باب الملك والطائر فنزة نرى نفس ما حدث في حكاية الناسك وهو الاستعجال في الأمر دون التفكير فيه.

---

(٣١٥) قراءة مقارنة في كليلة ودمنة/ ٣.

(٣١٦) كليلة ودمنة/ ٢٥٤.

(٣١٧) قراءة مقارنة في كليلة ودمنة (مقالة)/ ٣.

"حتى إذا كان يوم من الأيام وفنزة غائب في إجتناء الثمرة وفرخه في حجر الغلام حدث من الفرخ ما أغضب الغلام فأخذه فضرب به الأرض. فمات..."[٣١٨].

وأثر هذا في الطائر وتجنب العيش مع الملك وسلطته ومملكته.

وقال الطائر فنزة: "ان الرجل الذي في باطن قدمه قرحة ان هو حرص على المشي لا بد ان تنكأ قرحته. والرجل الأرمد العين إذا إستقبل بها الريح تعرض لأن تزداد رمدا وكذلك الواتر إذا دنا من الموتور فقد عرض نفسه للهلاك"[٣١٩].

جعل هذا الطائر ان يطير ولا يقترب مرة أخرى من الملك بسبب عدم إطمئنانه للملك في وقت وعده الملك بعدم عقوبته وإعادته الى المرتبة السابقة لكن هذا دون جدوى ولم يسمعه فنزة. "وإنه لا أمن لي عندك أيها الملك ولا طمأنينة لي في جوارك. ثم ودع الملك وطار"[٣٢٠] هنا ان محور النظام الحكائي (Od Tal) هنا حسب جيرار جينيت من "أهم العناصر الزمنية للمفارقات السردية. وإن دراسة النظام الزمني للحكي هي مقابلة لنظام موقع الأحداث أو المحاور الزمنية (Sgmnt Tmpoally) في الخطاب السردي مع نظام تتابع هذه الأحداث أو المحاور الزمنية في القصة وتقتضي هذه المقابلة بين أحداث القصة وتجلياتها على مستوى الخطاب، تعيين عناصر المفارقة الزمنية التي يوجزها جنيت في عنصرين اثنين هما:

١. اللواحق Analpss.

٢. السوابق Polpss.

والسوابق عبارة عن كل عملية سردية تقتضي حكاية أو تذكير مسبق لحدث لاحق، أما اللواحق فهي كل تذكير لحدث سابق عن النقطة الزمنية التي بلغها السرد، كما يضع مصطلح ((الإستذكار tospction)) مقابلا للواحق.

---

(٣١٨) كليلة ودمنة/ ٢٥٧.

(٣١٩) كليلة ودمنة/ ٢٦١.

(٣٢٠) كليلة ودمنة/ ٢٦٣.

ومصطلح السبق أو سبق الأحداث Anticipation للسوابق. ويتحدث عن سوابق ولواحق داخلية وأخرى خارجية.

فالأولى تكون مضمنة داخل إطار الأحداث.

أما الثانية فلا تخضع لهذا الإطار، ويميز جينيت أيضا بين سوابق ولواحق متممة "Compltiv" مهمتها سد ثغرة Hacun سابقة أو لاحقة في النص وكذا سوابق ولواحق تكرارية ptitiv ومهمتها مضاعفة أحداث سابقة أو لاحقة في النص السردي"[٣٢١] كما يظهر في غياب الرغبة عند ابن آوى بالدخول على الأسد والعيش معه ومع أعوانه لأنه (ابن آوى):

"كان يسكن في بعض الدحال وكان متزهدا (...) وقال للأسد ان صحبتي إياكن لا تؤثمني إذا لم أؤثم نفسي لأن الآثام ليست من قبل الأماكن والأصحاب ولكنها من قبل القلوب والأعمال (...)، وثبت ابن آوى على حاله تلك وأشتهر بالنسك والتزهد، حتى بلغ ذلك أسدا كان ملك تلك الناحية، فرغب فيه لما بلغه عنه (...)، فأرسل اليه يستدعيه (...)، وقال: قد بلغني عنك عفاف وأدب وعقل ودين (...)، وأنا موليك من عملي جسيما ورافعك الى منزلة شريفة وجاعلك من خاصتي.

قال ابن آوى: "ان الملوك أحقاء بإختيار الأعوان فيما يهتمون به من أعمالهم وأمورهم، ممن لهم الخبرة بذلك (...)، ان كان الملك يريد الإحسان الي فليدعني في هذه البرية أعيش آمنا (...)، فلما رأى اصحاب الأسد ذلك غاضهم وساءهم فأجمعوا كيدهم، وأتفقوا كلهم على ان يحرشوا عليه الأسد"[٣٢٢] فهم في هذه الحالة يحاولون ايقاعه في الفك كي يغضب عليه الأسد.

"فلما كان من الغد دعا الأسد بغدائه ففقد ذلك اللحم والتمسه فلم يجده. وابن آوى لم يشعر بما صنع في حقه من المكيدة وهو غائب في خدمة الأسد وأشغاله (...)،

---

(٣٢١) آليات التحليل البنيوي للنص السردي -مقاربة نظرية- (مقالة)/ ٣.

(٣٢٢) كليلة ودمنة/ ٢٦٧ - ٢٧٠.

فدعا الأسد بصاحب الطعام وكان ممن شايع وبايع مع القوم على ابن آوى فقال: ما دفع الي شيئا، فأرسل الأسد أمينا الى بيت ابن آوى ليفتشه فوجد فيه ذلك اللحم فأتى به الأسد"[٣٢٣].

ان خبرة ابن آوى وتجربته يساعده كي يعرف كيفية العيش مع الملك وأعوانه ويقوده هذا الى رفضه العيش معهم أو التقرب منهم. وانه يتوقع عاقبة العيش معهم. بالمقابل ان الأسد تمسك تمسكا شديدا بدخول ابن آوى في مملكته ولهذا إضطره ان يدخل اليهم وان هذا الدخول يبقى محورا للتواتر بين الأسد وأعوانه من جهة وابن آوى معهم من جهة أخرى. "وهذا المحور يتضمن علاقات التواتر أو ببساطة التكرار بين النص والحكاية أو بعبارة أخرى بين القصة والخطاب"[٣٢٤].

ان دراسة العلاقة بين ما يتكرر على مستوى الوقائع (القصة) من جهة وعلى مستوى القول (الخطاب) من جهة ثانية ليس بمعزل عن مسألة الأسلوب[٣٢٥] وأصر جينيت على ان مسألة التواتر تعتبر من المظاهر الأساسية للزمنية السردية. وعلى هذا الأساس التواتري لسرد الأحداث توقع ابن آوى نتيجة الدخول وجعله هذا ان يسبق الأحداث وناقش مناقشة طويلة مع الأسد كي لا يدخل عليهم. لأنه يرى العلاقة من وجهة النظر التواتري بينه وبين الآخرين (الأسد وجماعته) يسرد أكثر من مرة وما وقع أكثر من مرة. أي وهو شكل من أشكال السرد المفرد لأن تكرار الأحداث على مستوى القصة يقابله تكرار على مستوى الملفوظات السردية[٣٢٦].

فابن آوى أصر على عدم الدخول لأنه يعرف العواقب الوخيمة بدخوله عليهم ولاسيما عندما ناقش مع الأسد رفض الأعوان بوجود شخص جديد وبمستوى أرفع منهم.

---

(٣٢٣) كليلة ودمنة/ ٢٧١ - ٢٧٣.

(٣٢٤) آليات التحليل البنيوي للنص السردي/ ٣- ٤.

(٣٢٥) تقنيات السرد الروائي في ضوء المنهج البنيوي/ ٨٧.

(٣٢٦) آليات التحليل البنيوي للنص السردي/ ٤.

ان إستباق الحدث وتوقع حدوثه وحدة سردية بارزة لتحقيق وحدة الخبرة والنصيحة في حكاية (اللبوءة والأسوار والشعهر). ونرى هذه الوحدة السردية من خلال تجربة ونصيحة الآخرين.

قال لها الشعهر: "لا تضجي وأنصفي من نفسك وأعلمي ان الدنيا دار مكافأة. ففاعل الخير يحمده وفاعل الشر يجني ثمره وإن هذا الأسوار لم يأت اليك شيئا إلا وقد كنت تفعلين بغيرك مثله وتأتين مثل ذلك الى غير واحد ممن كان يجد بحميمه ومن يعز عليه مثل ما تجدين بشبليك. فأصبري من غيرك على ما صبر غيرك عليه منك"[٣٢٧].

فوحدة النصيحة هنا تظهر من خلال برنامج سردي من الآخر وقد ينجز هذا البرنامج السردي بوساطة الفاعل نفسه أو بوساطة مندوبه أكان إنسانا أم حيوانا أم آلة[٣٢٨] ونوضح هذا من خلال الترسيمة الآتية:

العامل الأمر	الموضوع	المأمور
المساعد	البطل	المعارض

وهذه العناصر الستة جلية في هذه الحكاية فهناك:

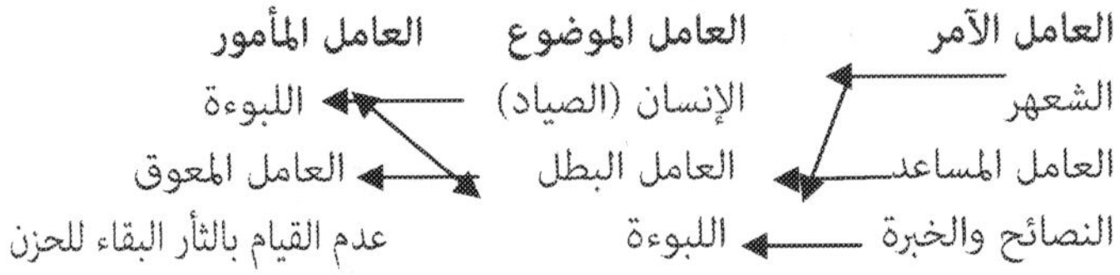

العامل الآمر	العامل الموضوع	العامل المأمور
الشعهر	الإنسان (الصياد)	اللبوءة
العامل المساعد	العامل البطل	العامل المعوق
النصائح والخبرة	اللبوءة	عدم القيام بالثأر البقاء للحزن

ان هذه الحكاية صيغت في أسلوب خبري حينا واسلوب ذاتي حينا آخر. ولذلك كانت مؤشرات الذاتية تطل علينا من وقت الى آخر خلال الحكاية[٣٢٩] مثلما

[٣٢٧] كليلة ودمنة/ ٢٧٨.

[٣٢٨] ينظر: تحليل الخطاب الشعري (استراتيجية التناص)/ ١٥٣- ١٥٤.

[٣٢٩] ينظر: تحليل الخطاب الشعري (استراتيجية التناص)/ ١٥٤ - ١٥٥.

نجد في (لا تضجي، إنصفي، نفسك، إعلمي، يحمده، يجني ثمره، لم يأت، كنت تفعلين، غيرك، تأتين، تجدين، إصبري، صبر)[٣٣٠].

فوحدة النصيحة والخبرة هنا لم تنشأ إعتباطيا ذاتيا وشخصيا وإنما نشأت نتيجة المحاورة مع الآخر. ان وحدة الحكاية هنا "لا تنشأ عن كون موضوعها شخصا واحدا لأن حياة الشخص الواحد تنطوي على ما لا حد له من الأحداث التي لا تكون وحدة، كذلك الشخص الواحد يمكن ان ينجز أفعالا لا تكون فعلا واحدا كما في سائر فنون المحاكاة تنشأ وحدة المحاكاة من وحدة الموضوع كذلك هنا لأنها محاكاة فعل يجب ان يكون الفعل واحدا وتاما، وإن تؤلف الأجزاء بحيث إذا نقل أو بتر جزء إنفرط عقد الكل وتزعزع. لأن ما يمكن ان يضاف أو ألا يضاف دون نتيجة ملموسة لا يكون جزءا من الكل.

إن وحدة النصيحة والخبرة السردية في حكاية الناسك والضيف تشبه تقديم النصائح الكثيرة من خلال (الكلام الكثير ذي الطابع النصائحي) منذ البداية وفي الوسط وفي النهاية. ولهذا بسبب التجاهل الكلي للضيف الذي لا يعرف طبيعة الأشياء وإن هذا يؤدي به الى نسيان ما عرفه سابقا (مثل الغراب الذي أراد ان يدرج كالحجلة):

"زعموا ان غرابا رأى حجلة تدرج وتمشي. فأعجبته مشيتها وطمع ان يتعلمها، فراض على ذلك نفسه فلم يقدر على إحكامها وأيس منها وأراد ان يعود الى مشيته التي كان عليها. فإذا هو قد إختلط مشيه وتخلع فيه وصار أقبح الطير مشيا"[٣٣١] أن قوة النصيحة هنا هي في أقصى درجاتها كي يستطيع الآخر -المقابل- عن القيام بما يقوله أو يريد القيام به.

في حكاية إيلاذ وبلاذ وإيراخت وحدة النصيحة والتجربة وحدة مسيطرة كليا أكانت مباشرة أم غير مباشرة. فالوزير (إيلاذ) هو بمثابة البطل الحقيقي لبقائه بعيدا

---

(٣٣٠) ينظر: كليلة ودمنة/ ٢٧٨.

(٣٣١) كليلة ودمنة/ ٣٠٢.

عن قتل زوجة الملك (إيراخت) فهو قدم كل ما لديه من اجل تهدئة الملك بعدم قيامه بتنفيذ قتل الزوجة. بالمقابل ان الوزير العارف بأمور الملك يظهر هنا كحكيم والبطل الحقيقي في مناسبتين:

١. عند دخوله على الزوجة من اجل التساؤل عن حال الملك عندما قدم البراهمة التفسير والتأويل الخاطئ لحلم الملك ولم يقم الملك بسرد حلمه لدى الزوجة والوزير.

٢. عند إحتفاظ الوزير بالزوجة عندما أمره الملك بقتلها. فهو إحتفظ بها مختفية مع رفض قيامه لقرار الملك.

"ان العلاقة هنا تكمن فقط في الحوار بينهما. وهو حوار تجمد هو الآخر وتغدو البنية القصصية هي هذه النصيحة والخبرة التي قدمها الوزير من اجل الإحتفاظ بالزوجة (زوجة الملك) لأنه شخص بارع وخبير بالأمور الصادرة من الملك فهو يعرف ان الملك نفسه سيندم عن قراره في النهاية"[٣٣٢].

"فلما رأى إيلاذ ما نال الملك من الهم والحزن فكر في حكمته ثم إنطلق الى إيراخت. فقال: إني منذ خدمت الملك الى الآن لم يعمل عملا الا بمشورتي ورأيي. وأراه يكتم عني أمرا لا أعلم ما هو ولا أراه يظهر منه شيئا. فقالت إيراخت: إنه كان بيني وبين الملك بعض العتاب فلست بداخلة عليه في هذه الحال (...)، وقد دخلت ايراخت الى الملك فضربت بالصحفة رأس الملك فقام الملك من مكانه ودعا يإيلاذ وقال: فأنطلق بها وأقتلها ولا ترحمها ثم انطلق ايلاذ بها الى منزله ووكل بها خادما من أمنائه وأمره بخدمتها وحراستها حتى ينظر ما يكون من أمر الملك. وبعد مدة: "فخرج من عند الملك فأتى ايراخت وأمرها ان تتزين وقال الملك لإيلاذ: ما أعظم يدك عندي وعند إيراخت وعند العامة إذ قد أحييتها بعدما أمرت بقتلها ..."[٣٣٣].

([٣٣٢]) القصة في كليلة ودمنة (مقالة)/ ١.

([٣٣٣]) كليلة ودمنة/ ٢٨٥ - ٢٩٩.

إن المنظور السردي هنا محصور في أربعة مستويات:

١. **المنظور الآيديولوجي**: وهو مجموعة من القيم الأساسية التي تمتلكها الشخصية التي تحكم من خلالها على العالم والمحيط. (كخبرة وتجربة الوزير في قراءته للبراهمة والقرار السريع للملك ومدى ندم الملك عن قراره بعد مرور مدة زمنية).

٢. **المنظور النفسي**: يتلعق هذا بالطرائق التي يقدم بها العالم التخييلي. وهناك طريقتين أساسيتين، فأما ان تبني الأحداث من خلال منظور ذاتي (وعي الشخصية)، أو من خلال وعي السارد فيكون منظورا موضوعيا.

٣. **المنظور على المستوى الزمكانية**: ويتعلق هذا بقدرة السرد على تشكيل هذين العنصرين وإعطاءهما بعدا تخييليا.

- الزوجة في دار الملك وما فعله بها الملك.
- إخفائها من قبل الوزير في داره وتخصيص خادم خاص بها.
- إتيان الوزير بها بعد قرار الملك بالقتل وإجبار الوزير كي يقتلها.

٤. **المنظور التعبيري**: وهو الأسلوب الذي تعبر به الشخصية عن نفسها تعبير الملك عن حاله.

- تعبير الوزير عن جهله بحال الملك.
- تعبير الزوجة أيضا عن جهلها بحال الوزير. ويتجلى هذا المنظور في الحوارات الداخلية (Monologu) وغيرها من أساليب التعبير[٣٣٤].

(٣٣٤) ينظر: بناء الرواية/ ١٣٤ - ١٥٨.

الفصل الثاني
الوحدات السردية السلبية في الحكايات

المبحث الأول
الخوف في الحكايات

لا شك في ان الخوف إنفعال ينتاب الإنسان والحيوان على حد سواء، وتظهر مشاعر الخوف لدى الإنسان حين يكون الحيوان باعثا او مثيرا لها، ويقع الحيوان في مكابد الخوف حين يداهم بخطر الإنسان المتمثل بالصائد في إطار الصيد[٣٣٥].

"فالخوف والجبن والذعر من الوحدات السردية الموجودة في حكايات كليلة ودمنة لأن هذا جاء نتيجة الخوف من بطش السلطة، والإشارة الى حكايات الحيوان في كليلة ودمنة من خلال وحداتها السردية جاءت على لسان الحيوان بدلا عن تمثيلها الإنساني تجنبا لقمع الحاكم وبطشه. مما يعني ان التأويل لا يتناول الحكايات في حكاية الإطار وما فيها من الرموز الدلالية. مع العلم ان تجنب بطش الحاكم يرتبط بتفسير قصة الإطار، وإن الإشارة الى الخوف في كليلة ودمنة هي بمثابة الاشارة الى القصص التوالدية التي تقوم على التركيب الحكائي. وهذه الرؤية لم تعط ثمارها؛ لأنها لم تتجاوز توصيف الإطار التنظيمي للنص الى القراءة التأويلية الكلية له"[٣٣٦].

والخوف من السلطة من أبرز الوحدات التي نشعر بها في حكايات كليلة ودمنة بدءا بدخول بيدبا الفيلسوف على الملك:

لأن دبشليم عندما خلع الثياب الملكية عن نائب الاسكندر وإستقر مكانه كملك فإنه طغى وبغى وتجبر وجعل يغزو ما حوله من الملوك وكان مع ذلك مؤيدا مظفرا منصورا فهابته الرعية، فلما رأى ما هو عليه من الملك والسطوة عبث بالرعية واستصغر أمرهم واساء السيرة فيهم وكان لا يرتقي حاله إلا إزداد عتوا فمكث على ذلك برهة من الدهر، وكان في زمانه رجل فيلسوف من البراهمة

---

(٣٣٥) ينظر: الخوف في الشعر العربي القديم/ ٢٢١.

(٣٣٦) ينظر: كليلة ودمنة وخطاب التأويل (مقالة)/ ١- ٢.

فاضل حكيم يعرف بفضله ويرجع في الأمور الى قوله ويقال له بيدبا، فلما رأى الملك ما هو عليه من الظلم للرعية فكر في وجه الحيلة في صرفه عما هو عليه ورده الى العدل والإنصاف(٣٣٧)

أما دبشليم فرجل متعطش الى معرفة الحكمة وسياسة البشر وذلك من خلال قبوله ببيدبا الفيلسوف في عرض آرائه، وهو رمز لكل ملك في كل مكان وزمان. وأما بيدبا فرجل واسع الإطلاع الهادئ الذي لا يخشى سلطانا ولا يعرف المحاباة، رجل الحقيقة التي يعرفها ويريد نشرها في لين وسياسة وهو يجيب أبدا في رصانة وبعد نظر ومعرفة عميقة لطبائع الناس وطبائع الحيوانات، ويجعل جوابه مثلا يفصله في باب كامل من أبواب الكتاب، ثم يدخل في هذا المثل الأكبر أمثالا صغرى يستشهد بها أبطال القصص على صدق ما يقدمون من آراء؛ وهكذا تأتي الأمثال مركبة تركيبا وثيقا متداخلة يجبر القارئ على تتبع الباب من أوله الى آخره بحيث لا تفوته الحكمة(٣٣٨)

والخوف من بطش السلطة أثر في بيدبا كي يدخل على الملك بقوة فكرية وعقلية ذات حيلة ومكائد كثيرة حتى لا يقع في فخ الملك وبطشه. فجمع لذلك تلاميذه وقال: أتعلمون ما أريد ان أشاوركم فيه؟ إعلموا أني أطلت الفكرة في دبشليم وما هو عليه من الخروج عن العدل ولزوم الشر ورداءة السيرة وسوء العشرة مع الرعية ونحن ما نروض أنفسنا لمثل هذه الأمور إذا ظهرت من الملوك الا لنردهم الى فعل الخير ولزوم العدل ...، وأن الفيلسوف لحقيق ان تكون همته مصروفة الى ما يحصن به نفسه من نوازل المكروه ولواحق المحذور، ويدفع المخوف لإستجلاب المحبوب"(٣٣٩)

---

(٣٣٧) ينظر: كليلة ودمنة/ ٢٤ – ٢٥.

(٣٣٨) ينظر: كليلة ودمنة/ ١٠.

(٣٣٩) كليلة ودمنة/ ٢٥- ٢٦.

وهذا يثبت إصرار بيدبا على تقديم النصيحة للملك ولكن مع هذا تظل قوة الخوف مسيطرة عليه أكثر لأنه يعرف مدى الإختلاط ونتيجة الدخول على الملك.

لكن الفلسفة العقلية لبيدبا فلسفة موسومة بسمة المذهب العقلي الذي يجعل العقل مديرا وموجها لكل حركة. وأن فلسفته العقلية فلسفة مزيجة بالنزعة الأفلاطونية والنزعة الأرسطوطالية والنزعة الهندية الشرقية.

- **أما الأفلاطونية:** فظاهرة في المثالية، وفي التنظيم الإجتماعي الذي يرسمه ابن المقفع حيث يسوس الناس جماعة من أهل العقل والحكمة والمعرفة.
- **فالنزعة الأرسطوطالية:** فظاهرة في إخضاع كل شيء للعقل. وفي تسيير أشرف الكلام على سنة التقسيم المنطقي. والعقل عند أرسطو أشرف ما في الإنسان، كما هو الميزة الخاصة التي تجعل الإنسان إنسانا وترفعه فوق جميع الموجودات الحسية.
- **والنزعة الهندية الشرقية:** فظاهرة في التشاؤم الذي يحوم فوق كل كلام. ذلك ان الحياة في نظر الفلسفة الهندية عبودية، وكل شيء في هذا الوجود ترهات وأباطيل. لذلك دعت الفلسفة الهندية الى العزوف عن خيرات العالم والبحث عن طريق الإنقاذ والخلاص وقالت بالسيطرة على النفس التي تنتهي بالسيطرة على العالم. وفي هذه النزعة الهندية أثر صيني أيضا. وقد أثبتت الكتب الصينية بطريقة شائقة العلاقة الوثيقة بين معرفة أنفسنا ومعرفة الأشياء. والملك في الفلسفة الصينية هو النقطة الدائرة في الأمة ونقطة الإرتكاز في قيام النظام. فإذا كان كاملا سارت الأمور على هينها وساد السلام؛ فعليه إذن ان يعرف بني انسان ليعرف نفسه ويقومها؛ ومن ثم نرى في هذه الفلسفة القديمة ان قاعدة الإنسانية هي الإنسانية نفسها. وأن الرجل الفاضل هو قانون الأخلاق، وأن في الفلسفة الشرقية القديمة محلا

واسعا للملك، وأن فيها اهتماما خاصا به لأنه قاعدة النظام وركن المجتمع"[٣٤٠].

وهذه المكانة العالية للملك لدى الشرقيين أثرت في بيدبا كي يخاف من بطش الملك لأنه هو الأول وهو يقف أمام الملك وينصحه ان يعود الى طريق الرشد ويتجنب القهر والظلم والإستبداد لأنه يعرف كل شيء عن الملك وتاريخ آبائه وأجداده ولهذا يريد القيام بإعطاء النصح للملك كي يعرف مساره التاريخي فهو يقول للملك:

"أيها الملك إنك في منازل آبائك وأجدادك الجبابرة الذي أسسوا الملك قبلك وشيدوه دونك (...)، وإنك أيها الملك السعيد جده الطالع كوكب سعده قد ورثت أرضهم وديارهم وأموالهم ومنازلهم التي كانت عدتهم، فأقمت فيما خولت من الملك وورثت من الأموال والجنود ولم تقم في ذلك بحق ما يجب عليك"[٣٤١].

ان تقديم النصائح للملك من قبل الفيلسوف الداهي لم يأت مباشرة وإنما مر بمراحل الخوف والتفكير كي لا يعكس عليه فيعذبه الملك على ما يريد ان يقوم به لأن هذا يأتي مثل ثورة ضد الملك وسلطته.

"لكن حين عاد من الكتابة وأتى بكتابه وجلس لقراءة الكتاب سأله الملك عن معنى كل باب من ابواب الكتاب والى اي شيء قصد فيه. فأخبره بغرضه فيه وفي كل باب فازداد الملك منه تعجبا وسرورا (...) فقال: أيها الملك أما المال فلا حاجة لي فيه. وأما الكسوة فلا أختار عن لباسي هذا شيئا، ولست أخلى الملك من حاجة. قال الملك: "يا بيدبا ماحاجتك فكل حاجة لك قبلنا مقضية"[٣٤٢] قال: "يأمر الملك ان يدون كتابي هذا كما دون آباؤه وأجداده كتبهم ويأمر بالمحافظة عليه فإني أخاف ان يخرج من بلاد الهند فيتناوله أهل الفارس إذا علموا به.

---

(٣٤٠) ينظر: كليلة ودمنة (كلام المحقق)/ ١٢ - ١٥.

(٣٤١) كليلة ودمنة/ ٣٤ - ٣٥.

(٣٤٢) كليلة ودمنة/ ٤٦.

فالملك يأمر ان لا يخرج من بيت الحكمة، ثم دعا الملك بتلاميذه وأحسن لهم الجوائز ..."(٣٤٣).

إن ابن المقفع كما لو أنه كاتب النص تعامل مع النص وذلك من خلال ترجمته له. فينزع بتأويله مباشرةعلى المجتمع العربي الإسلامي وينظر من خلال النص الى العلاقة التي تربط الحاكم بالمحكوم في هذا المجتمع، يمكن ان يستغل منهجيا هذا الإسقاط في مناقشة إختيار ابن المقفع لترجمة نص تعمل مضامينه، إنطلاقا من تحليله على تجلية العلاقة بين الملك والرعية في المجتمع الهندي. ويتجه التأويل بعد ذلك الى إدراك القيم من حيث القواسم المشتركة بين المجتمعين في إشكالية تسيير الفعل السياسي(٣٤٤).

وفي هذه اللحظة السردية يفقد الراوى الأمل في تغيير الوضع وحتى في إمكانية التفكير في إقتراح بديل والخروج من هذا المأزق الذي إبتغاه دبشليم: "**فهابته الرعية (...)، وكان لا ترتقي حاله إلا إذا إزداد عتوا**"(٣٤٥).

ولئن كانت الهيبة تلغي كل القنوات التي يمكن ان ترسى لإقامة التواصل مع الملك والحديث إليه عن أمور الملك، فإن إمتلاك القدرة على مقاومتها ومواجهة الملك يعد أمرا مستحيلا، لأن ذلك سيؤدي حتما الى الهلاك(٣٤٦) والخوف منه من الآخرين شيء اعتيادي لا يحتاج الى التفكير والتحليل لأنه من المعلوم ان الملك يتجه نحو إستخدام أقصى درجات العقوبة والظلم:

"**غير أننا نعلم ان السباحة في الماء مع التمساح تغرير والذنب فيه لمن دخل عليه في موضعه (...)، ومن دخل على الأسد في غابته، لم يأمن وثبته وهذا**

---

(٣٤٣) كليلة ودمنة/ ٤٦ - ٤٧.

(٣٤٤) ينظر: السيميائيات السردية/ ٣٩.

(٣٤٥) كليلة ودمنة/ ٢٤ - ٢٥.

(٣٤٦) السيميائيات السردية/ ٤٦ - ٤٧.

الملك لم تفزعه النوائب، ولم تؤدبه التجارب ولسنا نأمن عليك من سورته ومبادرته بسوء إذا لقيته بغير ما يحب"(٣٤٧)

إن هذه الفرضية لا تستقيم، لأن الملك صنع نظاما يستحيل على الرعية تقويم البرامج التي تفرزها الممارسة السياسية، فهي بين أمرين:

السكوت عما يجري أو التدخل في شؤون الملك والمخاطرة بالنفس. ومن ثم فإن النزوع الى الإختيار الثاني سيفضي الى مواجهة سياسية بين قوتين غير متكافئتين:

- القوة الأولى مجسدة في دبشليم الذي يملك السلطة السياسية والسلطة العسكرية.

- أما القوة الثانية التي يقف وراءها بيدبا فإنها تحتكم الى العقل والأسلوب الحجاجي في حل المشاكل الكبرى. فإن إمتلاك بيدبا للمعرفة يعد معطى ثابتا في النص(٣٤٨).

"رجل فيلسوف (...)، فاضل حكيم يعرف بفضله، ويرجع في الأمور الى قوله (...)، ولما كان يدرك ان الوحيد في نفسه والمنفرد برأيه فهو ضائع ولا ناصرله"(٣٤٩) جمع تلاميذه بهدف مشاورتهم وتحريكهم في فعل جماعي تكون الغاية منه حمل الملك على تغيير أسلوب الممارسة السياسية وإحداث صلة حقيقية بالرعية، وتأتي فكرة التحالف التي إقترحها على تلاميذه موقع الوشائج المتينة التي تربطه بهم: "وقد جمعتكم لهذا الأمر لأنكم أسرتي ومكان سري وموضع معرفتي، وبكم أعتضد وعليكم أعتمد"(٣٥٠).

(٣٤٧) كليلة ودمنة/ ٢٩.
(٣٤٨) ينظر: السيميائيات السردية/ ٤٨.
(٣٤٩) كليلة ودمنة/ ٢٤ – ٢٧.
(٣٥٠) كليلة ودمنة/ ٢٦ – ٢٧.

فهو يحدد من خلال صورة الأسرة انتماءه من ناحية وإنصهار أناه من ناحية ثانية في مجموعة تحكمها قرابة علمية مبنية على عقد ثقة، وأجرى هذا سرا خوفا من الملك لأنه إستخدم لفظة (أسرتي) فهي منبع لشرح السر وكتمها له، من فضاء تستثمر فيه القيم العلمية وتصنع فيه المعرفة من هذا الموقع يستمد القوة الكفيلة بقلب موازين القوى على مستوى هرم السلطة. ان بيدبا يسعى بخطابه الى تعبئة تلاميذه بوصفهم النخبة المثقفة الفاعلة في المجتمع الهندي، وهي تعبئة قائمة على المستوى المعرفي على الإقناع بالحجة[٣٥١] "**وان العاقل قد يبلغ بحيلته ما لا يبلغ بالخيل والجنود**"[٣٥٢].

هذه الحيلة الناتجة عن الخوف دليل على أمله في أسباب المحن. "فالخوف حاضر كلما أدرك المرء وجود خطر متربص به يتهدد أمنه. فالخوف يغشى الأسوياء وغيرهم. وما دامت الحياة مواقف. ومن المواقف ما يثير الخوف ومنها ما يشعر بالأمن ويبث الطمأنينة في النفوس، ويتفاوت الخوف في مستوياته بين دنو وإشتداد، فإن الخوف والعقل في معادلة لا يتكافأ طرفاها. ويتبادلان المواقع. يعلو هذا حين يسفل ذاك. وتخبو جذوة أحد القطبين حين ينشط الآخر دؤوبا، ويتكون من الإنفعال والعقل نوع من الموازنة، فحين يرتفع أحدهما ينخفض الآخر. وكلما كان الفرد أكثر إنفعالا كان أقل كفاءة لأن الإضطرابات الإنفعالية حين تحصل يستحيل معها العمل بعقل وكفاءة"[٣٥٣].

ونرى "ان خوف الفيلسوف من بطش الملك يؤدي الى ظهور سرد الوقائع والأحداث في تركيبته اللغوية وتخضع هذه الوقائع والأحداث لنظام، وهذه الحكايات هي سرد للأحداث والشخصيات وعلاقات معينة تحكمها مجموعة من الروابط والوحدات السردية. وبالتالي لا يمكن الدخول الى العالم الحكائي إلا انطلاقا من

---

(٣٥١) ينظر: السيميائيات السردية/ ٤٨.

(٣٥٢) كليلة ودمنة/ ٢٧.

(٣٥٣) الخوف في الشعرالعربي قبل الإسلام/ ٣٦- ٣٧.

الرموز التي يشكلها السرد. ويشترط في هذه الرموز ان تكون خاضعة لنظام يكشف عن آيديولوجية النص وكيفية تواصله مع الواقع، فيصبح هنا سرد الحكايات عبارة عن نظام من التواصل وليس مجرد عرض للأحداث"[٣٥٤] وهكذا "كان لحكايات كليلة ودمنة بعدها الرمزي فهو ليس تفسيرا قسريا نضيفه من الخارج على الكتاب. بل هو شرط أساسي لفهمه. وإستيعابه وهو يتفق مع منحى ابن المقفع العقلاني وتأكيده على العلم والتأمل في عصر أقبل فيه الناس على الحياة بشكل سطحي. ويأتي القصد من الرمز سابقا على الحكاية، إلا ان ابن المقفع هنا جاء بوصف الإنسان وحكى لنا عن حاله ففسره بالصورة الذهنية التي يحملها وهو كثيرا ما يترك حكاياته تنثال مطردة متداخلة دون ان يوقفها، فيخرج ما يحس، سواء بالمثل أو بالقصة أو كلاهما يندرج تحت مصطلح الحكاية بمعناها البدائي فهو يحكي لنا حالا معينة سواء أتواترت عناصر القصة أم لا"[٣٥٥] من المؤكد "ان وحدة الخوف والجبن والتخاذل من الوحدات السردية السائدة التي تشكل فعل التضمين الحكائي في كليلة ودمنة فعلا تضمينيا بنية شبه ثابتة، إذ لا تخلو قصة من تواجد حكاية إطار تتفرع عنها حكاية أخرى أو أكثر ليعود المسار السردي في الأخير الى نقطة حكاية الأم من اجل دعم فعالية الحكي. يلجأ بيدبا الى إقتحام حكايات أخرى، لكن ضمن إستراتيجية سردية يأخذ فعل التشويق والإبهار فيها شكلا ثابتا ودائما"[٣٥٦].

ان الخطاب السردي الحكائي في أولى حكايات باب الأسد والثور يبدأ بحكاية الأسد والثور دخولا بحكاية (الشيخ وبنيه الثلاثة). فالأب يخاف من مستقبل أبنائه الثلاثة.

وهو يشعر بالإسراف الشديد عند الأولاد. ان الوالد هنا يظهر كبطل حقيقي للأولاد كي يساعدهم على تجنب بلاء الإسراف: **"فلما بلغوا أشدهم أسرفوا في مال**

---

(٣٥٤) تحليل الخطاب الأدبي وقضايا النص (مقالة)/ ١- ٢.

(٣٥٥) البئر والعسل – قراءة معاصرة في نصوص تراثية -/ ١٠ – ١١.

(٣٥٦) السرد العربي القديم – البنية السوسيو ثقافية والخصوصيات الجمالية – (مقالة)/ ٦- ٧.

أبيهم ولم يكونوا إحترفوا حرفة يكسبون بها لأنفسهم خيرا. فلامهم أبوهم ووعظهم على سوء فعلهم"(٣٥٧).

فخوف الوالد يؤدي به الى القيام بمحاولة السيطرة من الجزء الى الكل وذلك من خلال محاولته إستخدام الطريقة النفسية بزرع الخوف والذعر في قلوبهم من اجل عودتهم الى طريق الرشد والخير.

وقال: "يا بني ان صاحب الدنيا يطلب ثلاثة أمور لن يدركها إلا بأربعة اشياء..."(٣٥٨).

هنا تكون وحدة التوازي السردي وحدة قائمة بين الحالة العائلية والأمور المطلوبة في الدنيا:

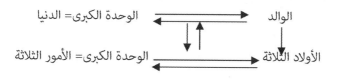

بالمقابل ان الترسيمة العائلية للوالد هنا مع الأولاد الثلاث توازي ترسيمة:

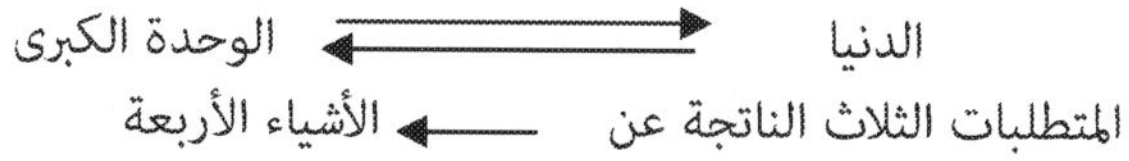

الدنيا ⟵ الوحدة الكبرى

المتطلبات الثلاث الناتجة عن ⟵ الأشياء الأربعة

"أما الثلاثة التي يطلب فالسعة في الرزق، والمنزلة في الناس، والزاد للآخرة. وأما الأربعة التي يحتاج اليها في درك هذه الثلاثة فإكتساب المال من أحسن وجه يكون، ثم حسن القيام على ما إكتسب منه، ثم إستثماره، ثم إنفاقه فيما يصلح المعيشة ويرضي الأهل والإخوان فيعود عليه نفعه في الآخرة"(٣٥٩).

---

(٣٥٧) كليلة ودمنة/ ١٠٢ – ١٠٣.

(٣٥٨) كليلة ودمنة/ ١٠٢ – ١٠٣.

(٣٥٩) كليلة ودمنة/ ١٠٢ – ١٠٣.

ان الوحدة السردية المسيطرة في النص هي خوف الوالد مقابل وحدة سردية مسيطرة أخرى هي موازية في السيطرة على المتطلبات الثلاث. وذلك يأتي نتيجة الخوف الكلي للأب بسبب قوة توقعه لمستقبل أولاده. وأن مصير الأولاد واضح إذ إكتسبوا الأموال عن الطريق الصحيح، وإستخدامها في الطريق نفسه، وأنه يعرف النتيجة المستقبلية لمصير الأولاد، وعن طريق هذا يتجه السرد الحكائي الى الإنفلات والإقلاع للبنى السردية التحتية للحياة وأيضا أنهما (الإنفلات والإقلاع الحكائي) يؤديان الى التحطيم وهدم علاقة البنى التحتية للوحدة السردية المباشرة بين الأب والأولاد. **"وإن هو كان ذا مال وإكتساب ثم لم يحسن القيام عليه أوشك المال ان يفني ويبقى معدما"**[٣٦٠] هنا ان مبدأ الخوف يعود للوالد الذي يقوم بتقديم كل ماالديه من الخبرة والنصيحة من اجل السيطرة على الإسراف الذي يقوم به الأولاد ألا وهو خوفه من مستقبلهم بسبب اسرافهم للأموال. كما ان إتيان بيدبا بهذه الحكاية يثبت وجود التهديد عليه والإحساس الكامل عنده وهو بدأ بالخوف منذ البدء بسرد الحكايات.

"ان الإحساس بالتهديد وإنعدام الثقة وهشاشاة الذات أمام حجم الواقع الكثيف هو ما يعيشه شخوص متخوفون. وان ممارسة الخوف في هذه الحالة تعدو سلوكا محافظيا من واقع يشيء الإنسان ويحيله الى لعبة في يد قوانين القمع والتسلط"[٣٦١] كما نرى حكاية الرجل الهارب من الذئب واللصوص:

"قيل ان رجلا سلك مفازة فيها خوف من السباع. وكان الرجل خبيرا بوعث تلك الأرض وخوفها. سار غير بعيد إعترض له ذئب (...)، فلما رأى الرجل ان الذئب قاصد نحوه خاف منه ونظر يمينا وشمالا ليجد موضعا يتحرز فيه من الذئب. فلم ير الا قرية خلف واد فذهب مسرعا نحو القرية، فلما أتى الوادي لم ير عليه قنطرة ورأى الذئب قد أدركه فألقى نفسه في الماء، وهو لا يحسن السباحة (...)

---

(٣٦٠) كليلة ودمنة/ ١٠٣.

(٣٦١) السرد العربي القديم - البنية السوسيو ثقافية والخصوصيات الجمالية/ ١٢.

فأخرجوه، وعندما رأى بيتا مفردا في الوادي، فلما دخله وجد جماعة من اللصوص قد قطعوا الطريق، فلما رأى الرجل ذلك خاف على نفسه ومضى نحو القرية. فأسند ظهره الى حائط من حيطانها. ليستريح مما حل به من الهول والأعياء إذ سقط عليه الحائط فمات"[٣٦٢].

فهذا يثبت الإحساس الذي يعيش فيه الإنسان عندما يشعر بالخوف ويقع تحت مفاجأة الخوف أو الذعر عندما يأتي الى الإنسان، وأن خوف الرجل الهارب هنا هو بمثابة الصراع الدائر مع ما يصادفه من أمور غير متوقعة والإنتهاء نحو الموت.

ان المراوغة والحيلة واللامبالاة هنا لا تساعده كي ينقذ نفسه من تلك الهموم وبهذا يغدو التمويه عند الرجل إستراتيجية مقاومة ما يصادفه، ومثلما ينطوي التمويه على ظاهر وباطن كذلك ينطوي الرجل على إحساس عنيف بالمفارقة فهو يعيش تفاصيل الواقع مظهريا ولكنه يخفي إحساسا بوجوب تقويض أركانه ونسف أسسه[٣٦٣]. "لعل الحذر ذا الخلفية السياسية والإجتماعية للأسد سياسيا من خلال سيطرته كملك الغابة وإجتماعيا من خلال عدم تقليل شأنه بين الحيوانات هو الذي هداه الى الأسلوب الرمزي الذي أغنى به ابن المقفع النثر العربي ودفعه الى البساطة والسهولة. وبذلك يختزل ابن المقفع كل إعتراضاته على نواميس المجتمع ورفضه لإنغماس إنسان عصره في القشور التي جاءت مع الحضارة الجديدة لتملأ بطون الناس وعقولهم"[٣٦٤].

ان فهم النص هنا لا يعني "الإرتهان بمعانيه المباشرة (الأول) بل يشير الى الإمتثال لما يوحي به المعاني. وبهذا يكتفي النص عن تأدية معان معجمية نهائية، ضاغطة بقوة مرجعها على القراءة، ولا يصبح النص هنا مجموع مفردات، بل جمع عناصر تتركب كي تتشكل علاقات سردية أو تتشكل بها. وهنا تؤدي

---

(٣٦٢) كليلة ودمنة/ ١٠٤.

(٣٦٣) السرد العربي القديم – البنية السوسيو ثقافية والخصوصيات الجمالية -/١٣.

(٣٦٤) البئر والعسل – قراءة معاصرة في نصوص تراثية – / ٣٦- ٣٨.

النصوص الحكائية ذات الوحدة القائمة على الخوف في كليلة ودمنة وظيفة الهدف المعاد. فهي ترهن سرديتها بقشرة خفيفة يزيلها القارئ من دون عناء ليصل الى لب مغر ينتظره ويمنحه فرحا سريا لأنه إكتشفه وصولا الى متعة الكشف عن أسرارها. وهذا النوع من النصوص لا يحاور قارئه أو يستفز توقعاته ليقترح وقعا مغايرا. هنا تكون حكاية العلجوم والسرطان خير دليل على توقعات القارئ المختلفة والمتغيرة من درجة الى آخر ومن ذات الى موضوع أو من وحدة الى أخرى"[٣٦٥].

"زعموا ان علجوما عشش في أجمة كثيرة السمك فكان يختلف الى ما فيها من السمك. فيأكل منه، فعاش بها ما عاش ثم هرم فلم يستطع صيدا فأصابه جوع وجهد شديد. فجلس حزينا يلتمس الحيلة في أمره. فمر به سرطان فرأى حالته وما هو عليه من الكآبة والحزن. فدنا منه وقال له: "مالي أراك أيها الطائر هكذا حزينا كئيبا؟ قال العلجوم: "وكيف لا أحزن وقد كنت أعيش من صيد ما ههنا من السمك. وإني رأيت اليوم صيادين. فقال أحدهما لصاحبه: ان ههنا سمكا كثيرا أفلا نصيده أولا؟

فقال الآخر: إني قد رأيت في مكان كذا سمكا أكثر من هذا السمك فلنبدأ بذلك (...)، فأنطلق السرطان الى جماعة السمك فأخبرهن بذلك (...)، فجعل العلجوم يحمل كل يوم سمكتين حتى ينتهي بهما (...)، فجاء السرطان فقال له:" إني أيضا قد أشفقت من مكاني (...)، فأذهب بي (...)، فقال له: "حبا وكرامة، واحتمله وطار به، وعندما نظر السرطان فرأى عظام السمك مجموعة هناك فعلم ان العلجوم صاحبها (...)، فلم يزل يحتال على العلجوم حتى تمكن من عنقه فأهوى بكلبتيه عليها فعصرها فمات"[٣٦٦].

---

(٣٦٥) البئر والعسل – قراءة معاصرة في نصوص تراثية -/ ٣٦- ٣٨.

(٣٦٦) كليلة ودمنة/ ١٢٥- ١٢٦ – ١٢٧.

من خلال هذا نرى "ان المتتاليات السردية هنا لوحدة عدم التوقع السردي وعدم الإلمام بما سيحدث هو الذي يحدد قوة السرد ولذته هنا. ان الجملة التراتبية هنا تستلزم أنواعا من التبعية والتعليق لتلك الوحدة الغيابية للتوقع السردي، والتعدية الداخلية، وبهذا يكون تمامها"[٣٦٧].

ان مقدار الامتداد لدرجات الخوف في حكايات كليلة ودمنة حسب لا متناهيات الجملة لتشومسكي يمتد من الحكايات الرئيسة عبورا بالحكايات الفرعية ومن ثم العودة المفاجئة الى الحكاية الرئيسة. فإن درجات الخوف في الحكايات حسب المشاكل وحلولها الخاصة تعبر الحكايات بإطار المد والجزر المستمر وبدرجات مختلفة، لكن في بعض الأوقات يغدو الخوف في الحكايات الرئيسة أقوى من الحكايات الأخرى كما في باب (الأسد والثور، البوم والغربان، القرد والغيلم، الناسك وابن عرس، الملك والطائر فنزة، الأسد وابن آوى، إيلاذ وبلاذ وإيراخت). وهناك توازن في شدة الخوف أيضا بين الحكايات الرئيسة والفرعية كما في باب:

- الأسد والثور مع (حكاية الرجل الهارب من الذئب واللصوص، ومع الثعلب والطبل، الغراب والأسود، العلجوم والسرطان، الأرنب والأسد، السمكات الثلاث، وكيل البحر والطيطوي، السلحفاة والبطتين).
- وفي باب الحمامة المطوقة مع حكاية (الذئب والرجل والقوس).
- باب البوم والغربان مع حكاية (الأرنب وملك الفيلة، التاجر وإمرأته والسارق، الناسك واللص والشيطان).
- باب القرد والغيلم مع حكاية (الأسد وابن آوى والحمار).
- باب السائح والصائغ مع حكاية (الحية والقرد والببر).

إن قوة الخوف في الحكايات الفرعية لم تكن مثلما هي في الحكايات الرئيسة لأن الحكايات الرئيسة بمثابة الأصل والمنبع المؤدي الى ظهور الفروع.

---

(٣٦٧) لذة النص/ ٨٩.

ويجوز التمسك بالأصل عبورا الى الفروع كي تستمر المعقولية في السرد من اجل كسر الترابطية المطلقة بمشاهد الصراع بين الشخصيات داخل الحكايات الأصلية مرورا بالفرعية.

ان الإنفعال منغص ينتاب المخلوق لوجود باعث عليه، والبواعث متعددة متنوعة ومقسمة بين المجهول والمعلوم، فمن المجهول (الزمن) الذي وقفت أمامه قوة السرد في الحكاية. وتعد هذه القوة قوة مهيمنة. والتي لا حول للإنسان عليها ولا قوة له على تغيير مقاديرها. يعزو اليها كل ما يصيبه من خير وشر وقتامة، وكل التناقضات المفضية الى القلق وإهتزاز الداخل أو إنشراح النفس، وعلى وفق هذا التصور يبدو الموقف من الماضي والحاضر والمستقبل. فيجد في الحاضر لحظة مؤقتة يخاف عليها من المجهول الذي يحمله اليه المستقبل الذي لايعرف كنهه ويجهل فحواه، أما الماضي فهو مهربه الذي يلوذ به إذ برم بحاضره[٣٦٨]. كما يظهر في باب الفحص عن أمر دمنة عندما قال كليلة لدمنة: "**لقد إرتكبت مركبا صعبا ودخلت مدخلا ضيقا وجنيت على نفسك جناية موبقة وعاقبتها وخيمة وسوف يكون مصرعك شديدا (...)، فيجتمع عليك الهوان والقتل مخافة شرك وحذرا من غلوائك...، لأن العلماء قد قالوا: تباعد ممن لا رغبة لك فيه. وأنا جدير بمباعدتك والتماس الخلاص لي مما وقع في نفس الأسد من هذا الأمر**"[٣٦٩].

إن الجانب المكاني يشكل عنصرا آخر من عناصر الخوف. ولا شك في ان الزمان يقترن بالمكان ويتعانق معه. والإحساس بهما لا يتم إلا عبر الأحداث التي يشهدانها، فالأحداث تقتضي زمانا يستوعبها، ومكانا تقع فيه، فلا توجد الأحداث مجردة من أمكنتها كما لا توجد أمكنة مجردة من أحداثها وزمانها، وعلى هذا فإن الأمكنة التي تظهر على صفحة العمل الفني صور حبلى بمضامين التجربة النفسية للبطل وموحية بدخيلة نفسه، ومعبرة عن واقعة مآس ومباهج، وليست حشوا يؤتى

---

(٣٦٨) ينظر الخوف في الشعر العربي قبل الإسلام/ ٤٣.

(٣٦٩) كليلة ودمنة/ ١٦٣.

به دونما وظيفة أو غناء، فحينما يأنس المرء أحداثا مبهجة في مكان ما يهش فتلقي ظلال نفسه الفرصة على ذلك المكان فيتراءى له جميلا خلابا ينجذب اليه ويتشبث به ويتبرم بالمكان ويستوحشه إذا غامت أجواؤه وساءت أحداثه، فالنفس الوجلة التي تحس خطرا تضيق بالمكان بل ان صاحبها تحت وطأة الخوف. يرى كل شيء فيه معاديا له متربصا به، ساعيا الى كتم أنفاسه، وقد يفرط في الخوف فلا يجد موئلا يحتمي به، ولا منجيا يركن اليه في هذه الأرض على الرغم من رحبها وإمتدادها[٣٧٠].

إن خطاب كليلة فتتابع فيه وحدة الخوف التي تستحق التأمل في دلالتها العامة والخاصة. فخاصة يأتي في خوف كليلة من مصرع أخيه (دمنة) بسبب الفتنة التي قام بها بين الأسد والثور. وعامة لأن الفتنة تؤدي الى تفكيك وتدمير المجتمع. وعلى الملوك ان يتأكدوا من أمورهم ولا يسمعون عن الآخرين الا بعد التأكد من الموضوع، لأن الآخر هو الذي يقول كل ما لصالحه وكل ما يساعده كي ينجو من الورطة.

قال دمنة: "لأنك تنظرين إلي بعين واحدة وتسمعين بأذن واحدة مع ان شقاوة جدي قد زوت عني كل شيء حتى لقد سعوا الى الملك بالنميمة علي[٣٧١] في هذا الوقت نرى إحتمال ولادات جديدة تخالف فيها الأشياء عاداتها بعد ان تكتسب حقا شرعيا في إظهار ما تختزنه من حركية تعبير مغايرة[٣٧٢]. إذ يحق (إنك تنظرين إلي بعين واحدة وتسمعين بأذن واحدة). وهذا من اجل التخفيف من شدة كره الأسد وتعديل مزاجه على نحو أكثر إنسجاما في مواجهة دمنة.

---

(٣٧٠) ينظر: الخوف في الشعر العربي قبل الإسلام/ ٤٥- ٧٧ – ٧٨.

(٣٧١) كليلة ودمنة/ ١٧٠.

(٣٧٢) ينظر: حركية التعبيرالشعري رذاذ اللغة ومرايا الصورة في شعرعزالدين المناصرة (قراءة ومنتخبات)/ ٣٨.

"وهذا ما يجعلنا نؤكد الآن أننا إزاء تعدد الخطابات وتعدد الصيغ. ومن خلاله نحاول ضبط انواع هذه الخطابات وتمييز بعضها من بعض وتداخلها وتقاطعها فيما بينها، ولا يمكن لخطاب حكائي كيفما كان نوعه ان يحتفظ بخاصية صيغية محضة، وتجعله يستقل عن غيره من الخطابات، واننا نلامس هنا ما يمكن تسميته بتداخل الخطابات وكيفية هذا التداخل يمكن دراستها من خلال هيمنة صيغة إحدى تلك الخطابات كخاصية ثابتة بنيوية هي التي يمكن من خلالها تحديد وتعيين الأنواع الأدبي"[٣٧٣].

ان باب الحمامة المطوقة والجرذ والغراب خير دليل للتعدد الخطابي وذلك لأن الأحداث هنا لا يحكمها منطق خاص بل الزمن هو الذي يحددها. نلاحظ من خلال هذا الشكل تناوب الصيغ حول الحدث الواحد[٣٧٤].

"فوقعن على الحب يلتقطنه فعلقن في الشبكة كلهن وأقبل الصياد فرحا مسرورا، فجعلت كل حمامة تتلجلج في حبائلها وتلتمس الخلاص لنفسها. قالت المطوقة: "لا تتخاذلن في المعالجة ولا تكن نفس إحداكن أهم اليها من نفس صاحبتها"[٣٧٥].

نلاحظ من خلال كل هذه الأحداث والمشكلات "إشتغال الصيغ من حيث تداخلها وتقاطعها. ومن خلال هذا الإشتغال في علاقة ذلك بالأحداث يبرز لنا المستوى الكيفي الذي ندلل من خلاله على تعدد الصيغ. وهذا التعدد يمكننا ان نلمسه أيضا على صعيد التبدلات الصيغية في مستوى خاص"[٣٧٦]. كما في مستوى وحدة الدخول للمطوقة وجماعتها على الجرذ.

---

(٣٧٣) تحليل الخطاب الروائي (الزمن – السرد – التبئير)/ ٢٠٣- ٢٠٤.
(٣٧٤) ينظر: كليلة ودمنة/ ٢٥٨ – ٢٦٤.
(٣٧٥) كليلة ودمنة/ ١٨٩.
(٣٧٦) تحليل الخطاب الروائي (الزمن – السرد – التبئير)/ ٢٥٨.

"وبمكان كذا جرذ هو لي أخ فلو إنتهينا اليه قطع عنا هذا الشرك ... وكان للجرذ مئة جحر أعدها للمخاوف"[٣٧٧].

إن الخطاب السردي وتعدده الناتج عن وحدة الخوف السردي في هذه الحكاية (المطوقة وجماعتها) يأتي عن طريق التناوب بين الصيغ، بصيغة أخرى كالآتي:

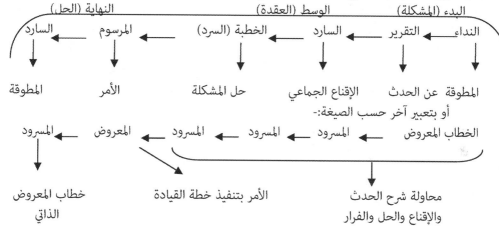

أو بتعبير آخر حسب الصيغة:-

إن كل هذه الخطابات يظهر لنا فيها بجلاء وجود (مرسل الخطاب المسرود ووجود مروي له Naativ) يتقبل الخطاب المسرود، نجد الإختلافات بين هذه الخطابات على مستوى كمية الإخبار ونوعيته في مجرى الخطاب. وكذا الرؤية السردية التي يتم من خلالها إرسال الخطاب. لكننا مع ذلك نجد صيغة الخطاب المسرود في هذه الخطابات الا وهي الخطابات المهيمنة[٣٧٨] ان التأهيل للمستقبل والخوف منه وحدة سردية كامنة في مثل (الذئب والرجل والقوس)، وهذا مع عدم

([٣٧٧]) كليلة ودمنة/ ١٩٠.

([٣٧٨]) ينظر: تحليل الخطاب الروائي (الزمن – السرد – التبئير)/ ٢٥٤- ٢٥٨.

وجود الحساب الدقيق والتوقع الكلي أي ان هذا يأتي نتيجة الحسابات السابقة ولم يكن نتيجة الإنسجام والتلاؤم مع الأحداث.

قال الرجل: "زعموا أنه خرج ذات يوم رجل قانص ومعه قوسه ونشابه، فلم يجاوز غير بعيد حتى رمى ظبيا فحمله ورجع طالبا منزله، فأعترضه خنزير بري فرماه بنشابة نفذت فيه فأدركه الخنزير وضربه بأنيابه ضربة أطارت من يده القوس ووقعا ميتين. فأتى عليهم ذئب فقال: "هذا الرجل والظبي والخنزير يكفيني اكلهم مدة. ولكن أبدأ بهذا الوتر (...)، فعالج الوتر حتى قطعه، فلما إنقطع طارت سية القوس فضربت حلقه فمات"[٣٧٩].

هنا نرى ان الخوف من المستقبل سيطر عليه "الطموح ومحاولة الحصول على الأكثر ويحاول الإنسان ان يصل اليه بأية طريقة. ولذلك وعن طريق الإختصار التجريدي للنصوص السردية نحاول بوساطة منهج تحليلي إستقرائي ان ندعم الأفعال المعروضة من خلال النص بمفاهيم إفتراضية، وأن نحدد العلاقات الزمنية والمنطقية والمكانية. ان هذا النهج الذي رسم/ بروب/ خطوطه العريضة اتبعه/ غريماس/ وتودوروف/ الذي يحل الطريقة (رواية) واحدة الى (روايات صغيرة). وهنا ان المشابه للرواية هو الحكايات الأساسية أو الإطار وللروايات الصغيرة الحكايات الفرعية.

ان بروب يحاول ان يضيف عناصرها وأنماط تسلسلاتها الإلزامية أو منطق الأفعال. وإنطلاقا من عدد كبير من النتائج المثبتة وفق نصوص مختلفة، يمكننا ان نطرح فرضية معينة حول القائمة الأساسية لنماذج الأفعال التي يمكن الإعتقاد بأننا إنطلاقا من تغييرها وتحويلها[٣٨٠].

---

[٣٧٩] كليلة ودمنة/ ١٩٦.

[٣٨٠] ينظر: دراسة علمية للسردية الأدبية - نظرية وتطبيق - (مجلة العرب والفكر العالمي)/ ٧٧ - ٧٨.

ان الخوف هو الذي يسيطر على مظلة الأصدقاء الصغار جسما وكبار العقل كما في صداقة (الغراب والجرذ والسلحفاة) عند دخول الظبي عليهم:

"فبينما الغراب في كلامه والثلاثة مستأنسون بعضهم ببعض إذ اقبل نحوهم ظبي يسعى مذعورا فذعرت منه السلحفاة فغاصت في الماء ودخل الجرذ بعض الأجحار وطار الغراب فوقع على شجرة وإنتهى الظبي الى الماء فشرب منه يسيرا ثم وقف خائفا يلتفت يمينا وشمالا ... فقالت السلحفاة للظبي حين رأته ينظر الى الماء ولا يقربه: إشرب ان كان بك عطش ولا تخف فإنه لا خوف عليك"[٣٨١].

في هذا "الطرح القليل من الحقيقة والكثير من الوهم أو الدجل وهو قادم من الخلط بين مستويين من مستويات الرؤية الأول خاص بالروابط والعلاقات التي تستدعيها الحياة الإجتماعية السليمة والثاني خاص بالممارسات والتصرفات التي يقتضيها الصراع السياسي، فما يجري في المستوى الأول لا يمكن نسبته الى الثاني. ولا يقوم المجتمع السليم على العقوبة وإنما على النظام؛ ونظام السلم لا يبنى على الأكاذيب التي تضر بالناس أكثر مما تفيدهم"[٣٨٢] كما في صداقة الغراب في الدخول على الجرذ والجرذ على السلحفاة والظبي عليهم: **"فأقام الظبي معهم وكان لهم عريش يجتمعون فيه ويتساقطون الأحاديث والأخبار"**[٣٨٣]. ان مثل هذا المجتمع لا يحتاج الى توطيد سلمه حتى يكون سليما بقدر ما يحتاج الى تنمية الوعي والمعرفة والعلم.

ان إستخدام الحيل والخداع في وقت الخوف وعدم خلق الفجوة في الحدث وما يتوقع حصوله هو الشيء الأهم من اجل السيطرة على الخوف الدائر على الإنسان. ومحاولة الجرذ والغراب والظبي عندما سجن الصياد السلحفاة، وقيامهم بتقديم كل ما لديهم من الحيل والخدع كما في محاولتهم تقديم الظبي نفسه جريحا للصياد وترك

([٣٨١]) كليلة ودمنة/ ٢٠٢ - ٢٠٣.

([٣٨٢]) فضاءات السرد ومدارات التخييل. الحرب والقضية والهوية في الرواية العربية/ ٢٤.

([٣٨٣]) كليلة ودمنة/ ٢٠٢.

السلحفاة، يقرض شركها من قبل الجرذ، من أفضل المحاولات لإيجاد الذعر والخوف لدى الصياد.

"ففكر (الصياد) في أمره مع الظبي المتظالع فظن أنه خولط في عقله وفكر في أمر الظبي والغراب الذي كان كأنه يأكل منه وتقريض حبائله فاستوحش من الأرض وقال: "هذه أرض جن أو سحرة فرجع موليا لا يلتمس شيئا ولا يلتفت اليه"[٣٨٤].

لعل في متابعة هذه الثنائية بين الجنون والعقل أو السواء والإنحراف ما يتيح معرفة بعض من أهم الطروحات الدلالية والفنية لهذا. على الرغم من كون الصوت (صوت الصياد) فرديا فإنه يحمل أصداء أصوات متعددة قادمة من الماضي (التفكير عن إنقاذ السلحفاة)، ومن الآخرين في تنويع خطابي قد يسمى (تعددية صوتية).

ان تعدد الأصوات لوحدة الخوف يستمر منذ البدء بحكاية البوم والغربان وخاصة عند مهاجمة البوم للغربان ومعرفة مكانها والحصول على كيفية عيشها: **"وأشد ما أصابنا ضرا جرأتهن علينا وعلمهن بمكاننا"**[٣٨٥].

إن الملك هنا يريد إستقرار مستقبل مملكته وأعوانه الغربان ويضمن لهن العيش الكريم كي لا يتكرر مثل هذه الإبادة الجماعية التي قام بها البوم وهو خائف من عداوة البوم ويريد ان يحفظ مملكته وأنه لجأ الى المشاورة مع المستشارين الخمس من الغربان:

"وكان في الغربان خمسة معترف لهن بحسن الرأي، يسند اليهن في الأمور، وتلقى اليهن مقاليد الأحوال ..."[٣٨٦].

([٣٨٤]) كليلة ودمنة/ ٢٠٦.

([٣٨٥]) كليلة ودمنة/ ٢٠٩.

([٣٨٦]) كليلة ودمنة/ ٢٠٩.

"إن موضوع هذه المشاورة يثبت ويمثل السياسة الخارجية والحرب بين الملوك وبين الأمم، وإستطلاع أخبار العدو خاصة عند دخول الغراب الخامس على البوم ومناقشاته لجلب عطفهن اليه واطالة الحوار معهم كي تعرف سر حياة البوم وعقليتهن. ويوضح هذا مكان الحيلة من السياسة وكيفية التعامل مع العدو وكيف يجب اللجوء معه الى الحذر مهما أظهر من تضرع وتملق"[٣٨٧].

إن ذكاء الغراب الخامس في مسح وشطب الخوف الدائر على الملك من أقصى درجات الذكاء ولا سيما عند قراره الدخول على البوم وبقائه في وطنه وهجرة الآخرين كي يحاور البوم فهو أيد الحوار مع البوم لكن الغربان الآخرى وملكهن رفضوا ذلك.

"وفي مجرى الحوار أقبل الملك على محادثة الغراب الخامس مستخبرا له عن سير أسلافه. ولم يكن أمامه طريق سوى الأمثولة وسرد الحكاية المضمنة (مثل الغراب والكراكي). وأنه أمام أعلى سلطة في الدولة تسكت السلطات الأخرى، ولا بد من الهمس بالرمز"[٣٨٨] **"وقد إستشرتني في أمر جوابك مني في بعضه علني وقد أجبتك به، وفي بعضه سري وللأسرار منازل منها ما يدخل الرهط، ومنها ما يستعان فيه بالقوم، ومنها ما يدخل فيه الرجلان، ولست أرى لهذا السر على قدر منزلته ان يشارك فيه إلا أربع آذان ولسانان"**[٣٨٩].

ولذلك فإنه ما ان صحا الملك من غفوته حتى أعاد الإعتبار للخالدين. وان الحكاية الضمنية (البوم والغربان) رسالة تبعثها الشعوب الصامتة الى كل الملوك الطواغيت الذين يجلبون لها الدمار في كل عصر، وتظل الحكاية الإطارية (الرئيسة) رسالة تبعثها الشعوب الناطقة لنفسها حين تحتاج الى الإنبعاث والتجدد

---

(٣٨٧) ابن المقفع (حنا الفاخوري)/ ٤١.

(٣٨٨) خزانة الحكايات/ ٩٣.

(٣٨٩) كليلة ودمنة/ ٢١٢.

والخروج من حقبة الخراب التشاؤمية الناتجة عن الإبادة والقتل والسلب والنهب والخوف الناتج عنهم(٣٩٠).

فهذا الخوف في باب البوم والغربان يمتد من حكاية داخل حكاية مرورا بحكاية البوم والغراب الى شرح بداية العداوة في حكاية الغراب والكراكي وإنتهاء بحكاية الأرنب والفيلة.

"زعموا ان أرضا من أراضي الفيلة تتابعت عليها السنون وأجدبت وقل ماؤها وغارت عيونها وذوى نبتها ويبس شجرها فأصاب الفيلة عطش شديد .... فشكون ذلك الى ملكهن. فأرسل الملك رسله ورواده في طلب الماء ... فرجع اليه بعض المرسل فقال له: إني قد وجدت بمكان كذا عينا يقال لهن عين القمر. كثيرة الماء ....، وكانت العين في أرض للأرانب فوطئن الأرانب في إجحارهن. فأهلكن منهن كثيرا"(٣٩١).

يخضع النص في شكله العام الى بنية داخلية تقوم بين البداية والنهاية على تحول من وضعية إتصال إنعكاسي (Conjunction flxiv) لذات فاعلة (الفيلة) مرسومة بالقدرة في مستوى الكفاءة المادية بموضوع قيم (هو العين). وخاصة عند إقناع ملك الفيلة بكلام الأرنب الذكي (فيروز).

"ان الأرنب إنطلقت في ليلة قمراء حتى إنتهت الى الفيلة وكرهت ان تدنو منهن مخافة ان يطأنها بأرجلهن فيقتلنها وان كن غير متعمدات فأشرفت على الجبل ونادت ملك الفيلة قالت له: "ان القمر أرسلني اليك والرسول غير ملوم فيما يبلغ وإن أغلظ في القول. قال ملك الفيلة": فما الرسالة؟

قالت يقول لك: "أنه من عرف فضل قوته على الضعفاء فأغتر في ذلك بالأقوياء قياسا لهم على الضعفاء ....، فأنذرك ان لا تعود الى مثل ذلك. وأنه ان فعلت يغشي على بصرك ... وإن كنت في شك من رسالتي فهلم الى العين من

(٣٩٠) ينظر: خزانة الحكايات/ ٩٤ – ٩٥.
(٣٩١) كليلة ودمنة/ ٢١٣.

ساعتك فإنه موافيك بها. فعجب ملك الفيلة من قول الأرنب. فأنطلق الى العين مع فيروز الرسول ... فأدخل الفيل خرطومه في الماء فتحرك فخيل الى الفيل ان القمر إرتعد ... فسجد الفيل للقمر مرة اخرى وتاب اليه مما صنع وشرط ان لا يعود الى مثل ذلك هو ولا أحد من فيلته"[٣٩٢].

"هنا ان موضوع العين إفتكته عنوة من ذات حالية. هي الأرانب الموسومة في مستوى الكفاءة المادية بالضعف الى وضعية إنفصال متعد (Conjunction Tansitiv) من الموضوع بتحول الأرانب الى ذات فاعلة وإسترجاعها ما سلبت إياه. وتردد الوضعية من الإتصال الى الإنفصال (أو بالعكس) يعد من المقومات الرئيسة المؤسسة لمفهوم الإختبار (xpimnt) وفق النموذج العاملي. وان شدة الخوف في إعتماد المستوى الزماني لا يستقيم معيارا للتقسيم وذلك بسبب خلو النص من إشارات تدل على صيرورة الأحداث في السياق الزمني. وليس حظ النص من الإشارات ذات المدى المكاني بأوفر من ذلك وإن إنتقال الفيل من موطنها المألوف الى موطن مجاور له طلبا للماء"[٣٩٣].

في هذه الحكاية يظهر الخوف ثلاث مرات:

- مرة في خوفهم من العطش وعدم الحصول على الماء/ البداية.
- وأخرى عند خوف الأرانب من ضياع العين وسيطرة الفيلة عليها/ الوسط
- وثالثة عند محاولة الأرنب (فيروز) زرع الخوف في قلب الفيلة ولا سيما ملك الفيلة.

استنادا الى هذه المراحل الثلاث يتجلى الخوف الثلاث الناتج عن ترسيمة الفيل والماء من جهة وترسيمة الفيل والأرنب والماء والقمر من جهة أخرى وخوف الأرنب من الفيل والفيل من القمر على النحو الآتي:

البداية ←——— خوف الفيل من العطش.

(٣٩٢) كليلة ودمنة/ ٢١٤ – ٢١٥.

(٣٩٣) في الخطاب السردي/ نظرية قريماس/ ١١٣- ١١٥.

الوسط ← خوف الأرانب من الفيل وتجفيف العين.

النهاية ← محاولة زرع الخوف في قلب الفيلة وملكهم من قبل الأرنب.

إن المراحل الثلاثة للخوف تبرز وجود حالتين متناقضتين لقوتين متناقضتين (الأرنب - الفيل) هما:

١. الحالة الروحية ← العطش والخوف منه ← الأرنب / الفيل

٢. الحالة المادية ← تغيير المكان ← خوف الفيل من العطش / خوف الأرنب من فقدان العين / خوف الفيلة من القمر

كذلك الخوف من العدو وحدة سردية أخرى في حكاية البوم والغربان ولا سيما عند رفض بوم واحد إجراء الصداقة معها: **قال أحد وزراء البوم: "ما أرى إلا المعالجة له بالقتل فإن هذا أفضل عدد الغربان. وفي قتله لنا راحة من مكره ... ويقال: من ظفر بالساعة التي فيها ينجح العمل ثم لا يعالجه بالذي ينبغي له فليس بحكيم. فإن الأمور مرهونة بأوقاتها ..."**[٣٩٤].

ان العداوة الشديدة بين البوم والغربان والمعرفة الكلية للبوم لدى وزير الغربان هنا من أقوى الوحدات السردية وذلك خوفا من العداوة القاسية بين الطرفين وأيضا يظهر هذا مدى ذكاء الوزير في قراءة العقلية المقابلة (العدو- الغراب). وهكذا فإن الإتهام قد يقتضي لحظات إستشارية لوحدة الخوف السردي كما في المجالات الآتية:

١. المجال الثيمي ← يبرز فيه الفائدة والخسارة

٢. مجال الوظيفة النصية ← يبرز فيه الحض والتحذير

٣. مجال الإنفعال ← يبرز فيه الخوف (البوم) والأمل (الغراب)

←

(٣٩٤) كليلة ودمنة/ ٢٢١.

٤. مجال المرجع الزماني يبرز فيه المستقبل للبوم، وللغربان.

٥. مجال النماذج والعبر ←يبرز فيه الخطاب السياسي (السياسة الخارجية)[٣٩٥].

ان هذه المجالات الخمسة تمتد داخل الحكايات الفرعية في باب البوم والغربان. فالمجال الثيمي الذي تبرز فيه وحدة الفائدة والخسارة يظهر في حكاية الجماعة والناسك وعريضه:

"زعموا ان ناسكا إشترى عريضا ضخما ليجعله قربانا. فأنطلق به فبصر به قوم من المكرة. فأئتمروا بينهم ان يأخذوه من الناسك"[٣٩٦].

فالفائدة هنا هي شراء العريض من قبل الناسك وذبحه قربانا والخسارة هي في خداع الناسك عندما دخلت عليه الجماعة.

ومجال الوظيفة النصية تبرز فيه وحدة الحض والتحذير كما في حكاية التاجر وأمرأته والسارق: **فقال التاجر: "أيها السارق أنت في حل مما أخذت من مالي ومتاعي وذلك الفضل بما أصلحت بيننا"**[٣٩٧].

فدخول السارق الى البيت وشدة تعلق المرأة بالزوج جاء نتيجة خوفها من السارق وأدى هذا الخوف والتعلق الى إصلاح البين بينهما لأن هناك مشكلة عائلية سابقة بينهما:

"زعموا أنه كان تاجر كثير المال والمتاع. وكان بينه وبين امرأته وحشة"[٣٩٨]

وأن هذا يؤدي الى العودة للمصالحة بعيدا عن الخصومة التي حدثت بينهما سابقا.

([٣٩٥]) ينظر: قصص الحيوان جنسا أدبيا/ ١٨٠.

([٣٩٦]) كليلة ودمنة/ ٢١٩.

([٣٩٧]) كليلة ودمنة/ ٢٢٢.

([٣٩٨]) كليلة ودمنة/ ٢٢٢.

ومجال الانفعال الذي يبرز فيه الخوف والأمل يظهر في حكاية الناسك واللص والشيطان ولا سيما عندما أراد كل من اللص والشيطان ان يفعل ما يريده. ان الخوف من قبلهما ادى الى اخفاقهما في الوصول الى الهدف والنتيجة. وهو ان اللص يريد سرقة البقرة وأمل الشيطان في اختطاف الناسك. لكنهما لم يصلا الى إتفاق.

"فلم يزالا في المجادلة هكذا حتى نادى اللص: أيها الناسك إنتبه فهذا الشيطان يريد إختطافك ونادى الشيطان أيها الناسك: إنتبه فهذا اللص يريد ان يسرق بقرتك. فإنتبه الناسك وجيرانه بأصواتهما وهرب الخبيثان"[٣٩٩].

إن خوفهما ادى الى تأخر كل منهما من الحصول على ما يريد. كان الإثنان يتسابقان في الوصول الى الهدف ولا يتنازل أي منهما للآخر وهذا ادى بكل منهما الى عدم الظفر بما لديه. وفر كل منهما خوفا من الناسك والجيران أي (الخوف من الثالث):

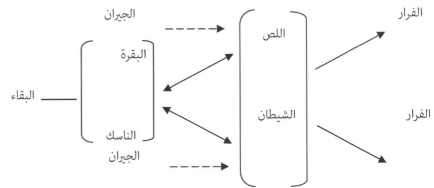

ان مجال المرجع الزماني الذي يبرز فيه المستقبل يظهر في حكاية الرجل الذي إنخدع بالمحال وذلك مع مرور الوقت في عدم إهتمامه بعقله (الآخر- العدو) وإستسلامه بالذات (كلام اللص): **"وقد ظهر لي ان هذا الرجل سيئ الحال وقد أخذتني عليه الشفقة والرأفة، وراجعت رأيي فيه فرأيت ان ندع له متاعه (...)، وإن الرجل لما سمع كلامهم وثق به وأطمأن اليه. وإعتقد أنهم خرجوا فسكن ونام. ولبث اللصوص حتى أيقنوا أنه قد نام، فثاروا الى الأحمال، فأحتملوها**

(٣٩٩) كليلة ودمنة/ ٢٢٣.

وفازوا بها"[400] فالمستقبل هو الذي يمسح قوة الخوف وذلك ببقاء الرجل في نومه وعدم إستيقاظه وإهتمامه باللصوص والسرقة ولم يثبت عنده ان اللصوص ليست عندهم شفقة ولا رأفة فهم اخذوا الأموال والأمتعة.

وفي النهاية ان مجال النماذج وأخذ الدرس والعبر يبرز فيه الخطاب السياسي ولا سيما السياسة الخارجية وهذا يظهر في نهاية حكاية البوم والغربان عندما رجع الغراب الخامس من مملكة البوم وإتيانه بكل المعلومات عن البوم ومكانها وكيفية عيشها مع الآخرين وهو ومعه الغربان قاموا بمهاجمة البوم وتدميرهم وإحراقهم في جحرهم خوفا من عدم تكرار الهجوم عليهم من قبل البوم كما حصل في الماضي.

إن الخطاب السردي في حكايات كليلة ودمنة مع تداخل الخطابات السردية يتضمن البعد العجائبي حاضرا مع الحكايات المتداخلة، وهذا البعد يبرز خاصية من خاصيات الخطاب الروائي الجديد.

"ثم جاء الناسك وفتح الباب فالتقاه ابن عرس كالمشير له بما صنع من قتل الحية. فلما رآه ملوثا بالدم وهو مذعور وطار عقله وظن أنه قد خنق ولده"[401].

هنا وفي هذه الحكاية نرى المفارقة "لم يوظف بشكل كبير في هذه الخطابات لكن طريقة توظيفه تجعلنا نشير اليه في هذا السياق وكذلك بسبب مساهمته في مادة الخطاب"[402].

ان تلوث جسم ابن عرس بالدم "بعد من الأبعاد العجائبية السردية التي تؤدي الى ظهور وحدة خوف الناسك (الوالد) من ابنه المولود بعد مرحلة اليأس والقنوط وهو من عمر المرأة والفترة التي تنقطع فيه عن الحمل والولادة"[403].

---

(٤٠٠) كليلة ودمنة/ ٢٢٥.

(٤٠١) كليلة ودمنة/ ٢٤٨.

(٤٠٢) القراءة والتجربة -حول التجريب في الخطاب الروائي الجديد بالمغرب-/ ٢٩٦.

(٤٠٣) كليلة ودمنة (قول المحقق)/ ٢٤٥.

ان توظيف الوحدة العجائبية في هذا الخطاب السردي "يسهم بدوره في إعطائه طابعه المتميز الى جانب بقية الوحدات السردية الأخرى وإن عناصر الإحباط وليدة هذه البنية العجائبية والإجتماعية"[٤٠٤]. هذه الوحدة العجائبية الإجتماعية التي ظهرت نتيجة إنتظار سنوات كثيرة هدرت بلحظات مع بديله الحقيقي في الماضي ألا وهو (ابن عرس) الأليف في البيت مع الناسك وزوجته. ان هذه البنية الدلالية المشابهة للجملة في حكاية الجرذ والسنور تظهر نفسها من خلال العبور والمرور بالعداوة القديمة وصولا الى: **"فأتى ذات يوم صياد فنصب حبالته قريبا من موضع رومي فلم يلبث ان وقع فيها. فخرج الجرذ يدب ويطلب ما يأكل وهو حذر من رومي فبينما هو يسعى إذ بصر به في الشرك فسر واستبشر. ثم التفت فرأى خلفه ابن عرس يريد أخذه وفي الشجرة بوما يريد إختطافه، فتحير في أمره وخاف؛ ان رجع وراءه أخذه ابن عرس، وإن ذهب يمينا أو شمالا إختطفه البوم، وإن تقدم أمامه إفترسه السنور"**[٤٠٥].

"كل ذلك يقوده ان يفكر ويحتم الجدل في شكل الظاهرة وجوهرها لفك الحصار عن الذائقة، فلتناغم البنيوي القائم على مفاعلة الإجتماعي بالفني هو الذي عطل فعل التراكم المطلوب لفاعلية وعيه ونمو حلقاته، رغم الإعلان الدائم عن نية المغايرة إنطلاقا من صخب المأزق الذي وقع فيه بمعناها الخانق وذلك عن حاثات اللحظة الذوقية"[٤٠٦] **"هو يسعى إذ بصربه في الشرك فسر وإستبشر"**[٤٠٧].

هذا يكشف لنا عن محاولات كثيرة. منها محاولات لرفض المأزق وهو يرفض القديم (الماضي) وقام بخلق جو جديد وهو الصداقة والإتفاق مع السنور بعد مجادلة ومناقشة طويلة عن الورطة التي وقع فيها كل منهما وتعهد كل منهما بإحترام عهده

---

(٤٠٤) القراءة والتجربة/ ٢٩٧ - ٣٠١.

(٤٠٥) كليلة ودمنة/ ٢٥٠.

(٤٠٦) ضد الذاكرة/ ٦٣.

(٤٠٧) كليلة ودمنة/ ٢٥٠.

ووفائه للآخر وذلك خوفا من الورطة: "**بدأ في تقريض حبائله ثم ان البوم و ابن عرس لما رأيا دنو الجرذ من السنور أيسا منه وأنصرفا ... فبينما هو كذلك إذ وافى الصياد فقال له السنور: الآن جاء وقت الجد في قطع حبائلي فجهد الجرذ نفسه في القرض حتى إذا فرغ وثب السنور الى الشجرة على دهش من الصياد. ودخل الجرذ بعض الإجحار**"[٤٠٨].

في حكاية (الجرذ والسنور) خوف الجرذ من السنور يؤدي الى الإبتعاد وفك العهد الموجود بينهما لأن: "**لاخير للضعيف في قرب العدو القوي، ولا للذليل في قرب العدو العزيز، ولا أعلم لك قبلي حاجة إلا ان تكون تريد أكلي ولا أعلم لي قبلك حاجة وليس عندي بك ثقة**"[٤٠٩].

إن التحريم هو التحويل المنفي للأمر، تماما مثل الإنتهاك الذي هو التحويل المنفي للمتقبل، بموجب أسس واحدة، بهذا المنظور يمكن القول ان هذه الوظائف الأربع (الأمر، القبول، التحريم، الانتهاك) تولد نوعا متميزا من البنية الحكائية التي تتحدث في مستوى أعمق عن قضايا الإلتزام التعاقدي[٤١٠].

إذا: القبول / القبول = تأسيس العقد

فإن: التحريم / الإنتهاك = كسر العقد

ففي حكاية الملك والطائر فنزة عندما قتل ابن الملك فرخ الطائر قام الطائر فنزة بفقء عيني ابن الملك. وخوفا من عاقبة مافعله طار الى الشجرة. "لأن لا سبيل أمام الطائر في مواجهة تلك الشدائد والمصائب إلا الصبر، وقوة التحمل ولتجلد وعدم اليأس مهما كان الأمر صعبا، فأي مصيبة تصيب الإنسان فقد يكون

---

(٤٠٨) كليلة ودمنة/ ٢٥٢- ٢٥٣.

(٤٠٩) كليلة ودمنة/ ٢٥٤.

(٤١٠) ينظر: البنيوية وعلم الإشارة/ ٨٧.

وراؤها ما هو أكبر منها، ومن ثم فعلى الإنسان العاقل ان يصبر ويتحمل ولا يتطرق اليأس الى نفسه، والا كان هلاكه سريعا"[٤١١]. "**ولهذا ان العاقل لا يثق بأحد ما إستطاع ولا يقيم على خوف يجد عنه مذهبا ...، وإذا خاف الإنسان على نفسه شيئا طابت نفسه عن المال والأهل والولد والوطن. فإنه يرجو الخلف من ذلك كله ولايرجو عن النفس خلفا**"[٤١٢].

واحيانا يشكل التحول والإرتداد وحدة صغيرة بارزة ومساعدة لوحدة الخوف في الحكايات. وفي حكايات كليلة ودمنة يلحظ هذا والمقصود به التحول من حالة الى أخرى مع المقدرة على الرجوع الى الحالة الأولى كما في باب الأسد وابن آوى عندما رفض ابن آوى الدخول على الأسد في البداية ولكنه يقبل ذلك بعد مناقشات جرت بينهما ولكنه في النهاية رجع الى البداية وهي مرحلة أو حالة الرفض كما في الترسيمة الآتية:

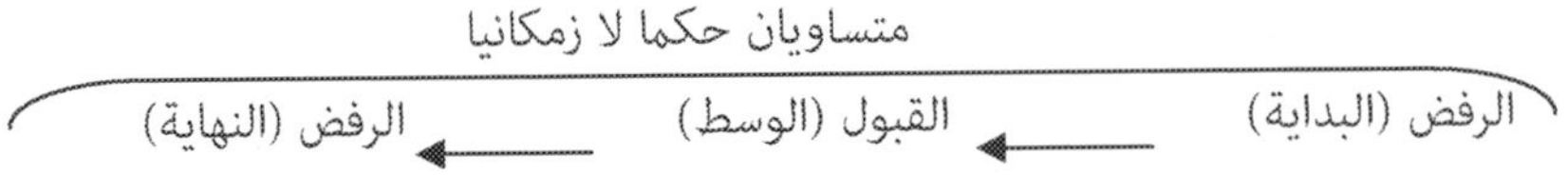

متساويان حكما لا زمكانيا
الرفض (البداية)
القبول (الوسط)
الرفض (النهاية)

فالرفض والقبول ومن ثم الرفض يظهر في هذه الترسيمة السردية التي تبين الدخول والخروج أو (بالعكس)[٤١٣].

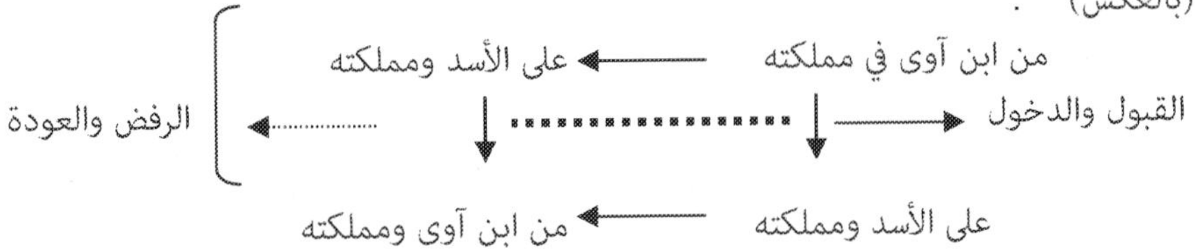

من ابن آوى في مملكته
على الأسد ومملكته
القبول والدخول
الرفض والعودة
على الأسد ومملكته
من ابن آوى ومملكته

ومن الصعب النظر الى العبارة الإفتتاحية (الرفض بالدخول) والنهائية (أيضا الرفض بالبقاء) التي تبدأ وتنتهي بها الحكاية، على أنها فواتح أو خواتم

---

(٤١١) ينظر: دراسات أدبية في الخطب والأمثال الجاهلية/ ١١٩.

(٤١٢) كليلة ودمنة/ ٢٦٢.

(٤١٣) ينظر: الأصول العربية للقصص الشعبي اليهودي/ ٢١٤- ٢١٥.

القصص فحسب، ومن الملاحظ ان نهايات القصص لم تكن سعيدة ومفرحة ومعروفة في الوقت نفسه[٤١٤].

فـ (ابن آوى) يواجه صعوبات ومشقات وفي البداية (الرفض ⟵ القبول) والوسط (القبول والبقاء) لكن في النهاية عاد الى مملكته وبدأ مرة أخرى بالطاعة والصلاة والعبادة والتفكر في الآخرة وعدم الإنشغال بالدنيا وملذاتها. "**وعاد ابن آوى الى ولاية ما كان يلي ...**"[٤١٥].

---

(٤١٤) ينظر: م. ن/ ٢٥١ - ٢٥٥.

(٤١٥) كليلة ودمنة/ ٢٦٧.

المبحث الثاني
التفريط في الصداقة وهدمها في الحكايات

يعرض كتاب كليلة ودمنة تفصيلا لواجبات الراعي والرعية، ولما يجب على كل إنسان ان يحافظ عليه من جهة الصداقة والصدق في القول والعمل وأدب الضيافة، وهو موجه قبل كل شيء الى الملوك والوزراء. يرمي الى تأديبهم واضاءة طريقهم حتى لا يعدلوا عن الحق والعدل والإستقامة[٤١٦].

مع ذلك فالإتيان بخطاب الصداقة السردية في حكايات كليلة ودمنة يكون إتيانا عابرا بخطوات ومراحل عكسية. أي ان وحدة الصداقة تأتي نتيجة تقديم الحكايات والأقوال الناتجة عن تحطيمها أي:

تهديم الصداقة ←——— الصداقة (العودة الى المسار الصحيح).

الصداقة ←——— تهديم الصداقة (الدخول في المسار الخطأ).

ولهدم الصداقة مساحة واسعة في حكايات كليلة ودمنة وهي تظهر نتيجة محاولة الإنسان أيضا تغيير المواقف والآراء كي يحصل على مكانة عالية أو سلطة أو حياة خاصة وجديدة مع الملوك.

ان فكرة الحكايات في كليلة ودمنة تتمثل في الصراع بين الفوق والتحت ومعالجتها بالتماثل المتكافئ تأتي على النحو الآتي:

الفوق ←——— دبشليم الملك

↓ ↓

التحت ←——— بيدبا الفيلسوف

أي قبول دبشليم الملك بنصيحة بيدبا وتنازله عن إستبداده والأخذ بدور بيدبا في الحياة السياسية[٤١٧].

فهدم الصداقة بين بيدبا والملك لم يأت من تحت وإنما من

(٤١٦) ينظر: ابن المقفع (حنا الفاخوري)/ ٤٠.

(٤١٧) ينظر: كليلة ودمنة وخطاب التأويل (مقالة)/ ١.

فوق وهذا حقق توازيا في العلاقة بين الفوق والتحت. ان هذه الفكرة هي فكرة متعالية على الزمان والمكان والثقافة المجتمعية الخاصة بشعب من الشعوب، ومما يجعل منها فكرة إنسانية شاملة ومخترقة لأي فضاء يحاول تحديدها وتأطيرها. على الرغم من وجود العلاقة بين الاثنين (الفوق X التحت)، يشير كلاهما الى عدم قبول كل منهما الآخر، وتهديم العلاقة الموجودة على أساس ان وحدة السرد التهديمي هنا تشير الى ان البناء المتوازي بينهما هو عرض حكايتين أو أكثر. تدور أحداثهما في ان واحد بحيث ان الوقائع يجمعها زمن واحد شرط ان تجمع هذه الوقائع أواصر تصب في المجرى العام للوحدات السردية في الحكاية والعلاقة الموجودة بينهما كما في باب الأسد والثور حيث تبدأ الحكاية بوصف خارجي للإطار العام الذي تدور فيه الأحداث. التي تشي بفعل الحرب التي يمثل في نهاية الحكاية (الأسد والثور). وترسم الباب التي تأتي بعده هذه الحرب بمهابة فائقة لتدلف الى الحدث وتفصيلاته من خلال تدرج الأفعال والأقوال التي تأخذ سمات التوهج.

قال بيدبا: "إذا ابتلي المتحابان بأن يدخل بينهما الكذوب المحتال لم يلبثا ان يتقاطعا ويتدابرا وآفة المودة النميمة(٤١٨)".

هنا نجد ان الصديق الكذوب هو الذي يقوم بهدم الصداقة الموجودة بين المتحابين. وإن تهديم الصداقة في باب الأسد والثور يظهر كل مرة بين الشخصيات الرئيسة والفرعية في باب الأسد والثور وباب الفحص عن أمر دمنة ويؤدي هذا الى ظهور نوع من المصلحة والمحاولة من اجل التقرب والعودة الى المرتبة السابقة والقريبة من السلطة. ان محاولة التقرب والعودة الناتجين عن تهديم الصداقة في هذا الباب (الأسد والثور) تصل الى أكثر من أربع عشرة محاولة بين كل من (كليلة ودمنة، ودمنة والأسد، ودمنة والثور، والأسد والثور، ودمنة مع كليلة مرة أخرى، ودمنة مع الأسد أيضا، ودمنة مع الثور، ودمنة مع كليلة). والترسيمة الآتية توضح هذا:

(٤١٨) كليلة ودمنة/ ١٠٢.

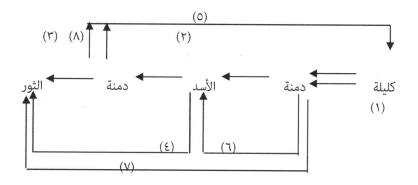

إن وحدة هدم الصداقة في سرد حكايات كليلة ودمنة بصورة عامة وباب الأسد والثور بصورة خاصة من اجل الوصول الى المراتب الأعلى والسلطة السياسية على حساب الآخرين، هي بمثابة المقولة الماكيافيلية (الإنسان ذئب على الإنسان)، وقد كان يرى ان هذه الحياة، هذه المجتمعات، هذه المدن هي (حرب الجميع ضد الجميع)، وهي بعبارة صريحة (فوضى في فوضى)، ولإيقاف هذا الحيوان الإنسان عند حده، لا بد من حيوان أكبر وأقوى منه يضبط الأمور في هذه الغابة، وإن هذا الحيوان الكبير هو الدولة والإنسان نفسه هو الذي صنع وخلق هذه الدولة وعلى هذا الكائن (الدولة) ان يتحكم ويستبد بهذا الشرير الصغير – الإنسان - ويوقفه عند حده[٤١٩].

ان مثل هذه الإشارات كثيرة في باب (الأسد والثور) ولا سيما في المحاورات الدائرة في الترسيمة الموجودة والمؤشرة الى المراحل التهديمية الثمانية للصداقة بين (كليلة، ودمنة، والأسد، والثور). كما في هذه المحاورات والأقوال ولا سيما في إتيان كل واحد من الشخصيات الأربعة بحكم وأمثلة كثيرة ومنسجمة مع حاله ولمصلحته من اجل الخروج من المأزق الذي وقع فيه.

([٤١٩]) ينظر: الرواية واليوتوبيا/ ١١٣ – ١١٤.

١. "وكان هذا الأسد منفردا برأيه غير آخذ برأي أحد من أصحابه"[٤٢٠]: هذا يثبت عدم قبوله الآخر والبقاء على الرأي المنفرد ورفض إعطاء المجال للآخر كي يتحدث ويعرض رأيه.

٢. "من لا مروءة له يحط نفسه من المنزلة الرفيعة الى المنزلة الوضيعة"[٤٢١]: ان عدم التعامل مع الأحداث يؤدي الى النزول من المرتبة الرفيعة الى الوضيعة وهديم المكانة والصداقة مع الآخرين.

٣. "فكر الأسد في أمره وندم على إرسال دمنة"[٤٢٢]: ان هذا التفكير فيه نوع من الخيانة لأنه جازف في إرسال دمنة في البداية لكنه بعد الإرسال ندم على نفسه وخاف على زوال الصداقة الموجودة بينهما لأنه يخشى من دمنة ولا يثق به ثقة كاملة اذ انه تعامل معه لأول مرة.

٤. "فإن الرجل الذي يحضر باب الملك إذا كان قد أطيلت جفوته من غير جرم كان منه أو كان مبغيا عليه عند سلطانه (...)، أو كان قد أصابه ضر وضيق فلم ينعشه (...)، أو كان يرجو شيئا يضرالملك وله منه نفع، أو يخاف في شيء مما ينفعه ضرا، أو كان لعدو الملك سلما ولسلمه حربا، أو كان قد حيل بينه وبين ما في يديه من السلطان أو باعده، أو طرده، فليس السلطان بحقيق ان يعجل في الإسترسال الى هؤلاء والثقة بهم والإئتمان لهم"[٤٢٣] أي ان على الملك ان لا يصدق الآخر على العجالة لأن سرعة القرار في الصداقة قد تؤدي الى تهديمها

٥. "فلما رأى دمنة ان الثور قد إختص بالأسد دونه ودون أصحابه، وأنه قد صار صاحب رأيه وخلواته ولهوه، حسده حسدا عظيما وبلغ منه غيظه كل

(٤٢٠) كليلة ودمنة/ ١٠٥.
(٤٢١) كليلة ودمنة/ ١٠٨.
(٤٢٢) كليلة ودمنة/ ١١٥.
(٤٢٣) كليلة ودمنة/ ١١٦.

مبلغ، فشكا ذلك الى أخيه كليلة ... قال كليلة: قد أصابك ما أصاب الناسك قال دمنة: وكيف كان ذلك. قال كليلة: زعموا ان ناسكا أصاب من بعض الملوك كسوة فاخرة فبصر به سارق فطمع في الثياب وعمل على سرقتها، فأتى الناسك وقال له: إني أريد أصحبك ...، فأذن له الناسك في صحبته فصحبه حتى أمنه الناسك واطمأن اليه، فرصده حتى إذا ظفر به وأمكنته الفرصة أخذ تلك الثياب فذهب بها"[٤٢٤].

هذا التقابل الثنائي في تهديم الصداقة السردية يثبت قوة تكرار هذا الحدث في الحياة اليومي للإنسان. فعلى الكل ان يحترم ما يقوم به بدلا من العمل ضده لتهديم منزلة الآخرين من اجل الوصول الى السلطة أو من اجل التقرب أو العودة اليها.

٦. **قال كليلة: "وكيف تطيق الثور وهو أشد منك وأكرم على الأسد منك وأكثر أعوانا. قال دمنة: لا تنظر الى صغري وضعفي، فإن الأمور ليست بالضعف ولا القوة ولا الصغر ولا الكبر في الجثة، فرب صغير ضعيف قد بلغ بحيلته ودهائه ورأيه ما يعجز عنه كثير من الأقوياء"**[٤٢٥] أطال هذا الحوار حتى الإتيان بحكايتي (الغراب والأسود، والعلجوم والسرطان)[٤٢٦]. أي ان القيام بالاشياء ليس بحسب الصغر والكبر لكن العقل القائم على الحيلة يؤدي الى ازالة كل ما يمنعك من الوصول والإقتراب من الشيء المقصود. ومع هذه الحيلة عليك دراسة الأمور والموانع دراسة دقيقة كي لا تنتهي الى الهلاك والقتل.

٧. **"ان أنت أمنتنا ولم تخفنا فلك علينا في كل يوم دابة نرسل بها اليك في وقت غدائك فرضي الأسد بذلك"**[٤٢٧].

---

(٤٢٤) كليلة ودمنة/ ١١٨ – ١١٩.

(٤٢٥) كليلة ودمنة/ ١٢٤.

(٤٢٦) كليلة ودمنة/ ١٢٤- ١٢٥.

(٤٢٧) كليلة ودمنة/ ١٢٨.

ان هذا يشير الى الإتفاقية القائمة بينهما فإن رضي الأسد بها. فهم يلتزمون بما عاهدوا به. فهذا يؤدي الى نوعين من الهدم للصداقة بين الأسد والحيوانات الاخرى في غابة الملك.

- **التهديم الإيجابي للصداقة**: يعني أنهم يرضون بمنح الأسد دابة في كل يوم وفي وقت غداء الأسد "**نرسل بها اليك...**"[428].
- **التهديم السلبي للصداقة**: يعني لم يرض الأسد بها، وخاصة عند سماعه لكلام الأرنب: "**فانطلقت الأرنب متباطئة حتى جاوزت الوقت الذي كان يتغذى فيه الأسد ثم تقدمت اليه وحدها رويدا وقد جاع. فغضب وقام من مكانه نحوها ...**"[429].

ان هذا المؤشر إيجابي لعدم بقاء الأرنب على عهدها وإستخدامها الحيلة (فأنطلقت الأرنب متباطئة). وهذا من اجل إنقاذ النفس. وهو بمثابة مركزين للقوة:

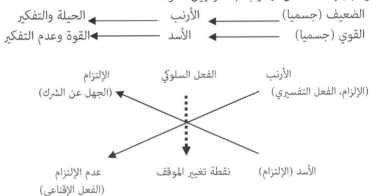

الضعيف (جسميا) ← الأرنب ← الحيلة والتفكير

القوي (جسميا) ← الأسد ← القوة وعدم التفكير

الأرنب
(الإلزام، الفعل التفسيري)
الفعل السلوكي
الإلتزام
(الجهل عن الشرك)
الأسد (الإلتزام)
نقطة تغيير الموقف
عدم الإلتزام
(الفعل الإقناعي)

([428]) كليلة ودمنة/ ١٢٨.

([429]) كليلة ودمنة/ ١٢٩.

فهناك الفعل الإقناعي والفعل التفسيري. والعلاقة الموجودة هي علاقة تسلسلية بين الفعل الإقناعي الذي يثير الفعل التفسيري لدى ذات ثانية ومن ثم الفعل السلوكي[٤٣٠].

٨. **قال كليلة: "ان قدرت على هلاك الثور بشيء ليس فيه مضرة للأسد فشأنك. فإن الثور قد أضر بي وبك وبغيرنا من الجند، وإن أنت لم تقدر على ذلك الا بهلاك الأسد فلا تقدم عليه فإنه غدر مني ومنك. ثم ان دمنة ترك الدخول على الأسد أياما كثيرة"[٤٣١].**

أي ان التهديم هنا يأتي بمثابة الحقد والكره الكامل عندما لم يقبل دمنة بدخول الثور وقرر القيام بكل ما لديه من حيلة من أجل تحطيم الثور لدى الأسد.

٩. **قال دمنة للأسد: "حدثني الأمين الصدوق عندي ان شتربة خلا برؤوس جندك وقال لهم: إني قد خبرت الأسد وبلوت رأيه ومكيدته وقوته. فإستبان لي ان ذلك يؤول منه الى ضعف وعجز ...، فلما بلغني ذلك علمت ان شتربة خوان غدار ...، وقد كان يقال: إذا عرف الملك من أحد رعيته أنه قد ساواه في المنزلة والحال فليصرعه"[٤٣٢].**

أي ان الخطاب السردي لدمنة يظهر وحدة قوة وتحريض للأسد كي يهدم الصداقة القائمة بينه وبين الأسد، وهنا تبدأ الفتنة الأحادية بالتدريج الى الفتنة الثنائية بين الأسد والثور. وهو أتى بحكاية (**السمكات الثلاث**)[٤٣٣] للأسد. وظل زمنا طويلا كي يقنع الأسد بضرب الثور وتحطيمه حتى أنه (دمنة) أتى بمثال جديد (**القملة والبرغوث**)[٤٣٤] كي يؤثر في الأسد من اجل عودته (عودة دمنة) الى ما كان

---

(٤٣٠) ينظر: في المعنى (دراسات سيميائية)/ ٢٠٨.

(٤٣١) كليلة ودمنة/ ١٣٠.

(٤٣٢) كليلة ودمنة/ ١٣١.

(٤٣٣) كليلة ودمنة/ ١٣٢.

(٤٣٤) كليلة ودمنة/ ١٣٥.

عليه: "**أما أنا فلست اليوم أرجو ان تزداد منزلتي عند الأسد فوق ما كانت عليه، ولكن ألتمس ان أعود الى ما كانت حالي عليه**"[٤٣٥].

١٠. "**فلما فرغ دمنة من تحريش الأسد على الثور ...، فإنطلق فدخل على شتربة كالكئيب الحزين ...، قال شتربة: وما الذي بلغك؟ قال دمنة: حدثني الخبير الصدوق الذي لا مرية في قوله، ان الأسد قال لبعض أصحابه وجلسائه: قد أعجبني سمن الثور وليس لي الى حياته حاجة فأنا آكله ومطعم أصحابي من لحمه، فلما بلغني هذا القول وعرفت غدره وسوء عهده أقبلت اليك لأقصي حقك وتحتال أنت لأمرك**"[٤٣٦].

أي ان الفتنة الثانية وعلى الثور من قبل دمنة تأتي بمثابة النتيجة النهائية أو المحصلة النهائية للحدث السردي ولوحدة تهديم الصداقة القائمة بين الأسد والثور وذلك لأن دمنة لما فرغ من التحريش "**فلما فرغ دمنة من تحريش الأسد على الثور ...، فإنطلق فدخل على شتربة ...**"[٤٣٧] فهذا الخروج والدخول الثاني الموازي للفتنة الثانية بين الأسد والثور يثبت شدة قوة الـتأثير النفسي فيه من اجل العودة الى المرتبة السابقة ولو ينتهي بقتل وإبادة الآخرين (كما سيحدث في قتل الثور ومن ثم قتل دمنة) وهنا فنحن أمام حالتين سرديتين:

"حالة الوصل (tat conjunctiv) وحالة الفصل (tat Disjunctiv). وهنا ك قطب ثالث لهذه الدلالة وهو مصطلح (Junction) الذي يعني الصلة ويتفرع عنه الإثنان الآخران على الشكل الآتي"[٤٣٨]:

---

(٤٣٥) كليلة ودمنة/ ١٢٢.

(٤٣٦) كليلة ودمنة/ ١٣٧- ١٣٨- ١٣٩.

(٤٣٧) كليلة ودمنة/ ١٣٧.

(٤٣٨) في المعنى (دراسة سيميائية)/ ٢٠٣-٢٠٤.

الصلة (Junction)

فصل Disjunction　　　　وصل Conjunction

فصل دمنة عن الأسد　　　　وصول دمنة الى الثور

ويمكن ان ندرك دلالة هذين المصطلحين من خلال المربع الدلالي الآتي:

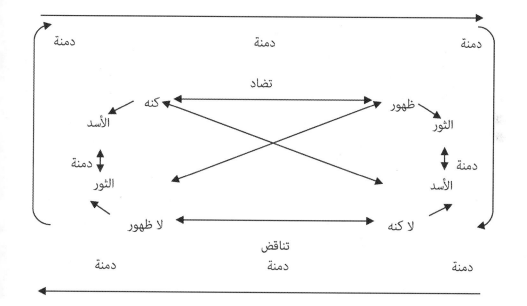

ان المحور الذي يربط بين الطرفين (كنه/ ظهور) هو محور التضاد أما القطر الذي يربط بين (كنه/ لا كنه)، فهو محور التناقض[٤٣٩].

١١. **قال دمنة: "ان إرادة الأسد بك ليست من تحريش الأشرار ولا سكرة السلطان ولا غير ذلك. ولكنها الغدر والفجور منه فإنه فاجر خوان غدار لطعامه حلاوة وآخره سم مميت"**[٤٤٠].

أي ان دمنة لم يوقف ما قام به، بل إستمر في تحريش الثور كالأسد بكل أنواع الحيلة والخداع والتحرش.

---

(٤٣٩) في المعنى (دراسة سيميائية)/ ٢٠٤.

(٤٤٠) كليلة ودمنة/ ١٤٢.

١٢. **قال دمنة: "لا ينبغي لأحد ان يخاطر بنفسه وهو يستطيع غير ذلك. ولكن ذا الرأي جاعل القتال آخر الحيل وبادئ قبل ذلك بما إستطاع من رفق وتمحل وقد قيل لا تحقرن العدو الضعيف المهين ولا سيما إذا كان ذا حيلة ويقدر على الأعوان. فكيف بالأسد على جراءته وشدته"**[٤٤١].

أي ان الإستمرارية السردية للفتنة والتحرش الفردي لدمنة قد تؤدي به الى فعل ما يريده بايقاع الأسد والثور في دائرة الحرب، وهذه الحرب قد تكون نتيجة لغرور الملوك في تقرب الناس اليهم وقلة تبصرهم في الأصغاء لوشاية المحتالين وما ينتج عن كل ذلك من جرائم وظلم[٤٤٢].

١٣. **فقال دمنة لشتربة: "إذهب الى الأسد فستعرف حين ينظر اليك ما يريد منك. قال شتربة: وكيف أعرف ذلك؟ قال دمنة: سترى الأسد حين تدخل عليه مقعيا على ذنبه رافعا صدره اليك مادا بصره نحوك. قد صر أذنيه وفغر فاه وأستوى للوثبة. قال: ان رأيت هذه العلامات من الأسد عرفت صدقك في قولك". ثم ان دمنة لما فرغ من تحريش الأسد على الثور والثور على الأسد توجه الى كليلة"**[٤٤٣].

هنا نرى ان دمنة يريد ان يثبت الصفة الموضوعية للحدث ويريد ان يغيب نفسه من الحدث. وإن إختفاء دمنة عن الموضوعية لا يعني الغياب وإنما يعني المتابع لما يحدث من خلال عيونه. وإن تموضع الأحداث (Objctivitis) في القصة بغية رؤيتها بشكل أفضل يحول الراوي الحاضر الى راو غائب، وينقل صيغة المتكلم الى صيغة الغائب[٤٤٤].

---

(٤٤١) كليلة ودمنة/ ١٤٧.

(٤٤٢) ابن المقفع (حنا الفاخوري)/ ٤٠.

(٤٤٣) كليلة ودمنة/ ١٥٠.

(٤٤٤) ينظر: النقد البنيوي والنص الروائي (الزمن-الفضاء-السرد)/ ١٢٢.

كما قال دمنة: "قريب من الفراغ على ما أحب وتحب. ثم ان كليلة ودمنة إنطلقا جميعا ليحضرا قتال الأسد والثور وينظرا ما يجري بينهما وما يؤول إليه أمرهما"[٤٤٥].

١٤. مثل التاجر والأرض التي تأكل جرذانها الحديد: **"زعموا أنه كان بأرض كذا تاجر فأراد الخروج الى بعض الوجوه لإبتغاء الرزق. وكان عنده مئة من حديدا. فأودعها رجلا من أخوانه وذهب في وجهه ثم قدم بعد ذلك بمدة فجاء والتمس فقال له: قد أكلته الجرذان. فقال: قد سمعت ان لا شيء أقطع من أنيابها للحديد ...، ثم ان التاجر خرج فلقي ابنا للرجل فأخذه وذهب به الى منزله ..."**[٤٤٦].

ان سرقة المال من الرجل يؤدي بالتاجر الى تهديم الثقة والصداقة القائمة بينهما، ويؤديه به الى خطف ابنه وإدعائه بأن بازيا من البزاة إختطف الإبن مثل الكذبة التي أعلنها الرجل بأن الجرذان أكلت الحديد (المال). هاتان الحالتان تبدوان بعيدتين عن المنطق والحقيقة، فما يقوم به التاجر هو البدل عن ما قاله الأول. أي ان الثاني ناتج عن الأول وبسبب ما قام به الثاني عن ما فعله يعود كل شيء الى مساره الطبيعي ويقوم التاجر بإعادة الإبن للرجل بعدما رجع الرجل المال للتاجر. ان تهديم الصداقة هنا لايؤكد فقط إعادة بناء الذات لمظاهر فضاء الآخر في فضائها الخاص. بل أيضا يؤكد تعلقه بالأبنية الفكرية للآخر على الرغم مما وقع بينه وبين الآخر من صدام حتى وصل الى حد الإختطاف. ولعل هذا التناقض الذي يبرز في النص قصدا أو عفوا بين رفض الآخر وفضائه من ناحية. وبين التمسك بها حتى النفس الآخير من ناحية أخرى، ان يكون تناقضا متسقا في المحك الأخير مع علاقة الذات بالآخر المتراوح بين النفور والإنجذاب بين التصادم والتلاقي[٤٤٧]. ان هذه

([٤٤٥]) كليلة ودمنة/ ١٥٠.

([٤٤٦]) كليلة ودمنة/ ١٥٨.

([٤٤٧]) ينظر: إستنطاق النص (مقالات في السرد العربي)/ ١٢٧ - ١٢٨.

المحاولات الأربع عشرة في باب الأسد والثور تثبت ان محاولات الكذوب المحتال (دمنة) قد قطعت بين المتحابين (الأسد والثور) الامر الذي حملهما على العداوة بعد الصداقة[٤٤٨].

"إن لوحدة تهديم الصداقة موضعا مستفيضا في كتاب كليلة ودمنة. كما يرى ابن المقفع فإذا صاحب أحد صاحبا وغدر به، فلا شك ان ليس عنده للمودة موضع ولا شيء أضيع من مودة تمنح الى من لا وفاء لها، وحباء يصطنع عند من لا شكر له، وأدب يحمل الى من لا يتأدب به ولا يسمعه، وسر يستودع من لا يحفظه"[٤٤٩] **فإن صحبة الإخيار تورث الخير، وصحبة الأشرار تورث الشر، كالريح، إذا مرت بالطيب حملت طيبا، وإذا مرت بالنتن حملت نتنا"**[٤٥٠] وهو يرى بذلك أنه "لا حاجة للأخيار الى صحبة الأشرار، فهم لا يقدرون الجميل ولا يحفظون السر، وكثيرا ما ينقلبون على من أحسن اليهم بالعداوة والغدر، والعاقل لا يأمن اللئيم، وقد شبهه بالحية التي لا يؤمن وضعها في الكم، في حين ينصح بصداقة الأخيار الكرام لأنهم يتحلون بصفات أخلاقية جميلة من مودة ولطف ووفاء ومشاركة في الفرح، ومعاونة في الشدائد، وثبات في النائبات والمحن"[٤٥١].

وخير دليل على ذلك باب الأسد والثور وكيف ان الأسد - وهو الخليفة، الساذج، الغافل، صادق ثورا، هو الوزير المخلص فكره ابن آوى منهما ذلك. وهو الإنسان المختال الطامع بمركز غيره ولو على حساب الإجرام، فسعى في الإفساد فيما بينهما رغبة منه في إنتزاع الوزارة لنفسه. ومازال يحيك الدسائس والفتن بين الثور البريء المخلص والأسد الغافل، غر مصغ الى نصح أخيه الحكيم العاقل، كليلة. حتى قتل الأسد صديقه، الثور. وفي ذلك عبرة لمن يعتبر. وتذكرة للغافلين.

([٤٤٨]) ينظر: ابن المقفع (حنا الفاخوري)/ ٤٠.

(٤٤٩) عبد اللـه بن المقفع – شخصيته- لغته – آراؤه الحكمية/ ٢٧٣.

([٤٥٠]) كليلة ودمنة/ ١٥٨.

([٤٥١]) عبد اللـه بن المقفع – شخصيته- لغته – آراؤه الحكمية/ ٢٧٤.

وفضلا عن ذلك فإن قتل الأسد للمفسد المحتال (دمنة) يذكر بعاقبة الوشاة والمفسدين في الأرض وفي ذلك عبرة لأولي الألباب أيضا[٤٥٢]. "وليس في نظره شيء أجمل من التأني وفهم حقيقة الأمور فالرجل ذو العقل وذو الوفاء إذا سقط عنده صاحبه سقطه نظر فيها، وعرف قدر مبلغ خطئه عمدا كان أو خطأ. ثم ينظر هل في الصفح عنه أمر يخاف ضرره وشينه، فلا يؤاخذ صاحبه بشيء يجد فيه الى الصفح عنه سبيلا. وإنما يسلم العاقل من الندامة بترك العجلة والتثبت والعجلة لا يزال صاحبها يكتوي بالندامة، وما قصة الناسك وابن عرس والأسد والثور والأسد وابن آوى الا خير دليل على ما نقول"[٤٥٣].

"ان الأسد حين قتل شتربة ندم على قتله وذكر قديم صحبته وجسيم خدمته ... وان كليلة ترك قبول دمنة، فوقف يستمع ما يجري بينهما ..."[٤٥٤].

ان هذا الخطاب السردي يثبت شدة الندم الثنائي لكل من الأسد مقابل قيامه بقتل الثور من جهة وكليلة في عدم رضائه بما فعله دمنة من جهة ثانية.

هنا يظهر (الأسد- كليلة) شخصيتين متفقتين كل واحد مع الآخر في إقرارهما بوحدة تهديم الصداقة مع دمنة. وذلك كالآتي:

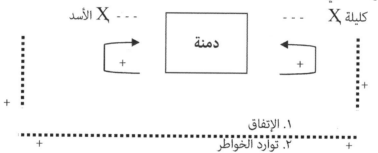

١. الإتفاق
٢. توارد الخواطر

([٤٥٢]) ينظر: م. ن/ ٢٧٤.

([٤٥٣]) عبد الـلـه بن المقفع - شخصيته- لغته - آراؤه الحكمية/ ٢٧٤.

([٤٥٤]) كليلة ودمنة/ ١٦٢- ١٦٣.

اي ان البنية السردية القائمة بذاتها تشتمل على دائرتين:

الأول: دائرة القص:

تتضمن الوحدات الشكلية وفيها: الموضوع (تهديم الصداقة) والمكان (الخروج والدخول لدمنة) والزمان (قبل ومع وبعد قتل الثور) والحدث الدرامي صراع ورغبة (العودة الى المرتبة السابقة) والشخصيات (المساعدة والمعارضة) والتصفية النهائية (البقاء وجها لوجه - كليلة + دمنة، دمنة + الأسد)، كما تتضمن الوحدات النفسية وفيها الصدفة والمفاجأة (عدم قبول كليلة لدمنة). والإنفعالات الوجدانية(ندم الأسد بقتل الثور، معاتبة كليلة لدمنة) والتشويق العاطفي (تهديم الصداقة الثنائية بين الأسد والثور والندم الكلي للأسد بعد إنتهائه من الثور - الآخر - كي يعامله)[٤٥٥].

والثانية دائرة السرد[٤٥٦]:

وتتضمن الحكي (حكي الحدث) والتبئير (التعمق في متابعة الأحداث من قبل الأسد وعائلته وأعوانه) والحوافز (تجميع الوحدات في الحوارات السردية بين كل من (كليلة ودمنة، دمنة والأسد وأعوان الأسد، الأسد وأعوانه، الأسد وعائلته [الأم]). ووجهة النظر (نقاط التشابه والإختلاف السردي لوحدة التهديم الصداقي في الحكايات وخاصة في باب الفحص عن أمر دمنة بصورة مستمرة)[٤٥٧] إن الترسيمة السردية الآتية توضح الأبعاد الماورائية لوحدة التهديم السردي للصداقة في باب الفحص عن أمر دمنة:

---

(٤٥٥) ينظر: لسانيات النص (نحو منهج لتحليل الخطاب الشعري)/ ٣٣.

(٤٥٦) نظرية السرد من وجهة نظر الى التبئير/ ٥٧- ٨١.

(٤٥٧) ينظر: لسانيات النص (نحو منهج لتحليل الخطاب الشعري)/ ٣٣.

١. أ. الوحدات الشكلية:

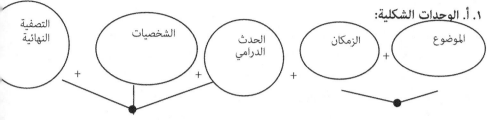

الأمان من اجل الندم عن تهديم الصداقة العبرة لمن يهدم صداقته مع المخلص.

١. ب. الوحدات النفسية:

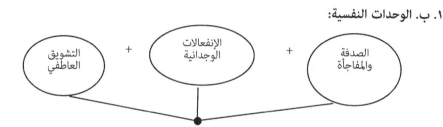

الندم الكلي عن طريق العلاقة المعنوية (علاقة الصداقة والأخوة)

٢. دائرة السرد:

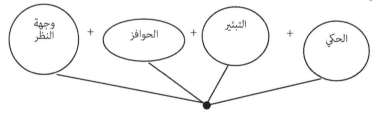

طريق السلامة والسير مع ظهور الحقائق من اجل
الوصول الى الحقيقة عن طريق السلطة القضائية

ومن الترسيمتين الناتجتين عن دائرة القص ودائرة السرد نجد ان باب الفحص عن أمر دمنة يظهر أمر دمنة بعد ان أفسد العلاقة بين الأسد والثور بالنميمة والإحتيال. وكيف سارت الدعوى وكيف كان دفاع دمنة أخيرا. نتيجة محاولته وقيامه بالتهديم والتحطيم للصداقة الموجودة بين الأثنين (الأسد+الثور)[٤٥٨]. فالإتيان بشاهدين يظهر كوحدة سردية قوية لعدم تهديم الصداقة الموجودة ومنع وقوع الأسد

(٤٥٨) ابن المقفع (حنا الفاخوري)/ ٤٠ – ٤١.

(الملك) مرة أخرى في (باب الفحص عن أمر دمنة)، في مأزق آخر، والإعتماد على شاهدين موضوع قانوني وشيء شائع في الأديان والقوانين. كما أتى الأسد بشاهدين:

"فلما شهد النمر بذلك. أرسل الفهد المسجون الذي سمع إقرار دمنة وحفظه الى الأسد. فقال: ان عندي شهادة فأخرجوه فشهد بما سمع إقراره. فقال لهما الأسد: ما منعكما ان تقوما بشهادتكما وقد علمتما أمرنا وإهتمامنا بالفحص عن أمر دمنة؟ فقال كل واحد منهما: قد علمت ان بشهادة الواحد لا تجب حكما فكرهت التعرض لغير ما يمضي به الحكم ... فقبل الأسد قولهما. وأمر بدمنة ان يقتل ويصلب على رؤوس الأشهاد"[459].

ان هذه الإستمرارية في افتقاره للأسد تدل على مقصدية مباشرة حتى لا يقع في خطأ فادح آخر. ويهدم صداقته مع دمنة كما فعل مع الثور. لكن الحقيقة الواقعية تجعله يعتمد على شاهدين وقولهما. وتكون المحاكمة عادلة إذا إعتمدت على شاهدين صادقين وهذا يثبت العدل الكلي لدولة الملك (الأسد) كي يعطي صاحب الحق حقه ويأخذ عن الآخر ما يكسبه بالحيلة والخداع.

ان هذا النوع من اللجوء الى السرد فرضته ضرورة تعليمية. فبما ان العامة بحاجة الى التعليم وبما ان التعليم لا يكون فعالا إذا إكتفى بمخاطبة عقولهم. فلا مندوحة من الإستعانة بالخيال. أي بالسرد. لا مندوحة من اللجوء الى الغرابة. وأية غرابة أقوى من جعل الحكمة والكلام البليغ على ألسنة البهائم والطير؟ الغرابة هي ما يخالف العادة وفي هذه المخالفة يكمن سر إنجذاب العامة الى مضمون الكتاب. فيستقبلون الحكمة وهم لا يشعرون[460].

من خلال هذا نعلم ان وحدة التهديم للصداقة القائمة في هذه الحكاية هي من اجل تعليم الآخرين وعدم وقوعهم في الأخطاء القاتلة دون التفكير فيها.

_____

[459] كليلة ودمنة/ ١٨٥ – ١٨٦.

[460] ينظر: الحكاية والتأويل/ ٣٦.

ففي حكاية البوم والغربان:

"زعموا ان جماعة من الكراكي لم يكن لها ملك. فأجمعت أمرها على ان تملك عليها ملك البوم. فبينما هي في مجمعها إذ وقع لها غراب. فقالت: لو جاءنا هذا الغراب لإستشرناه في أمرنا. فلم يلبث دون ان جاءهن الغراب فإستشرنه. فقال: لو ان الطير بادت من الأقاليم وفقد الطاوس والنبط والنعام والحمام من العالم لما إضطررتن الى ان تملكن عليكن البوم التي هي أقبح الطير منظرا وأسوؤها خلقا وأقلها عقلا وأشدها غضبا وأبعدها من كل رحمة ..."[٤٦١].

من وجهة نظر واحدة نستطيع ان نتحدث عن إنعكاس الدور هنا عندما ينتقل الغراب البخيل المتشائم من كونه فاعلا الى ضحية. فإن الفعل من وجهة نظر الأحداث التي اصبح بها الغراب ضحية ليس في حاجة لأن يعكس. أي فعل يكون هو نفسه قد قام به. فما زال من الممكن ان يكون كنتيجة مباشرة لأفعاله هو. ففي هذه الحالة الغراب هو الذي ينشيء الحالة التي يقع هو نفسه ضحيتها. وهذا يتضح من حقيقة ان جميع الضحايا من الغربان يقعون ضحية بخلهم ذاته. وفي حكايتنا هذه (البطل) ضحية، لكن من بخله هو ولأفعاله هو. وهذا يضعه في مجال نزعة تصبح بها حالة أي شخص يعاني من شيء يكون نتيجة خطئه هو. وهذه النزعة هي إمتداد لمبدأ الإنعكاس[٤٦٢].

ان مهاجمة العدو هنا لم تأت إعتباطيا وإنما جاءت نتيجة ما حدث في سابق الزمان وهو الإقرار الأناني للغراب عندما يدخل بين البوم والكراكي كي يحل مشكلتهم. ومن المعلوم ان لهذا سردا تاريخيا كي يعكس هذا مستقبلا كما حدث في مهاجمة البوم على الغربان وقتلهن في جحورهن.

ان وحدة تهديم الصداقة في مثل الأرنب والفيلة تأتي عندما يدخل الفيلة الى العين الموسومة بعين القمر للأرنب ويحتلونها، لكن سرعة التفكير والخدعة الكلية

---

(٤٦١) كليلة ودمنة/ ٢١٢- ٢١٣.

(٤٦٢) ينظر: بناء النص التراثي (دراسات في الأدب والتراجم)/ ٥٤.

للأرنب الداهية (فيروز) هما الوحدتان القويتان كي تعود الأرنب الى ما تملكه (العين) ورفض إحتلالها من قبل الفيلة وأعوانهم بسبب عطشهم.

وقالت الأرنب عندما يدخل الفيلة: "ان القمر أرسلني اليك والرسول غير ملوم فيما يبلغ وان أغلظ في القول ... قال ملك الفيلة: "فما الرسالة؟ قالت: يقول لك (...)، فأرسلني اليك فأنذرك، لا تعود الى مثل ذلك، لأنه ان فعلت يغشي على بصرك ويتلف نفسك ويتلف نفسك ... فأدخل الفيل خرطومه في الماء فتحرك فخيل الى الفيل ان القمر إرتعد. فقال: ما شأن القمر إرتعد؟ أترينه غضب من إدخالي خرطومي في الماء؟ قالت فيروز الأرنب: نعم"[٤٦٣].

فتهديم الصداقة هنا لم يكن تهديما بالقوة وإستخدامها من قبل الأرنب لأن الكل يعرف الفرق الشاسع بين قوة الأرنب والفيل وضخامة الفيلة مقارنة بالأرنب وخوف الأرنب من الفيل شيء حقيقي لانه يطأها بارجله ويقتلها بل ان قوة العقل وحسن الرأي والأدب للأرنب وحدة سردية قوية تتمثل في الدخول على الفيل وابعاده عن عين القمر المعروفة بكثرة الماء. فالأرنب هددت الفيل بتوجيه رسالة من القمراليه، وظل القمرعندما يتحرك في الماء في الليل شيء طبيعي وفيزيائي من خلال الصورة العكسية ولا علاقة له بتهديد الفيل، وهذا قريب من الفكر الأسطوري وليس له أية حقيقة واقعية. وتظهر الأرنب كمرسل من قبل القمر ويحمل رسالة منه. فالحيلة والمخادعة للأرنب هما الوسيلتان الناجحتان للأرنب في إستخدامها ومواجهتها للفيلة وخاصة عندما يأمر القمر بإبعاد الفيل عن العين. نستطيع ان نؤيد الفيل إذا رفض كلام الأرنب وحركة ظل القمر في الماء. لكن قبوله بكلام الأرنب وحركة القمر هما الوحدتان الأساسيتان كي يبعد الفيل عن العين وبقاءه بقرب العين وبقاء الصداقة بين الفيلة والأرنب من جهة والأرنب والقمر من جهة ثانية. فالأرنب هي التي تنصح الفيلة كي لا يكسر القيود الأسطورية من خلال محاولتها تهديد الفيل من قبل القمر. والأرنب هي التي هدمت العلاقة مع الفيل خوفا من كثرة إستخدام

---

(٤٦٣) كليلة ودمنة/ ٢١٤ - ٢١٥.

الماء من قبل الفيل بسبب كثرة عددهم وضخامة أجسادهم وإستخدامهم الكثير للماء. فالأرنب هنا هي التي هدمت الصداقة مع الفيلة لكن التهديم وحدة أتت من خلال تهديم الصداقة بين الأثنين الآخرين لمصلحة الذات كما في الترسيمة الآتية:

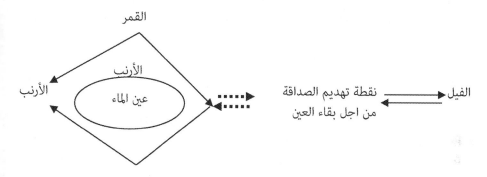

ان هذا التبدل الدوري من الأرنب الى القمر من اجل إبتعاد الفيل وعدم تهديم الصداقة القليلة القائمة (إذاكانت موجودة) المباشرة بين الفيل والأرنب، يكون واحدا من التبدلات السردية. ونقصد به الرؤيات في حال إشتغالها وتجاوزها وعلاقة بعضها ببعض كما في إشتغال دور القمر نيابة عن الأرنب وعلى لسان الأرنب. والقوة الأسطورية للقمر من خلال تدخله ومهاجمته على الفيلة.

إن نقط التقاطب للأرنب والفيلة تقع بين الناظم الخارجي والفاعل الذاتي. وإن الناظم الداخلي والفاعل الداخلي يقعان في المستوى.

إن الفردانية في طرح الرأي لتهديم وحدة الصداقة في حكاية البوم والغربان هي التي تدير الأحداث أي ان اللهجة الفردية (Idiolct) هي الكلام الفردي الذي لا يمكن ان نعزوه الى مؤثرات ترجع الى الجماعة أو المجموعة التي ينتمي اليها الفرد. وهذه الجوانب هي نوع من التنويعات الحرة التي تبرز اصالة الفرد من حيث علاقته بغيره، أو تبرز خصوصية إستخدامه اللغة من حيث مقارنته بغيره[٤٦٤].

([٤٦٤]) ينظر: عصر البنيوية من ليفي شتراوس الى فوكو/ ٢٧٥.

"وكان هنا ك بوم حاضر قد سمع ماقالوا فقال الغراب: لقد وترتني أعظم الترة ولا أعلم أنه قد سلف مني اليك سوء أوجب هذا ... ونار الحقد لا تخبو أبدا. وقد غرستم معاشر الغربان بيننا وبينكم شجر الحقد والعداوة والبغضاء"[٤٦٥].

فهذه الفردانية السلبية للغراب لم يكن رأي الغربان كلها، لكن المقابل يرى هذا لأن هذه المداخلة هي مداخلة المصلحة والصلح بين الطرفين فلو تديرها بشكل جيد فستكون النتيجة جيدة وفرحة لكن إذا تديرها بشكل سلبي فستكون العاقبة وخيمة. كما في مهاجمة البوم على الغربان وبالعكس.. "وهذه المداخلة تعتبر إنحرافا كليا وغير مساير للمعايير التي يحددها المجتمع أو التي تتحدد بثقافة سائدة. وذلك الموضوع يحتاج الى القوة من اجل حسم الخلاف والجدل المستمر لهذه المصالحة المنتهية بتهديم الصداقة عبارة عن عملية الصراع المتبادل بين الطرفين المتناقضين على نحو يغيير كلاهما"[٤٦٦].

نتيجة لهذا الإنحراف الآتي عن فردانية الرأي وطرحه تظهر وحدة تهديم الصداقة كأقوى الوحدات كما في:

"ففعل الغربان ذلك فأهلكن البوم قاطبة ورجعن الى منازلهن سالمات آمنات"[٤٦٧] أي ان المهاجمة والهلاك تـأتي نتيجة الوحدة التهديمية للصداقة كالآتي:

([٤٦٥]) كليلة ودمنة/ ٢١٧.

([٤٦٦]) عصر البنيوية/ ٢٦٩.

([٤٦٧]) كليلة ودمنة/ ٢٢٨.

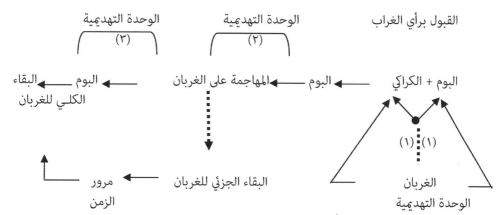

وفي باب القرد والغيلم تأتي علاقة الصراع الناتج عن الرغبة والعمل على تحقيقها وحدة قوية لظهور وحدة التهديم السردي للصداقة.

"زعموا ان قردا كان ملك القردة يقال له ماهر. وكان قد كبر وهرم. فوثب عليه قرد شاب من بيت المملكة فتغلب عليه وأخذ مكانه فخرج هاربا ...[٤٦٨]".

ان الصراع من أجل البقاء والوصول الى السلطة يأتي نتيجة إرادة القرد الشاب بالحصول على لقب الملك والسيطرة على المملكة. ونتيجة لمبارزة الأثنين فاز الشاب على القرد المسن. وأدى هذا الى هرب المسن من المملكة وعدم بقائه مع الأعوان والإخوان. أي ان وحدة التهديم هي الوحدة الأساسية لظهور التحول الإتصالي والإنفصالي كالآتي:

---

[٤٦٨] كليلة ودمنة/ ٢٣٧.

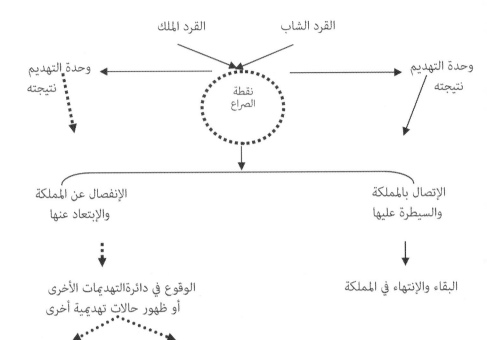

القرد الشاب   القرد الملك

نقطة الصراع

وحدة التهديم → ← وحدة التهديم
نتيجته   نتيجته

الإنفصال عن المملكة   الإتصال بالمملكة
والإبتعاد عنها   والسيطرة عليها

الوقوع في دائرة التهديمات الأخرى   البقاء والإنتهاء في المملكة
أو ظهور حالات تهديمية أخرى

الغيلم والقرد   الغيلم وزوجته

فحكاية القرد والغيلم من الحكايات ذات طابع الهدم لوحدة الصداقة في كليلة ودمنة وخير دليل على ذلك اولى التهديمات للصداقة بين الشاب والمسن. وظهر بعد ذلك:

"طالت غيبة الغيلم عن زوجته. فجزعت عليه وشكت ذلك الى جارة لها وقالت: قد خفت ان يكون قد عرض له عارض سوء فأغتاله فقالت لها: ان زوجك في الساحل قد ألف قردا وألفه القرد فهو مؤاكله وشاربه ..."(469)

فالبقاء خارج دائرة الزوجة والغياب عنها من قبل الغيلم (الزوج) يشكل نوعا من التوقف الحالة الزوجية "والتوقف هنا هو الذي يؤدي الى تهديم الصداقة للوحدة العائلية. فالتوقف هو الشكل السردي الذي يعطي فرصة تامة لوصف الأشياء وهذا عن طريق مقاطع نصية مستقلة"(470) أو وحدة الإحتمالية: "قالت الزوجة: قد خفت

(469) كليلة ودمنة/ ٢٣٨.

(470) نقلا عن: الرؤية السردية و الإجتماعية في روايات غائب طعمة فرمان وإبراهيم أحمد/ ١٢٧.

ان يكون قد عرض له عارض سوء فأغتاله"[٤٧١] وعلى حساب المجرى الزمني داخل البنية الحكائية "**وطالت غيبة الغيلم عن زوجته**"[٤٧٢] ان القصد الكلي للزوجة والجارة هنا بمثابة الوحدة الأساسية لتهديم الصداقة القائمة بين القرد والغيلم في مكان الثاني خارج مكان العائلة. وهذا من اجل عدم رجوع الغليم مرة أخرى الى صديقه سالما. وإنما القصد من الرجوع هو الإتيان بقلب القرد كدواء لمرض الزوجة. ومن المعلوم ان الإتيان بالقلب أمر صعب وإنما يحتاج الى القتل والذبح ...الخ وهكذا ولأن الصعوبة هنا أكثر من درجة ١٠٠% لأن الفضاء الذي يعيش فيه القرد فضاء بريا في حين ان فضاء الغيلم فضاء مائي.

"**قال الغيلم: هذا أمر عسير من اين لنا قلب قرد. ونحن في الماء؟ ويبقى متحيرا. ثم قال في نفسه مالي قدرة على ذلك إلا ان أغر بخليلي وصاحبي ...**"[٤٧٣] يستدعي هذا الوضع النظر في هذه الحكاية الداخلية المتضمنة. ويجدر الإهتمام هنا بمتابعة ما يتصل بالقرد من قضايا وأبرزها أمران:

الأول:

يتعلق بالصداقة: حيث نلحظ ورودها امرا مساعدا في عملية السعي لبلوغ اللذة الوهمية وامرا معارضا في عملية السعي نفسه نحو الهلاك الفعلي والى كون البعد الأخلاقي يصلح ان يعتمد مقياسا لهذا العقل في التصرفات بين الأصدقاء بحيث يؤخذ بما هو خير ويستبعد ما هو شر بما يتضمنه ذلك من إدانة واضحة للخيانة والغدر والكذب ومن دعوة الى الوفاء والأمانة والصدق بين الأصدقاء. في هذا الإطار يجدر اخذ علاقة الغيلم بزوجته، وعلاقة الزوجة بصديقتها بنظر الاعتبار. بالتالي الحذر من النساء وما يجدر إستنتاجه من ضرورة حسن إختيار الأصدقاء كي لايغدروا كما فعل الغيلم. أو كي لا يسيئوا النصيحة كما فعلت الصديقة ومن

---

(٤٧١) كليلة ودمنة/ ٢٣٨.

(٤٧٢) كليلة ودمنة/ ٢٣٨.

(٤٧٣) كليلة ودمنة/ ٢٣٨.

ضرورة تعميق معرفتهم وعدم إغفال شؤونهم كي لا يفوت العلم بحقيقة أحوالهم ومايطرأ عليهم من تحول قد يسيء اليهم والى من يعاشرهم.

الثاني:

خاص بالعلاقة بين القوة والعقل: فإذا كان موقع العقل هو الذي يحسم مصير أي عملية سعي. فإن وروده مساعدا في العملية الثانية الخاصة بنجاة القرد إزاء سيطرة الغيلم كمعارض يبين إنتصاره على هذا الأخير ففي عملية الصراع والمواجهة بينهما. كان القرد على ظهر الغيلم في البحر واقعا في قبضته خاضعا لسطوته. بل ان حياته كلها كانت رهن مشيئته، و في تمكن القرد بذكائه من الإفلات منه والخلاص بنفسه. وهو ما لم يكن يستطيعه بقوته، دليل على تفوق العقل على القوة[٤٧٤].

وسيطرة العقل على القوة هي الوحدة المؤدية للنجاة والإنقاذ والهروب من الخطر مع فقدان الثقة بالصديق والقيام بتهديم الصداقة القائمة بينهما. **"فلما قارب الساحل وثب عن ظهره فأرتقى الشجرة"[٤٧٥].**

هذا المقطع يؤكد تهديم الصداقة القائمة بين القرد والغيلم بالحيلة والخدعة الناتجتين عن إستخدام العقل دون اللجوء الى القوة. لأن القوة في مثل هذه الأحوال ليست مساعدة للقرد والفضاء المكاني (الماء) لم يكن مساعدا له. لأنه لا يستطيع القيام بأي شيء في هذا الفضاء. لكن الغيلم باستطاعته ان يستخدم أبسط درجات القوة في هذا الفضاء المائي ضد القرد ويستخدمها كيفما يريد. بالمقابل ان وحدة العقل وحدة مسيطرة ومنتهية إنتهاء كليا بوحدة القوة. ان وحدة تهديم الصداقة وحدة سلبية في حكاية الملك والطائر فنزة، وأيضا وحدة رمزية بارزة ومؤدية الى ظهور الطبائع والأفكار. وقد أصبحت الطبائع والأفكار رمزا للحقائق في مثل هذه الطبيعة عن طريق الأفعال. لكن يمكن ان تتم الدلالة عليها. وهي الحالة بالضبط في

---

[٤٧٤] ينظر: في دلالية القصص وشعرية السرد/ ٣٣٥ - ٣٣٦.
[٤٧٥] كليلة ودمنة/ ٢٤١.

مقتطفات (الطائر) في عدم إستسلامه بعد قتل فرخه من قبل غلام الملك، فالفعل الناتج عن التهديم الآتي عن القتل يرمز الى تشاؤم الحيوان في العيش مرة أخرى مع الإنسان وإختلاطه به[٤٧٦] لكن الطائر يقوم بعد ذلك بالقتل والتهديم للصداقة بالدلالة على ذلك بإتيان أقوال وحكم كثيرة ناتجة عن التجربة الشخصية وليس عن تجربة الآخرين، فالطائر لم يأت بحكايات فرعية أبدا وإنما إستمر في سرد الأحداث ومقابلتها بما جرى سابقا من الأحداث المتشابهة. ودون الأستسلام والإيمان بأقوال الملك بعد فقء عيني ابن الملك. ان قوة الملك على التأثير في الطائر لم تكن قوية ومدعمة بالإستدلالات القوية والمؤثرة لأن شدة تأثير قتل الفرخ من قبل الغلام أثرت تأثيرا قويا، ففي الطائر وساعده هذا التأثير كي يقوم بفقء عين ابن الملك وهروبه من بطش الملك. فالطائر ناقش الملك أكثر من ست مرات. وكانت محاورة الملك معه دون فائدة في إقناعه كي يعود الى الملك لأن ابن الملك سحب البساط من تحت قدميه وآذاه وذلك بقتل فرخه.

والمحاولات الست تكون كالآتي.

١. **قال فنزة: "لست براجع اليك أبدا ..."**[٤٧٧].
٢. **قال فنزة: "أعلم ان الأحقاد لها في القلوب مواضع ممكنة موجعة ..."**[٤٧٨].
٣. **قال فنزة: "ان كثيرا من العدو لا يستطاع بالشدة والمكابرة حتى يصاد بالرفق والملاينة كما يصطاد الفيل الوحشي بالفيل الداجن"**[٤٧٩].
٤. **قال فنزة: "ان الأحقاد مخوفة حيث كانت وأخوفها أشدها ما كان في أنفس الملوك. فإن الملوك يدينون بالإنتقام"**[٤٨٠].

---

(٤٧٦) ينظر: نظريات القراءة من البنيوية الى جماليات التلقي/ ٥٠.

(٤٧٧) كليلة ودمنة/ ٢٥٨.

(٤٧٨) كليلة ودمنة/ ٢٥٨.

(٤٧٩) كليلة ودمنة/ ٢٥٩.

٥. قال فنزة: "ان ابنك قتل ابني وأنا فقأت عين ابنك. وأنت تريد ان تشتفي بقتلي وتختلني عن نفسي والنفس تأبى الموت. وقد كان يقال: الفاقة بلاء، والحزن بلاء، وقرب العدو بلاء، وفراق الأحباء بلاء، والسقم بلاء، والهرم بلاء، ورأس البلايا كلها الموت"[٤٨١].

٦. قال فنزة: "ان الرجل الذي في باطن قدمه قرحة. ان هو حرص على المشي لا بد ان تنكأ قرحته. والرجل الأرمد العين إذا استقبل بها الريح تعرض لأن تزداد رمدا وكذلك الواتر إذا دنا من الموتور فقد عرض نفسه للهلاك"[٤٨٢].

ان هذه الأقوال الناتجة عن التجربة الشخصية للطائر تؤكد إرادة الطائر في تهديم صداقته مع الملك وأيضا تريد الإبتعاد عنه. ان الطابع الذي يتشكل بهذه الصورة يجب ان يكون متميزا عن الشخصية، فليس لكل شخصية طبع، بل هي مقطع من عالم مكاني وزماني ممثل فقط، وإن الشخصية في كونها عاملا في مجموعة من الأفعال وعندما تكون الحتمية النفسية البارزة فيها. فإنها تتحول الى طبع و إنه يتصرف بهذا الشكل (عدم الثقة والإيمان بالملك) لأنه جريح[٤٨٣].

ففي حكاية الأسد وابن آوى يومىء السرد، من زاوية عرضه لنا الى صورة التضاد الحاصل بين فضائين متناقضين:

● فضاء العيش الجماعي: (العيش مع الملك وأصحابه). يمثل هذا الحياة بقسوتها وشظف العيش فيها.

(٤٨٠) كليلة ودمنة/ ٢٥٩.
(٤٨١) كليلة ودمنة/ ٢٥٩ – ٢٦٠.
(٤٨٢) كليلة ودمنة/ ٢٦١.
(٤٨٣) ينظر: نظريات القراءة من البنيوية الى جماليات التلقي/ ٥٠ – ٥١.

● **فضاء العيش الفردي:** (ابن آوى الزاهد الناسك بمفرده في بعض الادغال). يمثل هذا العيش الفرداني المختار (العيش الدنيوي) من اجل الآخرة أي ان ثنائية العيش هنا قائمة على التضاد:

العيش الدنيوي × العيش الديني (التزهد والنسك ...)

ان عدم العيش في الفضاء الجماعي من قبل ابن آوى هو من اجل الا يقوم بتهديم الصداقة الجزئية إذا كانت موجودة بينه وبين الآخرين (الأسد وأعوانه)، لكن شدة تمسك الأول بالبحث عن أشخاص صالحين في إدارة الأعمال كي يمنحهم سلطة إدارة الأعمال وأسرار الملك يؤدي بالملك الى إختيار ابن آوى كرمز للوفاء والبراءة والصدق في الأمور وإدارتها وعدم إرادته في تشويه الحقائق ... إلخ.

فكل هذه الأسباب أثرت في الملك كي يختاره.

"فأرسل يستدعيه. فلما حضر كلمه وآنسه فوجده في جميع أموره على غرضه ثم دعاه بعد أيام الى صحبته وقال له: تعلم ان عمالي كثير وأعواني جم غفير. وأنا مع ذلك الى الأعوان محتاج. وقد بلغني عنك عفاف وأدب وعقل ودين. وقد إختبرتك فوجدتك كذلك فأزددت فيك رغبة ..."(٤٨٤).

مع هذه الأسباب أثرت شدة تمسك ابن آوى بالزهد والنسك والعبادة والعيش بصورة منعزلة عن الآخرين فيه، كي لا يختلط بهم، لأنه يعرف عدم قبول الآخر بدخول شخص جديد في أموره وإدارته للأعمال وشؤون مملكته. ولم يمر زمن حتى زادت مكانة ومنزلة ابن آوى لدى الأسد ولم يتقبل الآخرين كما توقع ابن آوى وهم يكرهونه على ذلك: **"فلما رأى أصحاب الملك ذلك غاظهم وساءهم فأجمعوا كيدهم وإتفقوا كلهم على ان يحرشوا عليه الأسد ..."**(٤٨٥).

---

(٤٨٤) كليلة ودمنة/ ٢٦٨.

(٤٨٥) كليلة ودمنة/ ٢٧٠.

ان الأسبقية لمعرفة هذا تعود لأبن آوى وهو يتوقع مثل هذه الأقوال والأفعال ولم يقبل السلطة والتقرب منها. وإن حب ابن آوى ووفائه للأمور يؤدي الى قيام أعوان الأسد بتهديم صداقته مع الأسد وقد فعلوا ذلك.

"وكان الأسد قد إستطاب لحما فعزل منه مقدارا وأمر ابن آوى بالإحتفاظ به وأن يرفعه في أحصن موضع طعامه وأحرزه ليعاد عليه. فأخذوه من موضعه وحملوه الى بيت ابن آوى فخبأوه فيه ولا علم له به. ثم حضروا يكذبونه إذا جرت في ذلك حال" (٤٨٦)

هذه السرقة أثرت في الملك كي يهدم الصداقة القائمة بينه وبين ابن آوى الناسك الزاهد المخلص لشؤون الملك ومملكته. لكن قوة دخول الآخرين الحاقدين في أمور ابن آوى أدى الى وقف الصداقة القائمة بين الأسد وابن آوى وغضب الأسد عليه. بالمقابل ادى تدخل المخلصين في أمور الملك الى تجديد العلاقة وإحيائها مرة أخرى. وتدخل أم الأسد على الموضوع بإعطائها النصائح والحكم لايقاف كره الأسد لابن آوى كي لا يستعجل في الأمور. وهي قامت بكل شيء وأقنعت الأسد كي يتأكد من الأمر، وقد فعل الأسد ذلك، وتأكد من ان ابن آوى لم يقم بهذه السرقة وهو يريد بقاءه معه. لكن ابن آوى رفض البقاء وإختار الرجوع الى مملكته ومكان عيشه المنعزل عن العيش الجماعي. وهو يعرف ان نتيجة البقاء هي التي تؤدي الى القتل والإنتهاء في المرة القادمة حتى يدخل شخص آخر على الملك كي يقنعه بمسار الأمور وحقيقة الأشياء.

ان البقاء في مملكة الظلم والقانون والقيام بالتكتلات (Agglomations) اليومية مع الأصدقاء، يعني ان الملك لم يكن مسيطرا على الأمور ومسارها. وكذلك يعني البقاء معهم هدر كرامة الكائنات وتهديم الصداقة معهم والصراع الدائم الكلي من اجل البقاء الآني الجزئي ولو ينتهي ذلك بضرر الآخرين. لأن النتيجة النهائية هي الموت والإنتهاء كما في الترسيمة الآتية:

---

(٤٨٦) كليلة ودمنة/ ٢٧٠ – ٢٧١.

الصراع الكلي ← من أجل ← البقاء الجزئي ← عدم القدرة في الصراع ضد الموت

ان التكتلات الجماعية من اجل الحصول على المصالح الخاصة أو من اجل الثأر وحدة سردية مساعدة لظهور وحدة تهديم الصداقة. ففي حكاية إيلاذ وبلاذ وإيراخت يأتي التكتل الجماعي (Agglomat Association) للبراهمة من اجل الثأر وإنتشار الفتنة وزرعها داخل عائلة الملك وأعوانه المخلصين (الزوجة إيراخت، وإيلاذ الوزير) بصورة خاصة كي يبعدهما الملك. فالبراهمة بدأوا بتقديم آرائهم بقالب نصائحي للملك عندما شرح لهم الملك حلمه. وهم فسروه بعد مشاورة جماعية بصورة خاطئة كي يعذبوا الملك ثأرا لقتله إثني عشر ألف برهمي.

"فإنا قد نظرنا في كتبنا فلم نر أيدفع عنك مارأيت لنفسك وما وقعت فيه هذا الشر الا بقتل من نسمي لك.فإن قال الملك: ومن تريدون ان تقتلوا؟ سموهم لي ...، قلنا: نريد الملكة إيراخت أم الجوير المحمودة أكرم نسائك عليك، ونريد جوير أحب بنيك اليك وأفضلهم عندك، ونريد أخيك الكريم، وإيلاذ خليلك وصاحب أمرك ..."(٤٨٧).

فهذا يثبت الثأر الكلي للبراهمة من الملك، وأحب أصدقائه أثر تأثيرا كبيرا في الملك وفكرفيه، ووقع في الحيرة والقلق هل يفعل هذا أم لا؟ وقال لهم:

"الموت خير لي من الحياة ان أنا قتلت هؤلاء الذين عديل نفسي وأنا ميت لا محالة والحياة قصيرة ولست كل الدهر ملكا، وإن الموت عندي فراق، وفراق الأحباب سواء فضلا عما ارتكبه من الإثم في قتلهم"(٤٨٨).

فكلام الملك يجسد الفكرة ذات البعد الاحتمالي، والملك هنا يظهر كشخص مثقف ذي شخصية عميقة وهو يريد ان يختار الموت لنفسه ولا لأحبائه. أي أنه لايريد ان يهدم الصداقة الإنسانية مع الوزير ولا الزوجة ولا ابن أخيه. ولا مع

(٤٨٧) كليلة ودمنة/ ٢٨٢.

(٤٨٨) كليلة ودمنة/ ٢٨٣.

المقربين كأمين سره ولا القتالية مع سيفه ولا الحيوانية مع الفيل الأبيض ولا مع الفرس مركبه في القتال ولا مع رمز سرعته البختي. ولا مع مدافعه كباريون، وهو الذي قتل البراهمة بأمر من الملك. لأن هؤلاء هم رمز السعادة والصداقة للملك. ومن خلال هذا التفكير الفلسفي والمنطقي للملك نرى "الإزدواجية الشخصية للملك، وأن نقطة تصادم الشخصيتين للملك عبارة عن نقطة النزاع المعرفي، إذ يحاول كل طرف ان يبرهن للآخر صحة دعواه"[٤٨٩].

التغيير في إختيار أحدهما يؤدي الى ظهور حالة ثالثة ومستقرة وقتيا إذ لو حدث له شيء أو مشكلة كما في الترسيمة الآتية:

فتهديم الصداقة تغير الى ترسيمة قوية صداقية عند دخول الزوجة على الملك بدفع من الوزير ذلك من خلال الدخول بصفة الحالة الزوجية (الزوج ← → الزوجة) والسؤال عن ما جرى للملك، وبهذا الدخول تغير موقف الملك في حكي حلمه للبراهمة الى قوة مفرطة في وحدة تهديم الصداقة لتحريك الصداقة من:

قوي ← أقوى ← الأقوى

وخاصة عندما فسر الحكيم الحلم للملك بصورة صائبة ودقيقة كالآتي:

قال الحكيم: "لا يحزنك أيها الملك هذا الأمر ولا تخف منه، أما السمكتان الحمراوان اللتان رأيتهما قائمتين على ذنبيهما فإنه يأتيك رسول من ملك هيمون بعقدين مكللين بالدر والياقوت الأحمر قيمتها أربعة آلاف رطل من ذهب فيقوم بين يديك، وأما الوزتان اللتان رأيتهما طارتا من وراء ظهرك فوقعتا بين يديك. فإنه يأتيك من ملك بلخ فرسان ليس على الأرض مثلهما فيقومان بين يديك.

(٤٨٩) ينظر: البنيات الدالة بين كليلة ودمنة والف ليلة وليلة/ ٧٩.

وأما الحية التي رأيتها تدب على رجلك اليسرى فإنه يأتيك من ملك صنجين من يقوم بين يديك بسيف خالص الحديد لا يوجد مثله. وأما الدم الذي رأيت كأنه خضب به جسدك فإنه يأتيك من ملك كارزون من يقوم بين يديك بلباس معجب يسمى حلة أرجوان يضيء في الظلمة.

وأما ما رأيت من غسلك جسمك بالماء فإنه يأتيك من ملك رهزين من يقوم بين يديك بثياب كتان من لباس الملوك.

وأما ما رأيت من أنك على جبل أبيض فإنه من ملك كيدور، من يقوم بين يديك بفيل أبيض لا تلحقه الخيل. وأما ما رأيت على رأسك شبيها بالنار فإنه يأتيك من ملك الأرزن من يقوم بين يديك من إكليل من ذهب مكلل بالدرر والياقوت وأما الطائر الذي رأيته ضرب رأسك بمنقاره فلست مفسرا لك اليوم وليس بضارك فلا توجلن منه ولكن فيه بعض السخط ..."[٤٩٠].

ان هذه التفاسير كلها تلمح الى تحريك الصداقة من قوي الى أقوى ومن ثم الى الأقوى عدا التفسير الأخير الذي يلمح الى تهديم أقوى أنواع العلاقات الصداقية وهي العلاقة الزوجية والحالة العائلية بين الملك وزوجته:

"فلما سمعت إيراخت مدح الملك لحورقناه وثناءه عليها وتجهيلها هي وذم رأيها أخذها من ذلك الغيرة والغيظ فضربت بالصحفة رأس الملك، فسال الأرز على وجهه. وكان ذلك تمام تعبير الرؤيا التي عبرها كباريون. فقام الملك من مكانه ودعا بإيلاذ وقال: ألا ترى وأناملك العالم كيف حقرتني هذه الجاهلة وفعلت بي ما ترى؟ فأنطلق بها وأقتلها ولا ترحمها"[٤٩١].

بناء على ذلك يعد تكوين رد الفعل من جانب الملك نتيجة شبه منطقية لتعرضه الى هذه الإهانة، لأن الملوك لا يتقبلون حتى الكلام غير المنسجم مع أفكارهم، والزوجة كسرت كل المعايير عندما هاجمت الملك وضربت بالصفحة رأسه. فهذا

([٤٩٠]) كليلة ودمنة/ ٢٨٨ - ٢٨٩.

([٤٩١]) كليلة ودمنة/ ٢٩٠ - ٢٩١.

يعد أكبر جريمة في حق شخصية الملك، وفي هذه الحالة بسبب عدم وجود التلاؤم المنطقي بين الحدث ورغبة الملك في الانتقال من الشخصية الخيرة الى الشخصية الشريرة، وأمر بالقتل مباشرة دون التفكير فيما سيكون، وإستعجل في الأمر وإختار العنف بدلا من التفكير الهادئ والمصالحة وهذا يؤدي الى نتائج سيئة في المستقبل.

"لأن العنف يولد العنف ومثل هذه التصرفات والمواقف العدوانية من جانب الزوجة في حق الملك يستحق ان يبدل بالإحترام والتقدير، ولا شك ان هذا الموقف سيرد بالرد الحاسم عاجلا أم آجلا، لأن هذه التصرفات بمثابة إعلان حرب ضد سيادة الملك والخروج على طاعته وأوامره"[٤٩٢].

غير ان قرار القتل قد تم إتخاذه عاجلا ولهذا رجع الملك رجعة سريعة من قراره بعد مدة خاصة عندما فكر في عودة الزوجة بعد مدة وناقش هذا طويلا مع الوزير وبعد مناقشات جرت بينهما أتى الوزير بالزوجة وندم الملك على قراره المتعلق بالزوجة وندم على مافعله من قرار تهديمي بينه وبين الزوجة.

(٤٩٢) ينظر: البنيات الدالة بين كليلة ودمنة والف ليلة وليلة/ ٥٧.

المبحث الثالث
الكره والحرب في الحكايات

ان الكره -كما يعرف الجميع- شيء مخفي ومستتر وليس معروضا أو مكشوفا وإنما يفصله عن الذي يطلبه حجاب يجب إزاحته. لا بد من إزاحة الحجاب كي تظهر حقيقة الكره. العملية ليست سهلة. فالفكرة في أغلب الأوقات لا يريد الإنسان ان يعبر عنها بالكلام وإنما نستطيع الشعور بها من خلال ملامح الوجه. هل ان الشخص الكاره يريد التعامل مع المكروه أم لا؟ أم هل أنه (الكاره) يفعل هذا ويريد ان يعرف المقابل (المكروه) أم لا؟ لأن الكلام يعبر عن الفكرة والعلامات تنبئ عما هو كامن في دماغ من يستعملها. أي أنه من خلالها يمكن معرفة ما يدور بخلد المتكلم. هذه النظرة ليست صحيحة، على الأقل ليست صحيحة في كل الأحوال، إذ قد يتحول الكلام الى شبكة لأقتناص ضحية، لإقتناص المستمع، عوضا عن ان تظهر ما يروج بداخل المتكلم، فإن العلامات تصير حجابا يعسر خرقه، وتصير بمثابة الحب الذي يوجد فوق شبكة الصياد والذي يقصد به الخداع[٤٩٣].

ففي حكاية الشيخ وبنيه الثلاثة ان الوالد يلوم أبناءه الثلاث ويعظهم على سوء فعلهم. فطبيعة الإنفعالات النفسية وتباين مواقفها وتأثيرها في إختلاف الظواهر وعدم تماثلها في الحدث الكلامي تظهر بوساطة إحدى هاتين الطريقتين في أية لغة من لغات العالم. أي من خلال الإيقاع في نبرة الكلام نستطيع الشعور بوحدة الكراهية في الكلمات التي تكون الهيكل المعجمي للكلام والطريقتان اللتان يتكون منهما الإيقاع هما:

الايقاع

الضغط النبري — الضغط الصدري (النفسي)

---

(٤٩٣) ينظر: دراسات في القصة العربية – وقائع ندوة مكناس -/ ١٧٩ - ١٨١.

والمقصود بالضغط النبري هو الضغط على الصوت من حيث شدته ورخاوته في حين ان الضغط الصدري هو الضغط الكلي على الكلمات ومحاولة تلاؤم موسيقاها وشدتها مع التغييرات اللازمة في الوجه. وبذلك من الضروري السماع الكلي والتنوعي كي نستطيع تحليل إيقاع الكلام وتصنيفه في حدود الأصوات العامة. ولا يتأتى ذلك الا من خلال دراسة الكلمة من حيث سماتها الإيقاعية. لأنها تجسد علاقة متبادلة بين المقاطع لأن ألفاظ النص تستوحي وتتخيل نتيجة إنفعالات نفسية لا فكرية، بحيث ان إستعمال الألفاظ في معان مجازية هو الذي يكسبها في الغالب الملامح والإيحاءات الكائنة في الوجه. كما أنه هو الذي يمنحها القدرة على تحريك خيال السامع وإثارة الأحاسيس والإنفعالات المختلفة عنده. لأن ألفاظ الإشارات أو الرموز تصبح مجموعة من المشيرات الحسية تثير ذهن المتلقي صورا أو إحساسات. فتحرك بالتالي مشاعره وإنفعالاته[٤٩٤].

من خلال الملامح أو التعبير الظاهر في الوجه أو من خلال الكلمات أو الألفاظ نشعر بالكره الداخلي للشخص الذي يكره الآخر وذلك بسبب من الأسباب كما في كره الوالد لأولاده الثلاثة عندما أسرفوا في صرف مال أبيهم دون التفكير في المستقبل. فلامهم أبوهم على ما فعلوه كي لا يستمروا في البذخ والإسراف.

كما ان من الطبيعي ان يكون الإحساس بالمكان مرتبطا بنوعية علاقته بالشخصية التي تصفه أو بالمكانة التي يديرها الذات[٤٩٥].

أكد (جاستون باشلار)[٤٩٦] في دراسته للمكان، استكناه الظواهر الحسية والشعورية والنفسية. حيث حاول تحديد الأسباب التي تدفعنا للإلتصاق بمكان ما وألفته، ومعرفة الإحساسات التي تحدو بنا لكره المكان.

---

(٤٩٤) ينظر: السمات الصوتية المميزة للإنفعالات الإنسانية في القرآن الكريم (أطروحة)/ ١٧٠ - ١٧٤.

(٤٩٥) ينظر: تقنيات السرد في روايات أحمد خلف/ ٩٧.

(٤٩٦) جماليات المكان/ ٣٨.

قال كليلة لدمنة: "ما شأنك أنت والمسألة عن هذا؟ نحن على باب ملكنا آخذين بما أحب وتاركين ما يكره ولسنا من أهل المرتبة التي يتناول أهلها كلام الملوك والنظر في أمورهم"[٤٩٧].

هنا نجد شدة التمسك بالمرتبة المعرفية والدرجة العقلانية للتلاؤم مع الأحداث والأمور في إدارة الأحوال والأحداث، هي التي تؤثر في كليلة كي يبقى وفيا لمرتبته بعيدا عن السلطة ومؤيديها من أعوان الأسد، وهو يكره الدخول والتقرب أكثر من درجته.

يتضح هذا على الرغم العلاقة الوطيدة الأساسية التي تقوم بين الإنسان والمكان الذي يحتضنه أو يحيط به، فأن أماكن الإقامة لدى هذه الشخصيات (دمنة) لا تنعم ولاتتصف بالحياة السعيدة ولا الحرية المنشودة، ولا الإستقرار والسكينة التي من المفروض ان تنعم بها بل تقترب كثيرا من السجن بما تتضمنه من قيم الإلزام والإحتجاز المألوفة في السجون[٤٩٨].

أدى هذا الإقتراب من السجن الى الموت وإنتهاء الذات من جهة وللآخر من جهة ثانية، وذلك من خلال الفتنة التي يقوم بها دمنة والناتجة عن الحالة النفسية التي يبتلي بها وهي كرهه للثور عندما زاد حبه وإحترامه لدى الأسد وذلك بعدما أتى به دمنة الى الأسد. فالثور بوساطة ذكائه وإحترامه وحبه للمقابل رسخ مكانه في قلب الأسد. ومن خلال هذا تظهر الوحدة الكراهية لدى الآخر (دمنة على الثور)، فهذه الحالة النفسية المؤدية الى تقوية الوحدة السردية في حكاية الأسد والثور ينبغي ان لا يحدث بسبب قيام دمنة بنفسه في إتيان الثور الى الأسد لأن لا ينبغي لصاحب الضيافة ان يخون ضيفه على حساب الآخر وبإسم الآخر. وهذه الوحدة لم تأت بصورة إعتباطية وان الإستباقة السردية لوحدة الكره هي التي تؤدي الى هذا. وذلك من خلال خوار شتربة إذ خار خوارا شديدا بداخل مملكة الأسد.

---

(٤٩٧) كليلة ودمنة/ ١٠٦.

(٤٩٨) ينظر: بنية الشكل الروائي/ ٤٨ وتقنيات السرد في روايات أحمد خلف/ ١٢١.

وأن الأسد عندما خاف من الصوت وكرهه تحرك من مكانه وتهيج هيجانا ناتجا عن الصوت" (خوار شتربة)[٤٩٩].

عندما عرف دمنة شدة تأثير الصوت في الأسد وكرهه للصوت، **قال دمنة للأسد:**

ليس الملك بحقيق ان يدع مكانه من اجل صوت. فقد قالت العلماء: ليس من كل الأصوات تجب الهيبة. قال الأسد وما مثل ذلك؟

مثل الثعلب والطبل: قال دمنة: "زعموا ان ثعلبا أتى أجمة فيها طبل معلق على شجرة وكلما هبت الريح على قضبان تلك الشجرة حركتها فضربت الطبل فسمع له صوت عظيم باهر. فتوجه الثعلب نحوه من اجل ما سمع من عظيم صوته فلما أتاه وجده ضخما فأيقن في نفسه بكثرة الشحم واللحم، فعالجه حتى شقة. فلما رآه أجوف لا شيء فيه قال: لا أدري لعل أفشل الأشياء أجهرها صوتا وأعظمها جثة"[٥٠٠].

ان دمنة يريد ان يؤثر في الأسد كي يقلل من شدة خوفه وكرهه للصوت العالي، ويأتي بهذه الحكاية الفرعية كدلالة قوية لوحدة الكره السردي في ان أتفه الأشياء المكروهة من الناحية الصوتية أجهرها، فلا يقتضي الخوف، ومن المعقول ان يكرهها الإنسان وينفر منها. فهذه الإستباقية الكرهية تجعل العملية السردية المكونة من الثلاثية الموجودة [الأسد، دمنة، الثور] تؤدي الى ظهور نوعين من الثنائية للوحدة الكرهية، فأحدهما لم يكن متعمدا وإنما جاء نتيجة الإلمام الكامل والحب ولصداقة بينهما وهو ثنائية [الأسد والثور]:

"فلما رأى دمنة ان الثور قد إختص بالأسد دونه ودون أصحابه وأنه قد صار صاحب رأيه وخلواته ولهوه حسده حسدا عظيما وبلغ منه غيظه كل مبلغ"[٥٠١].

([٤٩٩]) ينظر: كليلة ودمنة/ ١١٤.

([٥٠٠]) كليلة ودمنة/ ١١٥.

([٥٠١]) كليلة ودمنة/ ١١٨.

لا نستطيع ان نسمي هذه بالوحدة الوحدة الكرهية الكلية الثنائية (الأسد والثور) على دمنة، وإنما هي قريبة من الوحدة الاعتيادية لهما (الأسد والثور) واللاعادية (غير مقبولة) للآخر أي ان هذا يشبه المألوفية الكلية للأسد والثور واللامألوفية الكلية لدمنة. فدمنة يشعران ثنائية الأسد والثور ثنائية مغلقة بوجهه (دمنة) ومنفتحة لهما (الأسد والثور)، في حين ان حقيقة الأمر ليست كذلك وإذ إهتم به الملك (الأسد) من خلال إعجابه بعقل الثور وأدبه أمام الآخرين. "**أصحبني والزمني فإني مكرمك ومحسن اليك، فدعا الثور وأثنى عليه وإنصرف وقد أعجب به إعجابا شديدا لما ظهر له من عقله وأدبه**"[٥٠٢].

وبالمقابل فإن ثنائية (الأسد والثور) ثنائية مكروهة من قبل دمنة:

"**فشكا ذلك الى أخيه كليلة وقال له: "ألا تعجب يا أخي من عجز رأيي وصنعي بنفسي ونظري فيما ينفع الأسد وأغفلت نفع نفسي حتى جلبت الى الأسد ثورا غلبني على منزلتي**"[٥٠٣].

فكلام دمنة يثبت الوحدة الكرهية الفردية لما فعله سابقا. ويريد ان يعود الى ماضيه من خلال بحثه عن المرتبة الضائعة. ويعتمد في هذا المستوى على الإسترجاع الكلي إعتمادا كبيرا على ما جرى وقوعه سابقا[٥٠٤] وهذا التباين الكبير بما فعله دمنة شخصيا ودون مساعدة أي واحد نستطيع ان نسميه (خلاصة خطاب الشخصيات)، التي تتميز بإستعمال كلمات شخصية[٥٠٥].

"**ألا تعجب يا أخي من عجز رأيي وصنعي بنفسي ونظري فيما ينفع الأسد وأغفلت نفع نفسي حتى جلبت الى الأسد ثورا غلبني منزلتي**"[٥٠٦].

---

(٥٠٢) كليلة ودمنة/ ١١٨.

(٥٠٣) كليلة ودمنة/ ١١٨.

(٥٠٤) ينظر: تقنيات السرد في روايات أحمد خلف/ ٥٦، ٧٧.

(٥٠٥) ينظر: بنية الشكل الروائي/ ١٤٦ وتقنيات السرد في روايات أحمد خلف/ ٧٧.

(٥٠٦) كليلة ودمنة/ ١١٧.

فبهذه الكلمات"عبر دمنة عما فعله تعبيرا لفظيا وفعليا وذلك من خلال تندمه لنفسه وإبتعاده عن الأسد والثور. ومن خلال هذا التعبير الآني (زمنيا للزمن الحاضر)، أنه لجأ الى إستخدام أسلوب العرض المكثف والمركز لما سيحصل ضمن حدود زمن القصة الأصلي أي يعود الزمن الحاضر، فالتعرض المكثف يغطي حيزا زمنيا طويلا من زمن الحكاية في مساحة نصية لا تتجاوز الأسطر أو الفقرات القليلة. وهو أقل سرعة من المجمل على مستوى الزمن الماضي"[٥٠٧] ان التمسك بالعودة الى المنزلة السابقة والمرتبة الإدارية والإستشارية لا يسمحان له بأن لا يفكر في مصير الثور، فقد شغل نفسه بصورة عامة بالعودة الى السابق: **قال دمنة: "أرجو ان أعود الى ما كانت حالي عليه"**[٥٠٨].

ان هذا يثبت تمسكه الكلي بالعودة فإن العودة هي التي يمكن ان تقلل عليه كرهه للثور.

هنا يظهر هذا القول إذلاله وهمه في العودة الى ما كان عليه دون اي شيء آخر. من خلال هذا ان جدليات الصراع الناتج عن الكره يأتي من فقدان السلطة نتيجة صراع (إنسان - إنسان، وإنسان - مكان (المرتبة)) يتبين لنا ان سلطة (الزمن/ القدر) هي الناسجة لخيوط الصراع الإنساني وتشكيل حالة التمرئي السالب للمكان المرتبة السابقة[٥٠٩].

وفي قول الأم أثرت وحدة الكره تأثيرا كبيرا في دمنة كي يعمل على تسريع العملية السردية، وفي الحكاية الرئيسة، ما يأتي به دمنة من حكايات لكليلة كي يقنعه بأن يساعده. وبالمقابل فإن كليلة لم يفعل ما يريده دمنة وإنما حاول ان يقلل من احتمال العودة الى الأسد مرة أخرى:

---

(٥٠٧) بنية الشكل الروائي/ ١٥١ وتقنيات السرد في روايات أحمد خلف/ ٧٩.

(٥٠٨) كليلة ودمنة/ ١٢٢.

(٥٠٩) ينظر: جماليات التحليل الثقافي -الشعر الجاهلي نموذجا-/ ١٧١.

- قال كليلة: "ما أرى على الأسد في رأيه في الثور ومكانه منه ومنزلته عنده شيئا ولا شرا"[٥١٠].

- قال كليلة: "وكيف تطيق الثور وهو أشد منك وأكرم على الأسد منك وأكثر أعوانا؟"[٥١١].

- قال كليلة: "إن قدرت على هلاك الثور بشيء ليس فيه مضرة للأسد فشأنك، فإن الثور قد أضر بي وبك وبغيرنا من الجند. وإن أنت لم تقدر على ذلك إلا بهلاك الأسد، فلا تقدم عليه فإنه غدر مني ومنك"[٥١٢].

- "فلما رأى كليلة ان الأسد قد بلغ من القتال ما بلغ قال لدمنة: أيها الفسل ما أنكر جهلتك وأسوأ عاقبتك في تدبيرك ... وأنت يا دمنة أردت ان لا يدنو من الأسد أحد سواك. وهذا الأمر لا يصح ولا يتم أبدا وذلك للمثل المضروب: إن البحر بأمواجه والسلطان بأصحابه"[٥١٣].

- قال كليلة: "لا تلتمس تقويم ما لا يستقيم. فإن الحجر الصلب الذي لا ينقطع لا تجرب عليه السيوف والعود الذي لا ينحني لا تعمل في منه القوس ...، ولهذا مثل الخب والمغفل"[٥١٤].

- قال كليلة: "المفسد بين الأخوان والأصحاب كالحية التي يربيها الرجل ويطعمها و يمسحها ويكرمها ثم لا يكون له منها غير اللدغ"[٥١٥].

قال كليلة: "ان من غدر بملكه وصاحب نعماه فليس بعجب ان يغدر بغيره"[٥١٦].

---

(٥١٠) كليلة ودمنة/ ١٢٣.

(٥١١) كليلة ودمنة/ ١٢٤.

(٥١٢) كليلة ودمنة/ ١٢٩.

(٥١٣) كليلة ودمنة/ ١٥١- ١٥٢.

(٥١٤) كليلة ودمنة/ ١٥٣.

(٥١٥) كليلة ودمنة/ ١٥٧.

(٥١٦) كليلة ودمنة/ ١٥٨.

ان هذه الأقوال المنسوبة لكليلة تثبت كلها عدم إرادته في الدخول على عملية الكراهية. وإنما من خلال
هذا يريد ان يشكل الكره بنية شبه ثابتة لفعل التضمين الحكائي وذلك لأن القصص الفرعية لا تخلو من تضمن
حكاية الإطار (الرئيسة) وتتفرع عنها حكاية أخرى أو أكثر كالآتي:

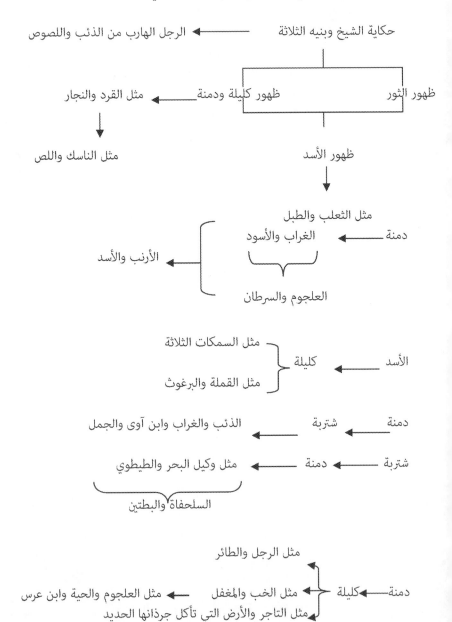

"هذه التفرعات للحكايات والوحدات الموجودة فيها، تأتي من اجل عودة المسار السردي في الأخير الى نقطة حكاية الأم من اجل دعم فعالية الحكي، فبيدبا يلجأ الى إقحام حكايات أخرى، لكن ضمن إستراتيجية سردية، يأخذ فعل التشويق والإبهار فيها شكلا ثابتا ودائما"(٥١٧).

ان الصراع من أجل البقاء لكونه المؤدي الحقيقي الى الدفاع عن النفس في حكاية الأرنب والأسد، هو من اجل تسريع شدة كره الآخر. وهذا يعني ان محاولة إبطاء السرد هنا يأتي كمقابل لتسريع الزمن السردي الذي أراده دمنه بعكس كليلة وهو يختار الإبطاء والبقاء في الأمر.

قالت الأرنب: "تأمرن الذي ينطلق بي الى الأسد ان يمهلني ريثما أبطىء عليه بعض الإبطاء فقلن لها: ذلك لك، فأنطلقت الأرنب متباطئة حتى جاوزت الوقت الذي كان يتغذى فيه الأسد، ثم تقدمت إليه وحدها رويدا وقد جاع. فغضب وقام من مكانه نحوها فقال لها من أين أقبلت؟ قالت: أنا رسول الوحوش اليك وقد بعثني ومعي أرنب فتبعني أسد في بعض تلك الطريق فأخذها مني وقال: أنا أولى بهذه الأرض ومافيها من الوحش فقلت له: ان هذا غداء الملك أرسلت به الوحوش اليه فلا تغضبنه فسبك وشتمك ..."(٥١٨).

وهذا يؤكد "الإبطاء السردي لظهور الكره المؤدي الى الحرب والقتل عن طريق إستخدام الحيلة والخدعة". فهذا الإبطاء هو الطرف الآخر والمقابل لتسريع حركة السرد الروائي. ففي الوقت الذي تعمل فيه الأولى على تسريع الحركة أو تعجيلها. تعمل الثانية على تهدئة حركة السرد الى الحد الذي يوهم القارئ بتوقف حركة السرد عن النمو تماما"(٥١٩).

(٥١٧) السرد العربي القديم البنية السوسيو ثقافية والخصوصيات الجمالية/ ٦ - ٧.

(٥١٨) كليلة ودمنة/ ١٢٩.

(٥١٩) تقنيات السرد في روايات أحمد خلف/ ٨٢.

ان حكاية الأرنب والأسد هي التعبير المباشر ونقل حي للأحداث والوقائع. وكذا الشخصيات المشاركة فيها. وهذا ما يجعل الحركة السردية في المشهد تسيرعلى وفق صورتها الطبيعية وضمن إطار درامي. ويتم فيه تقديم الأحداث بكل تفاصيلها وأبعادها، لذا فهو مظهر سردي مخالف لتقنية المجمل تماما، فهو يتمحور حول الأحداث المهمة المشكلة للعمود الفقري الحكائي. فالراوي لا يظهر هنا بل يترك الأحداث تتحدث عن نفسها من دون تدخل منه، مما يكسب هذه المقاطع طابعا مسرحيا مقابل الطابع السردي الصرف الذي يتصف به المجمل وهو ما ينعكس على مستوى القراءة في شكل إحساس بالمشاركة فيما يحدث[٥٢٠].

فقال الأسد: "إنطلقي معي فأريني موضع هذا الأسد. فإنطلقت الأرنب الى جب فيه ماء غامر صاف. وفاطلعت فيه وقالت: هذا المكان فاطلع الأسد فرأى ظله وظل الأرنب في الماء، فلم يشك في قولها. ووثب على الأسد ليقاتله فغرق في الجب. فانطلقت الأرنب الى الوحوش، فأعلمتهن صنيعها بالأسد"[٥٢١].

على المستوى النظري لهذه الحكاية "فإن شخصية الأرنب شخصية جاذبة وسريعة في التفكير في الحيلة والخداع. والشخصية الجاذبة تكون منسجمة تمام الإنسجام مع متطلبات اللعبة الروائية حيث لا بد ان توجد الشخصيات مرتبطة ببعضها [حياة الآخرين بحيلة الأرنب]. وإن تجمع بينها علاقة روائية. وهذه العلاقة تقتضي ان تتبادل الشخصيات العلاقة فيما بينها وإن يستدعي بعضها البعض الآخر وذلك على نحو تبرز معه الصبغة التضامنية المميزة لشبكة العلاقات التي تنتمي اليها الشخصية.

والشخصية الجاذبة تعني تلك التي تستأثر بعناية الشخصيات الأخرى وتنال من تعاطفها وذلك لفضل ميزة أو صفة تنفرد بها عن عموم الشخصيات وقد تكون هذه الميزة مزاجية أو طباعية في الشخصية [ككره الأسد من الأسد الآخر] أي الملك

(٥٢٠) ينظر: تقنيات السرد الروائي/ ٨٤ وتقنيات السرد في روايات أحمد خلف/ ٨٢.

(٥٢١) كليلة ودمنة/ ١٢٩.

للملك الآخر. كما قد تكون الميزة سلوكية فتظهر في شخصية المناضل السياسي أو الداعية حينما يستقطب الإهتمام والإعجاب بما يكشف عنه حماس وجرأة (الأرنب)[٥٢٢] ان الجاذبية الموجبة لشخصية الأرنب هي التي وجدت نقطة ضعف الملك (الأسد) وذلك في تحريضها على وجود ملك (أسد + مانع آخر) كعرقلة أمام خادمي الأسد وخاصة في وقت مجيء الأرنب كغداء له.

وشدة كره الأسد إزدادت عن طريق غياب العقل وغبائه وأدى هذا الى إعلان الحرب والتغير المكاني من الثبوتية الى اللاثبوتية ومهاجمة الآخر (الأسد المانع الوهمي والخيالي) في الجب. أدى هذا الى الإنتهاء والقتل الناتج عن الكره وشدة الإفتخار بالملوكية وعدم الإهتمام بإحترام رأي الآخر (الأرنب الصغير هنا). والأرنب هنا لم تأت بشيء تقليدي كالمهاجمة والعراك ... الخ. وإنما أتت بشيء خيالي وبعيد عن الواقع والمنطق ألا وهو ظل لأسد المكون الوهمي (ظله) في الماء وإنتهت به الأرنب والأعوان من الأسد الظالم الغدار والظل هو المساعد في بعض حكايات كليلة ودمنة ولاسيما في الحكايات التي تدور على الأرنب كما في حكاية الأرنب وملك الفيلة وهذه الحكاية. يكون الظل هو المخادع ايضا للبطة في حكاية البطة والقمر.

وفي باب الفحص عن أمر دمنة هناك وحدات أو جزئيات مؤدية الى إيجاد وحدة الكره والحرب وكره الآخر مثل إستمرارية الدفاع والشك بالفتنة المؤدية الى القتل أو عدم القيام به كما في الترسيمة الآتية:

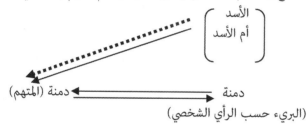

(٥٢٢) ينظر: بنية الشكل الروائي/ ٢٦٩-٢٧٠.

أي ان الشك شيء مهم هنا لتهديم الآخر وتحطيمه وإضطراره الى الإعتراف. فحقيقة الأمر [قتل الثور + القتنة المؤدية اليه].

قالت أم الأسد: "ألا تنظر الى هذا الخبيث مع عظم ذنبه كيف يجعل نفسه بريئا كمن لا ذنب له"[٥٢٣] أي:

ان كلام دمنة = محاولة الإتهام ومحاولة ترسيخ الشك لدى الآخرين وبالمقابل:

قال دمنة: "ان الذين يعملون غير أعمالهم ليسوا على شيء كالذي يضع الرماد موضعا ينبغي ان يضع فيه الرمل ويستعمل فيه السرجين. والرجل الذي يلبس لباس المرأة. والمرأة التي تلبس لباس الرجل، والضيف الذي يقول أنا رب البيت، والذي ينطق بين الجماعة بما لا يسأل عنه، وإنما الخبيث من لا يعرف الأمور ولا أحوال الناس ولا يقدر على دفع الشر عن نفسه ولا يستطيع ذلك"[٥٢٤] أي:

ان كلام دمنة = محاولة الدفاع وترسيخ الشك عند الآخر

إن كلا الطرفين يحاولان رسخ الشكوك والإنكار. فينحو المخاطب منحى أسلوبيا يزيح بالعبارة عن الخط النواتي الى مستوى القدرة على الإبلاغ والتأثير والإقناع بوساطة التوسع الذي يحقق وظيفة دلالية[٥٢٥] والترسيمة الآتية "تبين مدى العلاقة الطردية في الخطاب الخبري الناتج عن الشك والإنكار من جهة وإزدياد قوة الكره على الآخر:

---

(٥٢٣) كليلة ودمنة/ ١٧٠.

(٥٢٤) كليلة ودمنة/ ١٧٠.

(٥٢٥) ينظر: الإنزياحات الخطابية والبيانية في كتاب دلائل الإعجاز لعبد القاهر الجرجاني في ضوء المنهج التداولي (رسالة)/ 55.

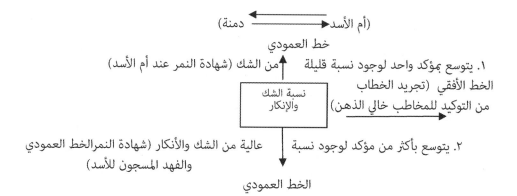

(أم الأسد
دمنة)
خط العمودي
١. يتوسع بمؤكد واحد لوجود نسبة قليلة
من الشك (شهادة النمر عند أم الأسد)
الخط الأفقي (تجريد الخطاب
من التوكيد للمخاطب خالي الذهن)
نسبة الشك
والإنكار
٢. يتوسع بأكثر من مؤكد لوجود نسبة
عالية من الشك والأنكار (شهادة النمرالخط العمودي
والفهد المسجون للأسد)
الخط العمودي

من خلال توسع المؤكد الواحد لوجود نسبة قليلة من الشك (شهادة النمر لأم الأسد) ومع إستمرارية التأكد الفردي لأم الأسد، تستمر الأحداث الكراهية والمشاجرة الكلامية بين أم الأسد ودمنة حتى يصل الى ظهور الشاهد الثاني كي يقلل من شدة المشاجرة ويزيد كره أم الأسد لدمنة وتأتي بالشاهدين في المرحلة الثانية وتتسع الدائرة الكرهية بعد مرحلة وجود النسبة العالية من الشك والإنكار حتى ثبتت تهمة دمنة وهنا يتغير المسار الكرهي الى القتل والإنتهاء[٥٢٦].

"**فقبل الأسد قولهما وأمر بدمنة ان يقتل ويصلب على رؤوس الأشهاد ...**"[٥٢٧] في حكاية البوم والغربان، لا يأتي الكره وإعلان الحرب إعتباطيا وإنما يأتيان نتيجة المهاجمة المفاجئة وعدم الإهمال لما جرى في السابق كما في الحكاية الفرعية (الغراب والكراكي) عندما: "**حكم الغراب حكما قاسيا بين البوم والكراكي لإختيار البوم كالملك للكراكي**"[٥٢٨].

(٥٢٦) ينظر: الإنزياحات الخطابية والبيانية في كتاب دلائل الإعجاز لعبد القاهر الجرجاني في ضوء المنهج. التداولي (رسالة)/ ٥٥.

(٥٢٧) كليلة ودمنة/ ١٨٦.

(٥٢٨) كليلة ودمنة/ ٢١٢.

ان الكره الناتج عن هذا الحكم مر بمراحل إستشارية لملك الغربان وخاصة عندما لم يقرر الملك الحرب مباشرة.
ولجأ الى إستشارة الآخرين (الغربان الخمسة).

"وهم معترف لهن بحسن الرأي، يسند اليهن في الأمور وتلقى اليهن مقاليد الأحوال (...)، ويأخذ
آراءهن في الحوادث والنوازل"[٥٢٩] ان الخطاطة الحدثية للكره والحرب في هذه الحكاية هي رسم للحدود
العامة للنص من الناحية الفضائية والزمانية الدلالية.

"فأغار ملك البوم في أصحابه على الغربان في أوكارها ... وكانت الغارة ليلا ... وأشد ما أصابنا ضرا
جرأتهن علينا وعلمهن بمكاننا"[٥٣٠] بعد ظهور هذا الحدث (الغارة) بدأ ملك الغربان يعود شيئا الى الزمن
السابق (زمن الحدث) كي يعرف أسباب المهاجمة أي ان الكره لديه لم يأت بصورة مفاجئة وإنما جاء نتيجة
العودة للزمن السابق (زمن العداوة). وهذا دفعه كي يلجأ الى المشاورة الخماسية مع المستشارين الخمسة كما
في الترسيمة الحوارية الآتية:

فقال الملك للأول: "ما رأيك في هذا الأمر؟ قال: رأي قد سبقتنا اليه العلماء وذلك لأنهم قالوا: ليس
للعدو الحنق الذي لا طاقة لك به الا الهرب منه. وقال الثاني: ما رأى هذا من الهرب"[٥٣١] إن هذا الجواب لم
يكن جوابا مقنعا وذلك في إختيار طريقة الهروب والإستسلام المباشر للعدو لأن الحرب هي الخدعة. ان هذا
القول للأول هو بمثابة حكي القصة وهو يتكلم في زمن حاضر. وقد وقعت الأفعال والأقوال التي جاء بها في زمن
مضى. "ليس للعدو الحنق الذي لا طاقة لك به الا الهرب منه"[٥٣٢].

(٥٢٩) كليلة ودمنة / ٢٠٩.
(٥٣٠) كليلة ودمنة / ٢٠٩.
(٥٣١) كليلة ودمنة / ٢٠٩.
(٥٣٢) كليلة ودمنة / ٢٠٩.

ان للمتكلم (الغراب الأول) "قابلية مدهشة على إذابة الفروق الزمنية والسردية ويجعل المسردود له يلتصق بالعمل السردي ويتعلق به أكثر، وليتمكن من ممارسة لعبة فنية تخوله الحضور وتسمح له بالدخول والتحليل بشكل يولد وهم الإقناع"(٥٣٣) والملك لم يرض بما أتى به الإثنان ورفض طرحهما.

"لا أرى لكما ذلك رأيا ان نرحل عن أوطاننا ونخليها لعدونا ..."(٥٣٤) أي ان شدة التمسك المكاني (الوطن) أدى الى رفض الملك رأيهما لكرهه الكلي للتخلي عن الوطن لأنه يريد الدفاع عن الوطن ويرفض التخلي عنه وهو يختار الحرب من أجله:" **نرحل عن وطننا (...)، فنكون به لهم عونا علينا. ولكن نجمع أمرنا ونستعد لعدونا ونذكي نار الحرب فيما بيننا وبين عدونا. ونحترس من الغرة اذا أقبل الينا فنلقاه مستعدين ونقاتله قتالا غير مراجعين في ولا حامين منه. وتلقى أطرافنا أطراف العدو ونتحرز بحصوننا وندافع عدونا بالأناة مرة وبالجلاد أخرى حيث نصيب فرصتنا وبغيتنا وقد ثنينا عدونا عنا"**(٥٣٥).

ان الملك هنا إستعان بأفعال (نرحل، نكون، نجمع، نستعد، نذكي، نحترس، نقاتله، نتحرز، ندافع، نصيب) المسندة الى ضمير المتكلمين (نحن) لسرد الأحداث، غالبا ما تحدث هذه الظاهرة عندما يشعر الراوى إقترابه من حالة الخطر فيلجأ الى إستخدام ضمير المتكلمين (نحن) تحت الإحساس الجماعي في التعبير عن رؤيته(٥٣٦)

قال الثالث: "لا أرى ما قالا رأيا ولكن نبث العيون ونبعث الجواسيس ونرسل الطلائع بيننا وبين عدونا ...، فإن رأينا أمره أمر طامع في مال لم نكره الصلح

---

(٥٣٣) ينظر: في نظرية الرواية/ ١٨٤ وشعرية الخطاب السردي (محمد عزام) من الانترنت au-dam.og، تقنيات السرد الروائي/ ٩٥ والسرد في المقامات النظرية لأبي بكر بن محسن باعبود الحضرمي من علماء القرن الثاني عشر للهجرة (أطروحة)/ ٥٣.

(٥٣٤) كليلة ودمنة/ ٢٠٩.

(٥٣٥) كليلة ودمنة/ ٢٠٩.

(٥٣٦) ينظر: البناء الفني في رواية الحرب في العراق/ ١٧٩ والسرد في المقامات النظرية/ ٣٧.

على خراج نؤديه إليه ...(٥٣٧) هذا الرأي لم يكن رأيا يحمل وحدة الهروب وإنما به الكره الناتج عن الأخذ والحصول على المعلومات الكاملة عن طريق الجواسيس والعيون أي ان وحدة الكره والحرب تأتي كالآتي:

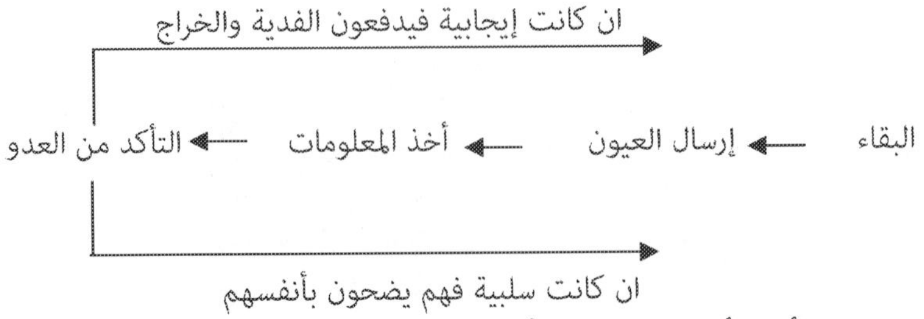

ان كانت إيجابية فيدفعون الفدية والخراج

البقاء ← إرسال العيون ← أخذ المعلومات ← التأكد من العدو

ان كانت سلبية فهم يضحون بأنفسهم

قال الرابع: لا أراه رأيا بل ان نفارق أوطاننا ونصبر على الغربة ويقال في الأمثال: قارب عدوك بعض المقاربة لتنال حاجتك ولا تقاربه كل المقاربة فيجترئ عليك ويضعف جندك وتذل نفسك"(٥٣٨).

ان إختيار الغربة هنا إختيار وقتي اذ لم يكن ذا طابع إستمراري وإنتهائي وذلك من اجل التأكد من العدو، وهذا الرأي قريب من الآراء السابقة في إختيار الهروب أو الدخول على العدو أو الكره أو الحرب من جهة والمقاربة من جهة أخرى.

"قارب عدوك بعض المقاربة ... وليس عدونا راضيا منا بالدون في المقاربة، فالرأي لنا ولك المحاربة"(٥٣٩).

قال الملك للخامس: "ما تقول أنت وماذا ترى؟ القتال أم الصلح أم الجلاء عن الوطن؟ قال: أما القتال فلا سبيل للمرء الى قتال من لا يقوي عليه ...فلا يكونن القتال للبوم من رأيك أيها الملك، فإن من قاتل من لا يقوي عليه فقد غرر بنفسه ..."(٥٤٠).

(٥٣٧) كليلة ودمنة/ ٢١٠.

(٥٣٨) كليلة ودمنة/ ٢١٠.

(٥٣٩) كليلة ودمنة/ ٢١١.

(٥٤٠) كليلة ودمنة/ ٢١٢.

ان الغراب الخامس بأقواله وأفعاله ومعلوماته عن ما حدث إستطاع ان يثبت ويقوي مكانه في قلب الملك في دراسته للحدث وأتى بكل التوقعات والإحتمالات للأحداث. وهو أتى بالحوار الثنائي المنعزل عن الآخرين وأكد للملك ان عليه كتم الأسرار والأقوال أكانت سرية أم علنية.

"وقد أستشرتني في أمر جوابك مني عنه بعضه علني وقد أجبتك وفي بعضه سري، وللأسرار منازلها منها ما يدخل فيه الرهط. ومنها ما يستعان فيه بالقوم ومنها ما يدخل فيه الرجلان ولست أرى لهذا السر على قدر منزلته ان يشارك فيه إلا أربع آذان ولسانان"[٥٤١].

ان الغراب الخامس هنا أتى بأسلوب سردي قوي من خلال وجهة نظره وتوقعاته للأحداث، فهو عبر عن الأحداث بصورة صار الغراب يحتل فيها النقطة المركزية في النص بحيث يعبر من خلالها عن أفكاره ومشاعره الخاصة حول ما يجب تنفيذه أي ان الوظيفة السردية هنا تعبيرية ومن خلالها تظهر الوظيفة الآيديولوجية للأحداث ويقصد بها النشاط التفسيري الذي يعتمد على التحليل النفسي. حصل هذا خاصة بعدما دخل على البوم ودرس دراسة فكرية عميقة ومنطقية دقيقة لعقلية البوم وما فيهم من الساسة والعقلاء وفهم عنهم فهما واقعيا، وذلك بعدما إستطاع دمج نفسه في عالم البوم، ودافع عن نفسه بآرائه المنطقية والحكم الواقعية بصورة لم تستطع البوم الظفر به في وقت كان بينهم وذلك من خلال الوظيفة الإقناعية و محاولته بإقناع البوم وقد حصل هذا فعلا وخاصة في محاولته ترسيخ وتثبيت نفسه في قلب ملك البوم.

ان هذه المحاولة للغراب تحتاج الى محاولة مقابلة للبوم. أي ان الفعل هنا يحتاج أو ينتظر رد الفعل، فالمحاولة الأولى (محاولة الغراب) محاولة ناجحة من خلال مجازفته بالدخول على البوم وعرض نفسه رغم كره الغربان الآخرين بسبب مطالبته بالعيش والمفاوضات مع البوم.

([٥٤١]) كليلة ودمنة/ ٢١٢.

"**إن ملكنا إستشار جماعتنا ... فقلت: أيها الملك لا طاقة لنا بقتال البوم لأنهن أشد بطشا وأحد قلبا منا. ولكن أرى ان نلتمس الصلح ثم نبذل الفدية ... فعصينني في ذلك وزعمت أنهن يردن القتال وأتهمنني فيما قلت وقلن: إنك قد مالأت البوم علينا. ورددن قولي ونصيحتي وعذبنني بهذا العذاب وتركني الملك وجنوده وأرتحل ولا علم لي بهن بعد ذلك**"[٥٤٢] أثر هذا في ملك البوم كي يشاور إستشارة روتينية أعوانه من المستشارين. فهذه الإستشارة تظهر كالآتي:

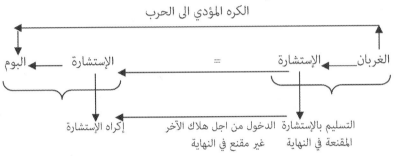

هنا تبدو قوة الخدعة ودخول الغراب على البوم قوة كبيرة وأكثر بكثير من قوة إستشارة ملك البوم لأعوانه لأن ملك البوم ملك أناني ذو طابع استبدادي يفضل رأيه في الأمور دون الإعتماد على الآخرين من الأعوان (بعكس ملك الغربان) ودليلنا على ذلك ان القوة العقلية لملك الغربان تؤدي به الى إستشارة خمسة من الغربان في وقت استشار ملك البوم ثلاثة من وزرائه والترسيمة الآتية تبين هذا:

ملك الغربان = ١ + ١ + ١ + ١ + ١ = +٥ (إختيار الأفضل والتنازل عن الرأي الشخصي) في أكثر الأحوال كان صوت الملك هو الصوت الحاسم لحسم الأمور والخلافات والمشكلات عندما يريد إختيار أفضل الآراء. لكن ملك الغربان لم يفرض رأيه و إختار أحد أقوى الآراء من وزرائه.

ملك البوم = ١ + ١ + ١ = + ٣ < فرض رأي الملك.

(٥٤٢) كليلة ودمنة/ ٢٢١.

فالملك فرض رأيه بعدم قتل الغراب وإعطائه فرصة العيش بين البوم لأنه ذليل ويحسبه كأسير حرب دون ان يحسب أنه من الأعداء. ولم يكرهه كما كرهه أحد من وزرائه ودعا الى قتله لأنه يعرف ان هذا الغراب من أفضل وزراء الغربان.

ان الكره الناتج عن عدم توازي الإستشارة وإختيار الرأي الصحيح في باب البوم والغربان يأتي نتيجة الكلام الكثير والجدل والمناقشة من كلا الطرفين.

ومن خلال الحدث التاريخي بين البوم والكراكي فإن غراب الوزير تكشف عنه الملامح الفكرية للشخصية، إنها عبرت عن وعي جماعي يقترن بمرحلة تأريخية مهمة في حياة المجتمع. ولقد إقترن هذا الوعي بفكرة الدفاع عن الوطن ووجود الشعب والقيم والمثل الإجتماعية، وكل هذا أدى الى ذوبان التناقض بين الوعي الفردي والوعي الإجتماعي، وجاء هذا في صورة التحام شديد التماسك. ومعبر عن فكرة جوهرية واحدة تتمحور حول الدفاع عن القيم والمثل العامة. وقد تبلورت هذه السمات الخاصة بالوعي من خلال إحساس الشخصية بطبيعة الخطر الذي فرضته الحرب. فأصبحت الأخطار التي تهددها، وهي الأخطار نفسها التي تهدد المجتمع، وهذا يفرض دلالة كون الشخصية تمثل تيارا عاما للوعي الجماعي، خاصة إذا إقترن هذا الوعي بفعل قتالي معبر عن هذا الوعي[٥٤٣].

قال الغراب: "ان البوم بمكان كذا في جبل كثير الحطب وفي ذلك الموضع قطيع من الغنم مع رجل ونحن مصيبون هناك نارا ونلقيها في أثقاب البوم ونقذف عليها من يابس الحطب ونتروح عليها ضربا بأجنحتنا حتى تضطرم النار في الحطب فمن خرج منهن إحترق ومن لم يخرج مات بالدخان موضعه. ففعل الغربان ذلك فأهلكن البوم قاطبة ورجعن الى منازلهن سالمات آمنات[٥٤٤]".

(٥٤٣) ينظر: البناء الفني في رواية الحرب في العراق/ ١١٢ – ١١٣.
(٥٤٤) كليلة ودمنة/ ٢٢٨.

هذه السمات والمميزات الشخصية تثبت "الشخصية النموذجية، فهي الشخصية الفردية ذات السمات التي تنطوي على الشمولية والعمومية، فهي الشخصية النموذجية القادرة على رفع العنصر الشخصي العرضي في مصيرها بوعي الى مستوى معين ملموس للعمومية"[٥٤٥] وهي الشخصية "المعبرة ضمن ظروف إجتماعية وتأريخية محددة. أي ان النموذج يستقي دوافعه ووعيه من التيار العميق الذي يجري فيه، ويقاس عمقه ونموذجيته بمدى إرتباطه بالحياة. لأن النموذج يعكس جوهر الطبيعة القومية لشعب من الشعوب. ولهذا فإن الشخصية النموذجية في الأدب تتواصل دون ان ينال منها الزمن"[٥٤٦] إن سمات الوعي (الوعي الذاتي للوزير الخامس ووفاؤه للملك ومملكته) وطبيعة الفعل (الدخول على البوم) والملامح الخارجية (السياسة الخارجية سياسة السلام) تضافرت معا لتكوين المقاتل وهي شخصية مسلحة برؤية واضحة للعالم الذي تعيش فيه. وللقضية التي نذرت نفسها من أجلها. ألا وهي قضية الحرب، والأدراك الواعي لمخاطرها وأسبابها. ولقد إجتمعت هذه الخصائص لتبلور شخصية منتمية بكل قوة الى عالمها فهي إذن شخصية إيجابية، ترقى الى مستوى النموذج. ونصطلح عليه بنموذج (المحارب)[٥٤٧]، كذلك وحدة الكره الناتج عن العزلة في حكاية (القرد والغيلم) يحيلنا الى البعد الإجتماعي الذي تدور رحاه بين القرد والغيلم الزوج من جهة والزوجة من جهة أخرى[٥٤٨].

"وطالت غيبة الغيلم عن زوجته فجزعت عليه وشكت ذلك الى جارة لها، وقالت: قد خفت ان يكون قد عرض له عارض سوء فأغتاله فقالت لها: ان زوجك في الساحل قد ألف قردا وألفه القرد فهو مؤاكله ومشاربه ...، قالت: وكيف

---

(٥٤٥) نقلا عن: البناء الفني في رواية الحرب في العراق/ ١١٣.

(٥٤٦) البناء الفني في رواية الحرب في العراق/ ١١٣.

(٥٤٧) ينظر: م. ن/ ١١٤.

(٥٤٨) البنيات الدالة بين كليلة ودمنة والف ليلة وليلة/ ١١٢.

أصنع؟ قالت جارتها: إذا وصل اليك فتمارضي فإذا سألك عن حالك فقولي: ان الأطباء وصفوا لي قلب قرد"[٥٤٩].

هنا "نستشف من الحوار الدائر بين زوجة الغيلم والجارة الموقف النفسي الذي تعرضت له الزوجة في غياب زوجها (الغيلم) والذي وجد صداه خصوصا عند الجارة التي إتخذت صورة بديلة عنها لمواجهة مثل هذا الموقف. وتواجه الجارة- تلبية لرغبة الأنا - موقفين نفسيين متعارضين في ان واحد يمكن ان نطلق عليها بالأنشطار النفسي للأنا وكأن ذات الجارة هنا منقسمة على نفسها بين وبين أي بين تحقيق رغبات الزوجة و(رغباتها) من جهة وتحطيم رغبات الزوج (الغيلم) من جهة أخرى وفي وقت واحد"[٥٥٠].

ان الإلتزام بالبعد الأخلاقي في حكاية القرد والغيلم إلتزام منطقي في بداية الأمر ١٠٠% لكنه يتغيير بتغير الإحتياج الدوائي لشفاء زوجة الغيلم.

قال الغيلم: "غير ان الإجتماع على الطعام والشراب آكد للمودة والأنس. لأنا نرى الدواب إذا إعتلفت معا آلف بعضها بعضا (...). فرغب القرد في الذهاب معه. فقال حبا وكرامة ففرح الغيلم بذلك وقال: لقد وافقني صاحبي بدون ان أغدر به"[٥٥١].

ان هذين الحوارين يشيران الى القيمة الأخلاقية للصداقة الموجودة بينهما. وأن الغيلم من خلال حواره مع نفسه (الحوار الداخلي) يعرف ان الغدر صفة خبيثة ومذمومة بالإجماع وهو من سجايا اللؤماء. ولا يمكن الأخذ به مهما كانت درجة الحالة طارئة. لأن عواقبه وخيمة كما خاب مسعى الغيلم للنيل من صاحبه حين أراد ان يشفي زوجته بقلب صديقه (القرد). ان شفاء الزوجة وإنقاذ حياتها لا يمكن ان يتم على حساب حياة الآخرين. لأن للآخرين حق العيش كذلك، وكان على الغيلم ان

---

(٥٤٩) كليلة ودمنة/ ٢٣٨.

(٥٥٠) البنيات الدالة بين كليلة ودمنة الف ليلة وليلة/ ١١٦.

(٥٥١) كليلة ودمنة/ ٢٣٩ - ٢٤١.

يختار ألف طريق وطريق لإيجاد دواء شفاء الزوجة من دون الغدر بالآخرين وخاصة بالصديق الحميم لأن في ذلك تجاوزا على حقوق الآخرين ولن يكون في ذلك ميزان عادل لتكافؤ الأمور[552].

من خلال هذا الحوار الداخلي للغيلم يظهر انه كره الغدر بصديقه (القرد) وذلك من اجل شفاء زوجته. وفرح عندما قبل القرد بما يحتاج اليه لكن:

"قال القرد للغيلم: وما منعك، أصلحك اللـه، ان تعلمني عند منزلي حتى كنت أحمل قلبي معي؟ فإن هذه سنة فينا معاشر القردة إذا خرج أحدنا لزيارة صديق له خلف قلبه عند أهله أو في موضعه لننظر إذا نظرنا الى حرم المزور؟ وليس قلوبنا معنا. قال الغيلم: وأين قلبك الآن؟ قال خلفته في الشجرة. فإن شئت فأرجع بي الى الشجرة حتى آتيك به. ففرح الغيلم بذلك وقال: لقد وافقني صاحبي دون ان أغدر به ثم رجع بالقرد الى مكانه ..."[553] وفي النهاية كره الغيلم ما فعله من خلال ظفره بما يريده ولكنه يضيعه مباشرة.

"قال الغيلم للقرد: صدقت ان وقع الرجل الصالح في ورطة أمكنه التخلص منها بحيلته وعقله. كالرجل الذي يعثر على الأرض وعليها يعتمد في نهوضه"[554] اننا من خلال هذا نصل الى ان الغيلم كره ما فعله وأن وحدة المساعدة هنا هي العقل المدبر وإستخدامه كي يستفيد منه بشكل جيد كما إستفاد منه القرد وهذا من حقه كي يدافع عن نفسه ويكره الآخر عندما يريد ان يظفر به. فالقرد هنا يثبت ان العقل هو المفتاح الأساس لكل الأشياء وليس لأي شيء ان يصل اليه. ويستطيع الفرد عن طريقه ان يصل الى النهاية بتحقيق الهدف في إنقاذ النفس من المأزق الذي وقع فيه. وأيضا هو الشيء الوحيد الذي به يستطيع الإنسان ان يوجه المقابل (الآخر- الظافر) الى الفشل. فبهذه النهاية يكره القرد نفسه عندما يقبل دعوة الغيلم

---

(552) ينظر: البنيات الدالة بين كليلة ودمنة والف ليلة وليلة/ ١٣١.

(553) كليلة ودمنة/ ٢٤١.

(554) كليلة ودمنة/ ٢٤٤.

وتوجه نحو المكان الذي يريد ان يكون فيه وتوجه الغيلم الى مجتمعه (العيش مع العائلة) كما في الترسيمة الآتية:

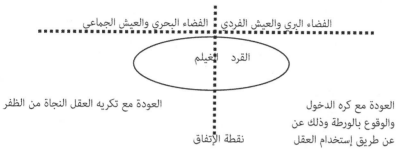

الفضاء البري والعيش الفردي   الفضاء البحري والعيش الجماعي

القرد   الغيلم

العودة مع كره الدخول
والوقوع بالورطة وذلك عن
عن طريق إستخدام العقل

العودة مع تكريه العقل النجاة من الظفر

نقطة الإتفاق

وكذلك ان الكره والحرب في باب الملك والطائر فنزة جاء نتيجة التحول من الحب الى الكره وذلك من خلال ضرب ابن الملك فرخ الطائر:

"وكان فنزة يذهب كل يوم الى الجبل فيأتي بفاكهة لا تعرف فيطعم ابن الملك شطرها ويطعم فرخه شطرها ...ما أغضب الغلام فأخذه فضرب به الأرض فمات، ثم ان فنزة فوجد فرخه مقتولا فصاح وحزن"[(٥٥٥)].

ان سمة (التحول) -وهي خاصة بنيوية رئيسة- إحتلت مكانة مرموقة بين آليات تحليله ومقاربته، ومن أجل ان يبرز مفهومها نضعها في مقابل (التعويض) الذي يبني على الإنتقال، في وصفه من نقطة الى نقطة في نفس العالم، كأن يصف محسوسا بمحسوس أو مجردا بمجرد.

قتل الفرخ من قبل الغلام = فقء عين الغلام من قبل فنزة والكره هنا وحدة حركية ومتحولة جاء نتيجة ظهور التوتر في العلاقات وإنتهاءه من العلاقة الموجودة ومن: **"ثم ودع الملك وطار"**[(٥٥٦)].

(٥٥٥) كليلة ودمنة/ ٢٥٦ – ٢٥٧.

(٥٥٦) كليلة ودمنة/ ٢٦٣.

الفصل الثالث
الوحدات السردية التكميلية في الحكايات

المبحث الأول
الوحدات السردية التكاملية لصور الحيوانات

الوحدات السردية التكاملية هي "جميع الاشارات بالمعنى العام لهذه الكلمة، ولا تحيل الوحدة حينئذ الى عمل تكميلي ذي نتاج، وإنما الى تصور مبهم الى حد ما ولكنه ضروري لتركيب القصة، ومن هذه الإشارات ما يتصل بخصائص الشخصيات والبيانات المتعلقة بها، وما يتصل بالمناخ العام للقصة"[٥٥٧].

ان الحيوانات البرية والمائية في (كليلة ودمنة) نجدها عادة شخصيات مساعدة أو مانحة. وقد تكون أيضا أعداء للبطل. فالحيوانات تقوم بدورها الى جانب الإنسان بعضها يساعده والبعض الآخر يعاديه[٥٥٨].

ان الحيوان في القصص والحكايات يمثل (الفعل ونفسه والإنسان). ان هذه التركيبة الثلاثية كلما كانت تركيبتها واقعية ومقبولة ومعقولة، إرتفعت سردية القصة ومقروئيتها، والفعل هنا حيواني أو إنساني أو مشترك، ففي معظم القصص التفسيرية - مثلا - لا يمثل الإنسان، بل الفعل ونفسه فقط، وإن الشخصية الحيوانية تكتسب نمطيتها في قصص الحيوان من ثلاثة أدوار:

١. من الدور الوظيفي الذي تمثله الشخصية الحيوانية في القصة
٢. من الدور الذي تمثله الشخصية الحيوانية والمستمد من الخصائص والتصورات المستقرة عنها لدى القارئ.
٣. من تمثيلها الرمزي للشخصية الإنسانية، ويتضح ذلك أكثر على المستوى الموضوعاتي[٥٥٩].

---

(٥٥٧) نظرية البنائية في النقد الأدبي/ ٤٠٩ - ٤١٠.

(٥٥٨) ينظر: أدب الحكاية الشعبية/ ٧٣.

(٥٥٩) ينظر: قصص الحيوان جنسا أدبيا/ ٦٤٢.

وهكذا "كان كتاب كليلة ودمنة أبوابا أبوابا. وفي كل باب أمثال ضمن أمثال. وهكذا كان كل باب يبتدئ بسؤال دبشليم ملك الهند يتبعه جواب بيدبا الفيلسوف وهكذا كان في كل باب موضوع مطروح للبحث. منظور اليه من مختلف نواحيه عن طريق التمثيل يبين حسناته وسيئاته شخوص حيوانية المظهر، بشرية الحقيقة يحقق بعضها حكمة الموضوع فيحسنون ويكافأون. ويتهاون بعضها الآخر في التحقيق فيسيئون وينالون جزاء أفعالهم. فباب الأسد والثور يمثل السلطة العليا ويصور الحياة في البلاط وما يضطرب فيها من مكابد وسعايات، ثم يصور الملوك في سياستهم الداخلية وما يعتورها من نقص في إختيار الأعوان وفي توزيع الأعمال وتصديق الأقوال وما الى ذلك مما يقود الملك الى الإنهيار والبلاد الى الهلاك والدمار؛ وهو يعالج كل داء بأقوال الحكماء كما يعالج بالتمثيل وتقديم الحجج والشواهد"[٥٦٠] في بداية الكتاب وبعد العرض التاريخي يأتي بيدبا الفيلسوف بحكاية فرعية واحدة وهي مثل لتلاميذه بعد ان يجمعهم كي يشرح لهم سبب الجمع". **والمثل في ذلك ان قبرة إتخذت أدحية وباضت فيها على طريق الفيل. وكان للفيل مشرب يتردد اليه، فمر ذات يوم على عادته ليرد مورده فوطىء عش القبرة وهشم بيضها وقتل فراخها"**[٥٦١].

أن الفيل هنا رمز لقمع الحاكم وبطشه كعدو غدار قام بهشم بيض القبرة. وعدم إحترامه لما تحت سيطرته أو مملكته و"الفيل أضخم حيوان وهو مع ضخامته أملح وأظرف وأحكى وهو يفوق في ذلك كل خفيف الجسم"[٥٦٢].

إن نهاية الفيلة نهاية مأساوية بالنسبة اليهم وهي مشابهة لنهاية الملوك الظالمين وذلك بسبب التظاهر والتجمع من قبل الآخرين ومثل ذلك التجمع والدخول على

([٥٦٠]) كليلة ودمنة/ ١١.

([٥٦١]) كليلة ودمنة/ ٢٧.

([٥٦٢]) الحيوان/ ٤: ٦٣.

الآخرين دخول القبرة على الضفادع والغربان. ان صور الحيوانات هنا تظهر في توحيد صفوف الحيوانات لجوءا الى الحيوانات البرمائية والطيور كالآتي:

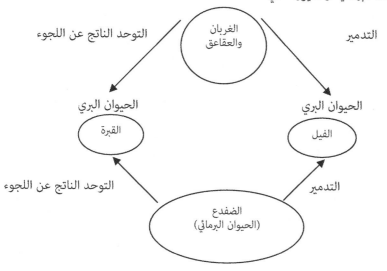

"إن هذه الحكاية تشرح لنا عدم إستهانة القوي بالضعيف والفقير ويقابلها بالضرورة ألا نغتر بالقوى والغنى"[٥٦٣] الفيل من الحيوانات البرية الذي له حصة كبيرة في حكايات كليلة ودمنة منذ البدء بوضع الكتاب ومرورا بالحكايات الخمسة عشرة. فمثلا في حكاية (الرجل الهارب من الفيل):

"نجا رجل من خوف فيل هائج الى بئر فتدلى فيها، وتعلق بغصنين كانا على سمائها. فوقعت رجلاه على شيء في طي البئر فإذا حيات أربع قد أخرجت رؤوسهن من أجحارهن ثم نظر فإذا في قعر البئر تنين فاتح فاه منتظر له ليقع فيأخذه. فرفع بصره الى الغصنين فإذا في أصلهما جرذان أسود وأبيض وهما يقرضان الغصنين دائبين لا يفتران فبينما هو في النظر لأمره والإهتمام لنفسه، إذ أبصر قريبا منه كوارة فيها عسل نحل فذاق العسل، فتشغله حلاوته والهته لذته عن الفكرة في شيء من أمره، وأن يلتمس الخلاص لنفسه. ولم يذكر ان رجليه على حيات أربع لا يدري متى يقع عليهن. ولم يذكر ان الجرذين دائبان في قطع

---

(٥٦٣) البئر والعسل: قراءة معاصرة في نصوص تراثية/ ١٠.

الغصنين ومتى انقطعا وقع على التنين. ولم يزل لاهيا غافلا مشغولا بتلك الحلاوة حتى سقط في فم التنين فهلك"[٥٦٤].

فهنا نرى ان "ابن المقفع متقشف بالقياس الى حسية عصره ويوضح ذلك التقشف الذي غدا موقفا فلسفيا تلك الفترة. ولكي يبرهن على خطورة ما آل اليه حال الإنسان وجدناه يبحث عن مثل يصور هذه الحال ويجسدها لمن لم ينتبه. وهنا يستعين بالرمز لتجسيم الغرض المقصود فيجد ان الإنسان محاصر – مطارد من قوى كثيرة – بعضها خفي لا يراه الإنسان. وبعضها قائم في داخلة حواسه (العطشى مثلا) أما الأمل فضعيف لا يغديه الإنسان المشغول بقليل من العسل يعرض له وهو في محنته، وهو يفسر رموزه بالتفصيل"[٥٦٥].

فالبئر التي لجأ اليها الإنسان الفار هي الحياة (المملوءة بآفات وشرور). إنها بئر الماء التي سكنتها الأفاعي ولكن الإنسان ممسك بأجله. بالغصنين أعلى البئر حيث يرتبط بالنور ويمكنه النجاة لولا ان الجرذين الأسود والأبيض دائبان – مستمران - على قرض الغصنين واختياره للأسود والأبيض رمزين لليل والنهار اللذين تشكل حركتهما إكتمال الأيام وإنقضاءها. أما التنين فهو أسفل البئر فاغر فاه ليتلقف الإنسان إنه (المصير الذي لا بد منه) لكن الإنسان مشغول بهذه الحلاوة القليلة لا يفكر بما ينقذه من الأخطار المحيطة به فهو يرضى رغائب ساعة دون ان يفكر بمصير حياة كاملة فنراه يأكل ويسمع ويشم ويلمس. أي أنه يعيش بما لديه من حواس وغرائز متشاغلا عن مصيره لاهيا عن شأنه فلا يمضي في حياته نحو قصد أو سعي لأنه رهين رغائبه محاصر في بئر لإخلاص منها.

"فهروب الإنسان من الفيل الهائج هو هروبه من القدر الذي إختار له الحياة وطارده ليلقيه الى الدنيا ولجوؤه الى البئر رمز للجوء الى المكان الشاسع وهو يشبه

---

(٥٦٤) كليلة ودمنة/ ٩٨.

(٥٦٥) البئر والعسل - قراءة معاصرة في نصوص تراثية -/ ٣٣ - ٣٦.

الدنيا فهي مملوءة بالآفاق والشرور والمخافات والعاهات والدنيا هي مركز النص وهي مركز الأخطار والشهوات التي تنتظر الإنسان إذ يهبط الى الدنيا"[٥٦٦].

هناك محور اساسي - ثنائي، وهو محور الجزء الحيواني الترميزي في حكايات كليلة ودمنة في أغلب الاوقات، مثل (كليلة ودمنة، الاسد والثور، الارنب والاسد، الأرنب وملك الفيلة، الجرذ والسنور، الأسد وابن آوى)، ان هذا المحور الاساسي الثنائي التركيب يكمن في جزئيات الكتاب ويبقى على تواتره واستمرار سرده، فهو الهيكل العظمي لجميع الثيمات التي تنمو على أساسه، ان الأسد هو الحاكم والثور هو المشاور والناصح والصديق، فطابع الحكم في المملكة ينتقل من القسوة الى الرحمة، ويسيطر هاجس واحد في اللحظة القصصية الرئيسة، وهو وجود علاقة صحية بين الاسد ومملكته، وتجسد العلاقة بين الحيوانات العلاقة السياسية في النظام المطلق، أنها تتجسد في ثنائية (الملك الأسد، الثور) فهذه العلاقة تصاب بتحول عنيف عندما يدخل دمنة (ابن آوى) على هذه العلاقة ويحرض الأسد على الثور وبالعكس يحوله من نديم وناصح الى عدو. ويبدو قتل الثور أقوى حكاية درامية في الكتاب كله، ورغم ان شخصية الثور تبقى في بؤرة ثانوية، في حين يحتل دمنة البؤرة المركزية، فان شخصية النديم الناصح الطيب تظل هي المهيمنة في العرض القصصي"[٥٦٧] والثور من الحيوانات آكلة العشب **"قال الأسد لدمنة عن الثور: وهو آكل عشب وأنا آكل لحم"**[٥٦٨] **قال الثور لدمنة عن الأسد: لولا الحين (الهلاك) ماكان مقامي عند الاسد وهو آكل لحم وأنا آكل عشب"**[٥٦٩].

فهو "يمتلك القوة بوحدته ولا يمتلكها وحده حين يواجه الاسد وهو لا يمتلك التدبير إذ فرط في أخويه الثور الابيض والاسود فأكله الاسد في آخر الامر وهو قد

---

(٥٦٦) البئر والعسل/ ٣٦، ووتةكان/ ٣٨-٣٩-٤٠.

(٥٦٧) القصة في كليلة ودمنة/ ٢.

(٥٦٨) كليلة ودمنة/ ١٣٤.

(٥٦٩) كليلة ودمنة/ ١٤٢.

يحسن التراجع في الوقت المناسب إذ دخل عرين الاسد مدعوا واحس بالخطر فهرب"[٥٧٠].

والترسيمة الآتية تثبت مدى المنافسة الثنائية المستغلة من قبل دمنة:

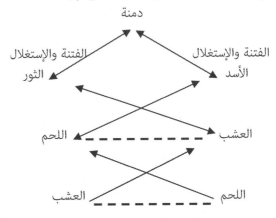

"إن لزئيره في النفوس رهبة وخوفا لما ينذر به من شر وأذى يعقبان غضبه أو ثورته العارمة المؤذنة للانتقام والبطش وقد يصرع به الخصم ويذهله عن نفسه ويحمله على الخضوع قبل ان ينشب فيه انيابه ومخالبه ويتفادى الخائفون الوجلون ارتياد موطن الاسد وإثارة هياجه اتقاء شره المعهود، وصولته الغادرة التي ينفذها بمخالبه المرهفة وأنيابه العوج الحداد التي يحكم بها الاطباق على الفريسة على نحو لا رجاء منه في الافلات إذ تصبح الفريسة بعد ذلك اشلاء ممزقة وأوصالا مبعثرة"[٥٧١].

ففي باب (الاسد والثور، باب الفحص عن أمر دمنة) يبدو ان دمنة شخصية ذات سمة مميزة وهي الاستمرارية في اللجوء الى افشاء الفتنة والدفاع عن النفس ويقال عنه: "إذا ترك لسانه في بيت وقعت الخصومة بين أهله"[٥٧٢].

([٥٧٠]) كتاب قصص الحيوان في الأدب العربي القديم/ ٢٤.

([٥٧١]) الخوف في الشعر العربي قبل الإسلام/ ٢١٥ - ٢١٦.

([٥٧٢]) حياة الحيوان الكبرى/ ١: ١٥٥.

في حين ان الاسد من الحيوانات المفترسة أو المتوحشة وكنيته أبو الحارس جبار الغابة وملك الحيوانات.

"**فلما سمن وأمن جعل يخور ويرفع صوته بالخوار، وكان قريبا منه أجمة فيها أسد عظيم وهو ملك تلك الناحية ومعه سباع كثيرة وذئاب وبنات آوى وثعالب وفهود ونمور**"[٥٧٣].

وفي كليلة ودمنة يظهر منه بعض الوفاء لمن يعاهدهم، كما أظهر وفاءه للجمل إلا أنه وقع تحت إغراء الغراب والذئب وابن آوى فأفترسه[٥٧٤]. ورغم قوته وجبروته فابن آوى قد "**يخدعه في قصة الحمار الذي لم يكن له قلب ولا أذنان**"[٥٧٥].

ان الحيوانات مثل الأسد والثور والحية وغيرها مما منحها الخيال الإنساني أدوارا تعكس مخاوف أو أفكارا معينة وتشمل موضوع الخلود الذي يرغب به الإنسان فهذا من خلال إعطائه القيمة الأساسية في الأساطير والحكايات الخرافية والنماذج العليا"[٥٧٦].

ان إختيار الحس الحيواني بدلا عن العقل البشري للتعبير عن مشكلة الإنسان والعالم والكينونة يأتي مقصودا في حكايات كليلة ودمنة للدعوة الى ضرورة الحياد الكامل تجاه الأحكام التي يصدرها الإنسان وهي في معظمها أحكام مؤدلجة ورب سائل يسأل عن جدوى هذه الإستعارة من الحيوان في حين ان المستعير، الكاتب الراوي، هو نفسه كائن بشري ويستخدم في النتيجة لغة بشرية يسقطها على الحيوان وإن حكايات كليلة ودمنة مشحونة بالآراء والأفكار التي تثير أسئلة فكرية لدى

---

(٥٧٣) كليلة ودمنة/ ١٠٥.

(٥٧٤) ينظر: كليلة ودمنة/ ١٤٣.

(٥٧٥) كليلة ودمنة/ ٢٤٢.

(٥٧٦) ينظر: دليل الناقد الأدبي/ ٢٣١.

القارئ دون ان تطمئنه فكريا ودون ان تبحث عن أطر منطقية لبلورتها ومفهمتها^(٥٧٧).

القرد حيوان آخر من الحيوانات البرية في حكايات كليلة ودمنة ويتكرر دوره في أكثر من حكاية. وهو يمتاز بالركض السريع وخفة التسلق على الأشجار. فهو أقرب أنواع الثديات الى الإنسان. سواء في أصابعه وعينيه وهيكله أو في إستعداده للتهذب، وهو نشط، شديد القوة والعضلات ويمتاز أيضا بالحركات البهلوانية والقفزات الهوائية. والقرد حيوان ذكي سريع الفهم ويتعلم الصناعات الخفيفة ويقبل التلقين والتعليم وأن إستعداده للتعلم جاء نتيجة بنيته البايولوجية^(٥٧٨).

ففي حكاية القرد والنجار:

"زعموا ان قردا رأى نجارا يشق خشبة وهو راكب عليها وكلما شق منها ذراعا أدخل فيها وتدا، فوقف ينظر إليه وقد أعجبه ذلك، ثم ان النجار ذهب لبعض شأنه فقام القرد وتكلف ماليس من شأنه، فركب الخشبة وجعل وجهه قبل طرف الوتد وظهره قبل طرف الخشبة فتدلى ذنبه في الشق، ونزع الوتد فلزم الشق عليه فكاد يغشى عليه من الألم ثم ان النجار وافاه فأصابه على تلك الحالة فأقبل عليه يضربه. فكان ما لقي من النجار من الضرب أشد مما أصابه من الخشبة"^(٥٧٩).

ان ركوب القرد هنا على الشجرة التي قطعها النجار وأدخل فيها الوتد ونظرة القرد اليه تثبت قوة تركيزه وميله للتعلم. لكن عدم وقوع النجار في الورطة يؤدي به الى الوقوع فيها لأنه كان يرى النجار فقط في العمل ولا في الورطة وهذا التجاهل يؤدي به الى الوقوع فيها، ويأتي هذا نتيجة سذاجته وغفلته.

---

(٥٧٧) ينظر: التبئير الفلسفي في الرواية/ ١٥٧.

(٥٧٨) ينظر: البنيات الدالة بين كليلة ودمنة والف ليلة وليلة/ ١١٠.

(٥٧٩) كليلة ودمنة/ ٠٦.

والقرد حيوان قبيح يسخر منه الكلب ولكنه ذكي محتال ويحتال على الغيلم في كليلة ودمنة في حكاية (القرد والغيلم)(٥٨٠).

١- قال القرد: "ما منعك، أصلحك الله، ان تعلمني عند منزلي حتى كنت أحمل قلبي معي؟ فإن هذه سنة فينا معاشر القردة إذا خرج أحدنا لزيارة صديق له خلف قلبه عند أهله أو في موضعه لننظر إذا نظرنا الى حرم المزور وليس قلوبنا معنا. قال الغيلم وأين قلبك الآن؟ قال: خلفته في الشجرة فإن شئت فأرجع بي الى الشجرة حتى آتيك به"(٥٨١).

٢- "فقال القرد: هيهات! أتظن أني كالحمار الذي زعم ابن آوى أنه لم يكن له قلب ولا أذنان؟"(٥٨٢).

٣- "قال القرد: إنما ضربت لك هذا المثل لتعلم أني لست كالحمار الذي زعم ابن آوى أنه لم يكن له قلب ولا أذنان ... وقد قيل: ان الذي يفسده الحلم لا يصلحه الا العلم"(٥٨٣).

"ان فشل الغيلم لم يأت فقط بسبب حماقته التي لم يحسن الإحتفاظ بظفره، بل إنه تحقق أيضا بفضل براعة القرد الذي أحسن التماس المخرج من الورطة التي أوقعه الحرص والشره فيها بحيث يمكننا القول ان نجاح القرد هو الوجه الآخر لفشل الغيلم"(٥٨٤).

فـان "وعي القرد للخطر المميت الذي يتربص به يجعله يطرح كموضوع رغبة له الخلاص والنجاة من هذا الفخ الرهيب. مع ذلك يتحول وضع المرسل فيستبعد الهوى والخداع ويستبدلان بضرورة البقاء والحياة التي توجه هذا الخلاص

(٥٨٠) كليلة ودمنة/ ٢٣٧.

(٥٨١) كليلة ودمنة/ ٢٤١.

(٥٨٢) كليلة ودمنة/ ٢٤١.

(٥٨٣) كليلة ودمنة/ ٢٤٤.

(٥٨٤) في دلالية القصص وشعرية السرد/ ٣٠٨.

الى القرد نفسه كمرسل اليه مع ما تمثله هذه النتيجة من خير فعلي يحل محل الخير الوهمي والشر الحقيقي. والقرد كعقل مدبر هو الذي يقوم في موقع المساعد ومعه جهل الغيلم. الأول يبتدع الحيلة والثاني يصدقها. إزاء سيطرة الغيلم على القرد التي تشغل موقع المعارض هنا"(٥٨٥).

يرد ذكر الثعلب أكثر من مرة في كليلة ودمنة. "فهو الحيوان الذي يتميز بسمات خاصة منها: الحكمة والخديعة والنكتة اللاذعة والطيبة وهو سريع البديهة في التخلص والإحتيال لنفسه وهو شديد السخرية، ولا يورط نفسه فيمكن لا يقوى عليه"(٥٨٦).

"زعموا ان ثعلبا أتى أجمة فيها طبل معلق على شجرة وكلما هبت الريح على قضبان تلك الشجرة حركتها فضربت الطبل فسمع له صوت عظيم باهر. فتوجه الثعلب نحوه من أجل ماسمع من عظيم صوته. فلما أتاه وجده ضخما فأيقن في نفسه بكثرة الشحم واللحم. فعالجه حتى شقه، فلما رآه أجوف لاشيء فيه قال: لا أدري لعل أفشل الأشياء أجهرها صوتا وأعظمها جثة"(٥٨٧).

ان هذه الحكاية لا يخرج الحدث فيها عن حدود العلاقة التي تقوم بين مخيلة الثعلب وواقع جوف الطبل الفارغ، تلك المخيلة تدفع بصاحبها الى التصور بأن ضخامة الطبل تعود الى ما في جوفه من شحم ولحم، فتدفعه الى ان يعالجه حتى يشقه ليجده أجوف لا شيء فيه ليتحقق في نهاية الأمر المغزى الأخلاقي متمثلا في قول الثعلب: "لا أدري لعل أفشل الأشياء أجهرها صوتا وأعظمها جثة"(٥٨٨) فهذا الحدث حدث منفرد لا حبكة ولا نمو فيه، انه حدث يتجه بالقصة الى هدفها على

(٥٨٥) م. ن/ ٣٣٣ - ٣٣٤.
(٥٨٦) كتاب قصص الحيوان في الأدب العربي القديم/١٩ - ٢٠ - ٢١.
(٥٨٧) كليلة ودمنة/ ١١٥.
(٥٨٨) كليلة ودمنة/ ١١٥.

نحو سريع ومباشر"[٥٨٩]. وما فعله الثعلب هنا يثبت سرعة بداهته في التخلص حين مزق الطبل لأنه يعرف ان المظاهر لا تخدعه مع أنه يجب ان لا يغتر بالقوي والغني ولا يجوز الأستهانة بالضعيف والفقير. وبالمقابل "ان الجبن بالتخلص والضعف صفتان لصيقتان بالثعلب ويضرب به المثل بالتخلص من أعدائه بالمكر والخديعة"[٥٩٠]. وخير دليل على دهائه وحيلته هو قصة (الحمامة والثعلب ومالك الحزين)[٥٩١] والسرطان حيوان معروف يسمى بعقرب الماء وهو يعيش في الماء ويعيش في البر أيضا أي أنه برمائي[٥٩٢].

"فأنطلق السرطان الى جماعة السمك فأخبرهن بذلك ...، حتى إذا كان ذات يوم جاء لأخذ السمكتين فجاءه السرطان فقال له: إني أيضا قد أشفقت من مكاني هذا وأستوحشت منه. فأذهب بي الى ذلك الغدير فقال له: حبا وكرامة. واحتمله وطاربه ...، نظر السرطان فرأى عظام السمك مجموعة هناك ...، فلم يزل يحتال على العلجوم حتى تمكن من عنقه فأهوى بكلبتيه عليها فعصرها فمات. وتخلص السرطان الى جماعة السمك فأخبرهن بذلك"[٥٩٣].

هنا ان البقاء هو الوحدة الأساسية إذ يغامر السرطان بحياته في الفضاء الجوي ولا سيما عندما تمكن من عنق العلجوم وأهوى بكلبتيه عليها وعصرها حتى مات. أي ان السرطان هنا هو بمثابة المنبيء والمساعد الحقيقي للأسماك.

وبما ان العقل صفة الإنسان الأولى فإن قصص كليلة ودمنة تقدم لنا صورة ساخرة لأولئك الذين تتمثل فيهم صفة السذاجة والغباء وترى في سلوكهم هذا امتهانا للعقل الإنساني وإقلالا من قيمته كما في سلوك الناسك الذي اشترى عريضا فأوهمه

(٥٨٩) قصص الحيوان في الأدب العربي القديم/ ١٥١ - ١٥٢.
(٥٩٠) البنيات الدالة بين كليلة ودمنة والف ليلة وليلة/ ١١١.
(٥٩١) كليلة ودمنة/ ٣١٨ - ٣٢١.
(٥٩٢) حياة الحيوان الكبرى/ ٢: ٣٣.
(٥٩٣) كليلة ودمنة/ ١٢٦ - ١٢٧.

بعض المكرة أنه كلب وأن الذي باعه اياه سحرعينه فأطلقه من يده فأخذه المحتالون ومضوا به وللعقل -كما يرى ابن المقفع- ثلاثة مستويات من التفكير تتبعها ثلاثة مستويات من السلوك. فهناك العقل الأكيس، والكيس، والعاجز ولكل مستوى حلوله وتصوراته، ففي قصة (السمكات الثلاث) ثمة ثلاث سمكات، كيسة وأكيس منها وعاجزة، فصدفة سمعت السمكات صيادين يتواعدان على العودة الى الغدير للصيد فيه، فأما الأكيس فقد هداها عقلها الى الخروج من المكان الذي يدخل فيه الماء من النهر الى الغدير، أما الكيسة فأنها تتلكأ حتى تقع في شباك الصيادين، ولكنها لا تيأس إذ تقول: "**فرطت وهذه عاقبة التفريط فكيف الحيلة على هذه الحال؟ وقلما تنجح حيلة العجلة والارهاق. غير ان العاقل لا يقنط من منافع الرأي ولا ييأس على حال ولا يدع الرأي والجهد. ثم إنها تماوتت فطفت على وجه الماء منقلبة على ظهرها تارة وتارة على بطنها. فأخذها الصيادان وظناها ميتة فوضعاها على الأرض بين للنهر والغدير فوثبت الى النهر فنجت. وأما العاجزة فلم تزل في إقبال وإدبار حتى صيدت**"[594].

أما أكيسهن، يعني أعقلهن، فإنها إرتابت وتخوفت "كلمة خطيرة سيأتي الصياد ليصطادني ويأكلني" أتبقى مستسلمة مرتاحة جالسة؟ أما أعقلهن فإنها إرتابت وتخوفت وقالت: العاقل يحتاط للأمور قبل وقوعها، هذا العاقل، خذ هذه القاعدة (العاقل يحتاط للأمور قبل وقوعها)، والأقل عقلا حين وقوعها والأحمق بعد وقوعها، هذه الكيسة قالت العاقل يحتاط للأمور قبل وقوعها ولم تعرج على شيء حينما سمعت هذه الكلمة لم تفعل شيئا حتى خرجت من المكان الذي يدخل منه الماء من النهر إلى الغدير فنجت وإستراحت وانتهى الأمر، هذا هو العاقل.

وأما الكيسة الأقل عقلا، فبقيت في مكانها حتى عاد الصيادان، يعني بسذاجة (سوف أخرج من هنا) حين يقدمان، فلما أرادت ان تخرج من حيث خرجت رفيقتها فإذا بالمكان قد سد، أول شيء فعله الصيادان أنهما سدا المكان، فقالت فرطت وهذه

(594) كليلة ودمنة/ ١٣٢ – ١٣٣.

عاقبة التفريط، لكنها لم تستسلم، غير ان العاقل لا يقنط من منافع الرأي، أنها ذكية ولكنها أقل ذكاء من الأولى، ثم أنها تماوتت، فطفت على وجه الماء منقلبة تارة على بطنها وتارة على ظهرها، فأخذها الصياد فوضعها على الأرض بين النهر والغدير فوثبت الى النهر فنجت "ولكن تحطمت أعصابها، دفعت ثمنا باهظا"، وأما العاجزة، فلم تزل في إقبال وإدبار حتى صيدت وأكلت،هذه الحكاية تستعرض لنا ثلاثة أنواع للعاقل والبادر بالأمور وهم: العاقل قبل وقوعها، الأقل عقلا مع وقوعها، العاجز بعد وقوعها[٥٩٥].

أما شخصية الأرنب فهي شخصية قوية في كليلة ودمنة. انها صاحبة الحكمة والمعرفة والدهاء. قالت العرب أطف من الأرنب وأطعم أخاك من كلية الأرنب. ومن أمثالهم المشهورة: في بيته يؤتى الحكم[٥٩٦]. ودليلنا على مهارتها ودهائها في حسم الأمور لصالحها ولصالح أعوانها هو مثل (الأرنب والأسد).

"فأنطلقت الأرنب الى جب فيه ماء غامر صاف. فأطلعت فيه وقالت: هذا المكان، فأطلع الأسد فرأى ظله وظل الأرنب في الماء. فلم يشك في قولها ووثب على الأسد ليقاتله فغرق في الجب فأنقلبت الأرنب الى الوحوش فأعلمتهن صنيعها بالأسد"[٥٩٧].

من خلال هذا تتضح صورة الملك المظلوم على نحو أكثر وضوحا ومأسآوية في هذه الحكاية (الأسد والأرنب) فالملك المستبد (الأسد) يفرض على رعيته ان تقدم له كل يوم فريسة لغذائه. وأيضا في حكاية (الأرنب وملك الفيلة) أنها تصاب بورطة الفيل:

"فتقدمت أرنب من الأرانب يقال لها فيروز وكان الملك يعرفها بحسن الرأي والأدب. فقالت: ان رأى الملك ان يبعثني الى الفيلة ... ثم ان الأرنب إنطلقت في

---

(٥٩٥) ينظر: اسماء اللـه الحسنى " المعز المذل " (مقالة)/ من موقع .Nabulsi.com

(٥٩٦) ينظر: حياة الحيوان الكبرى/ ١: ٣٥.

(٥٩٧) كليلة ودمنة/ ١٢٩.

ليلة قمراء حتى انتهت الى الفيلة ...، ونادت ملك الفيلة وقالت له: ان القمر أرسلني اليك والرسول غير ملوم فيما يبلغ وإن أغلظ في القول ... فأنذرك ان لا تعود الى مثل ذلك ... فقالت له فيروز الرسول: خذ بخرطومك من الماء فأغسل به وجهك وأسجد للقمر. فأدخل الفيل خرطومه في الماء فتحرك فخيل الى الفيل ان القمر إرتعد. فقال ما شأن القمر إرتعد؟ ...، قالت فيروز الأرنب: نعم. فسجد الفيل للقمر مرة أخرى وتاب اليه مما صنع وشرط ان لا يعود الى مثل ذلك هو ولا أحد من فيلته"[٥٩٨].

فالأرنب هنا تتسابق مع الفيل في الفضاء الثنائي:

- الفضاء الأصلي ——◄فضاء عين القمر للأرنب (دائمي).
- الفضاء الجديد——◄فضاء عين القمر للفيلة (وقتي).

ان الفضاء الأول هو فضاء الحياة للأرنب والثاني للفيلة. ان الفضاء الخارجي الذي ارتحل اليه الفيل وأقام فيه هو فضاء الأرانب المألوف في حين ان للفيل في هذا الفضاء حياة فيما يعد تسلل فضاء الأرانب الخارجي الى فضائها المألوف خرقا وموتا لها كما في الترسيمة الآتية:

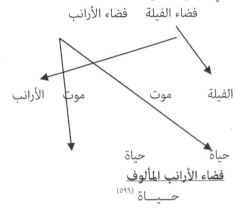

<u>فضاء الفيلة المألوف</u> **<u>فضاء الأرانب المألوف</u>**

مــوت حــيــاة[٥٩٩]

---

(٥٩٨) كليلة ودمنة/ ٢١٣ – ٢١٥.

(٥٩٩) ينظر: في الخطاب السردي/ نظرية قريماس/ ١٢٢.

"هذه الحكاية تقدم صورة الملك الذي يغتر بقوته. تلك الصورة التي ترسمها رسالة الأرانب الى ملك الفيلة. لكن نهايات القصص ترسم لنا على الدوام مصيرا مأسآويا لتلك المظالم التي لا تحتكم الى عقل ومنطق. بل ان الحاكم يكون فيها على الأغلب طائشا غبيا لا يقوي على التفكير الصحيح. وفي العادة تشكل نهاية القصة نهاية الموقف الذي ظهر مظالمه على أيدي الشخصيات أقل منه شأنا وقوة ولكنها تتسلح بالذكاء والدهاء لكي تبلغ ما تريده"(٦٠٠).

فالأرنب مع دهائها في حسم الأمور لصالحها لكنها وقعت في فخ السنور في حكاية الأرنب والصفرد والسنور عندما تريد الأرنب إحتلال مكان الصفرد:

"فلما بصر السنور بالأرنب والصفرد مقبلين نحوه انتصب قائما يصلي وأظهر الخشوع التنسك. فعجبا لما رأيا من حاله ودنوا منه هائبين له وسلما عليه وسألاه ان يقضي بينهما. فأمرهما ان يقصا عليه القصة ففعلا، فقال لهما: قد بلغني الكبر وثقلت أذناي فأدنوا مني فأسمعاني مات قولان. فدنوا منه وأعادا عليه القصة وسألاه الحكم"(٦٠١).

و"الذئب من الحيوانات الشرسة وهو حيوان شرير يؤذي. وإن هذا الخوف الذي يبعثه الذئب في النفوس نجده عند شعوب كثيرة. ففي فرنسا تلبس آلهة الشر أحيانا جلد ذئب. وفي الريف المصري الذئب عدو الفلاح. ويلعب الأسد نفس وظيفة الذئب والذئاب كأعداء من حيث النية والوظائف فهو رمز الالتهام والإيذاء"(٦٠٢).

ففي حكاية (الذئب والغراب وابن آوى والجمل) لجأ كل واحد من الذئب والغراب وابن آوى الى الحيلة لكنهم عن طريق الإجتماع الثلاثي (الذئب + الغراب + ابن آوى) اتفقوا على خداع الجمل وكل واحد منهم أتى بقول مزيف ينسجم سريا مع ما يريده

---

(٦٠٠) قصص الحيوان في الأدب العربي القديم/ ١٢٣ - ١٢٤.

(٦٠١) كليلة ودمنة/ ٢١٦.

(٦٠٢) أدب الحكاية الشعبية/ ٧٤ - ٧٥.

كي يخدم الأسد وكل واحد من الثلاثة يعلن أنه يريد ان يضحي بنفسه من أجل سلامة الأسد (الملك) لكنهما (الأثنان الآخران) يرفضان قوله.

"قال الذئب: إني لست كذلك فليأكلني الملك فقد سمحت بذلك وطابت به نفسي، فأعترضه الغراب وابن آوى وقالا: قد قالت الأطباء: من أراد قتل نفسه فليأكل لحم ذئب"[٦٠٣].

من المعلوم ان الجمل حيوان عربي، ورد ذكره في كليلة ودمنة ولا سيما في حكاية الذئب والغراب وابن آوى والجمل. فهو رمز للخير. فهذه الحكاية شبيهة بحكاية الذئب والغراب وابن آوى. فهم الأشرار في حين ليس هناك علاقة ترابطية بينه وبين (الذئب والغراب وابن آوى) الا علاقة الدخول صدفة.

"إن رعاة مروا بذلك الطريق ومعهم جمال، فتخلف منها جمل فدخل تلك الأجمة حتى انتهى الى الأسد"[٢].

هنا بدأت علاقة الجمل مع الأسد وأعوانه الثلاث وذلك من خلال ثنائية (الدخول والقبول). ان الأثنين متناقضان من حيث كيفية العيش لأن الجمل هو حيوان أليف ومن مجموعة الحيوانات التي تأكل العشب في حين ان الآخرين الأربعة من الحيوانات الشرسة وآكلي اللحوم. وأن لحظة الصدفة هي الزمن المؤدي الى ظهور هذه الثنائية من حيث العيش والاكل فقط. وعاش الجمل معهم عيشا إعتياديا وما دام هو من الحيوانات الأليفة وفي البيئة الانسانية فمن المنطقي ان لا يستطيع ان يفهم حيلة ومخادعة الحيوانات الشرسة. فهو وقع أخيرا في ورطة هؤلاء.

"فظن الجمل أنه إذا عرض نفسه على الأكل التمسوا له عذرا كما التمس بعضهم لبعض الأعذار فيسلم ويرضى الأسد عنه بذلك وينجو من المهالك. فقال: لكن أنا في للملك شبع وري ولحمي طيب هني وبطني نظيف، فليأكلني الملك

([٦٠٣]) كليلة ودمنة/ ١٤٦.

ويطعم أصحابه وخدمه فقد رضيت بذلك وطابت نفسي به فقال الذئب وابن آوى والغراب: لقد صدق الجمل وكرم وقال ما عرف. ثم إنهم وثبوا عليه فمزقوه"[1].

"في مثل هذا المثل المقدمة عرضت فيها أشخاص التمثيل والعمل كما أوضح فيها المسرح، أما الشخصيات فأسد وذئب وغراب وابن آوى وجمل، أما المسرح فأجمة مجاورة لطريق من طرق الناس. وفي هذا المثل موطئات للعقدة تدعو اليها وهي هنا حادث قتال الأسد والفيل الذي أقعد الأسد عن طلب الصيد وكان سببا للمجاعة ثم هناك عقدة قائمة على مؤامرة تهدف الى قتل الجمل وهذه العقدة تزداد شدة بالأمان الذي إستقبل به الملك الجمل، وتتأزم عندما يقدم كل من أصحاب الأسد نفسه طعاما لمليكه، ثم تتخل بمقتل الجمل، من هنا يتضمن الأسد بالرحمة والوفاء للجمل، الا أنه غير بصير بسوء نية الحاسدين والأنانيين والطماعين. يتصف الذئب وابن آوى والغراب بالطمع واللؤم والحيلة، والظاهر ان الغراب هو صاحب المؤامرة وأنه أشد الثلاثة دهاء. وقد نجحت المؤامرة نجاحا عظيما. وأضطر الذئب وابن آوى والغراب في الفصل الأخير من الرياء وتصنع الغيرة على الأسد ما يدهش. أما الجمل فبسيط القلب، ساذج، يمثل الأبرياء الذين يقعون في أشراك الغادرين ويجدون حتفهم في بساطتهم وحسن ظنهم بالناس"[٦٠٤].

كذلك "الحية أو السواد حيوان آخر من الحيوانات البرمائية. فهي رمز لأعطاء قدرة سحرية في حين وفي حين آخر قد تعتدي وتحاول ان تفكر عن خطإها ولكن لا تثق بالذي يغدر بها. وهي التي سخر منها الثعلب، وأيضا هي التي أخرجت آدم من الجنة بعد ان أغرت حواء بأكل التفاحة"[٦٠٥].

---

(٦٠٤) الموجز في تاريخ الأدب العربي وتاريخه/ ٦٢.

(٦٠٥) كتاب قصص الحيوان في الأدب العربي القديم/ ٢٨ - ٢٩.

ان الحية أو الأسود هي بمثابة الحيوان الشرير فهي تدخل على الآخر تجتاح جحره وتاكل أفراخه لكن في النهاية تقع في فخ إجتياحها. وتكون عاقبتها عاقبة وخيمة. **فلما أتوا أخذوا العقد وقتلوا الأسود"**(٦٠٦).

ان "الحيوان المستضعف الذي يخاف السنور منه ويحذره ويأبى معاشرته هو الفأر أو الجرذان لكن يخاطر بحياته في سبيل معاشه"(٦٠٧) من حيث "النية والوظيفة ان الفأرة أو الجرذان هي بمثابة الشخصية المساعدة"(٦٠٨) ان من اهم صفاتها هنا الصداقة مع أعوانها كما قامت بقرض الشبكة حتى فرغت منها". **ثم ان الجرذ اخذ في قرض الشبكة حتى فرغ منها، فانطلقت المطوقة وحمامها معها"**(٦٠٩) وفي حكاية (الفأرة التي خيرت بين الأزواج):

"زعموا أنه كان ناسك مستجاب الدعوة. فبينما هو ذات يوم جالس على ساحل البحر إذ مرت به حدأة (طائر يصطاد الجرذان) في رحلها درص فأرة (ولدها) فوقعت منها عند الناسك وأدركته لها رحمة فأخذها ولفها في ورقة وذهب بها الى منزله ...، فدعا ربه ان يحولها جارية فتحولت جارية حسناء ...، فمضى الى الجبل فقال له القول فأجابه الجبل وقال له: أنا أدلك على كل من هو أقوى مني. الجرذ الذي لا أستطيع الامتناع منه ...، فانطلق الناسك الى الجرذ فقال له: هل أنت متزوج هذه الجارية؟ فقال: وكيف أتزوجها ومسكني ضيق؟ وإنما يتزوج الجرذ الفأرة. فدعا الناسك ربه ان يحولها فأرة كما كانت وذلك برضى الجارية، فأعادها اللـه الى عنصرها الأول فانطلقت مع الجرذ"(٦١٠). وفي حكاية (الجرذ والسنور):

---

(٦٠٦) كليلة ودمنة/ ١٢٨.

(٦٠٧) كتاب قصص الحيوان في الأدب العربي القديم/ ٣٠.

(٦٠٨) أدب الحكاية الشعبية/ ٧٤.

(٦٠٩) ينظر: كليلة ودمنة/ ١٩١.

(٦١٠) كليلة ودمنة/ ٢٢٦ – ٢٢٧.

"زعموا ان شجرة عظيمة كان في أصلها جحر سنور يقال له رومي وكان قريبا منه جحر جرذ يقال له فريدون (...)، فبينما هو يسعى إذ بصر به في الشرك فسر واستبشر. ثم التفت فرأى خلفه ابن عرس يريد أخذه. وفي الشجرة بوما يريد إختطافه. فتحير في أمره وخاف؛ ان رجع ورأى أخذه ابن عرس. وإن ذهب يمينا أو شمالا إختطفه البوم وإن تقدم أمامه إفترسه السنور (...)، قال الجرذ: فإن أنت جعلت لي الأمان قطعت حبائلك وخلصتك من هذه الورطة. فإني سأدنو منك فأقطع الحبائل كلها إلا حبلا واحدا أبقيه لأستوثق لنفسي منك"[٦١١].

في هذه الأمثلة الثلاثة نرى ان الجرذ أو الفأرة هو العنصر الأساس للمساعدة أو هو بمثابة البطل المساعد. والفأر حيوان ذكي في معرفة عدوه كما في شكه الكلي في صداقة الغراب والسنور معه، فهو لا يجهل أنه أضعف منهما وهو حيوان جحره تحت الأرض في حين ان الغراب على الشجرة أو هوائي والسنور على الأرض، فالعلاقة التي تجمع الجرذ معهما فهي علاقة القوي بالضعيف"[٦١٢].

ففي حكاية (الفأرة التي خيرت بين الأزواج) تأتي الفأرة رمزا للأصالة، وايضا هي رمز لأقوى الأشياء وذلك من خلال عدم قبولها وتحملها من قبل كل من (الشمس، السحاب، الريح، الجبل)، لكن في النهاية ترجع الى الأصل وتعود الى حياتها الأصلية وتزوج الجرذ. **"وكان للجرذ مئة جحر أعدها للمخاوف"**[٦١٣] ان استعداد النفس لمقابلة الورطة والمشكلة تحسبا لهذا الأمر "يثبت مدى ذكائه وذلك من خلال إعداده مائة جحر. فإذا عزم عدوه على الكمون له فإنه لا يدري في أي جحر هو، وإذا فاجأه خارج جحر فإن فرصة نجاته بالدخول تحت الأرض

---

(٦١١) كليلة ودمنة/ ٢٥٠ - ٢٥٢.

(٦١٢) الحكاية والتأويل/ ٤٠.

(٦١٣) كليلة ودمنة/ ١٩٠.

مضروبة بمائة. وبهذا الإحتياط صار الجرذ قويا لأن بأمكانه الإفلات بسهولة كبيرة من كل من يعن له ان يسطو عليه"[٦١٤].

وهناك حيوان آخر يرد دوره في كليلة ودمنة مرة واحدة هو الظبي، فالظبي يوصف بحدة البصر وهو أشد الحيوانات نفورا، ومن كيس الظبي أنه إذا أراد ان يدخل كناسه يدخل مستديرا ويستقبل بعينيه ما يخافه على نفسه. فإن رأى ان أحدا أبصره حين دخوله لا يدخل وإلا دخل"[٦١٥]. وفي حكاية (الحمامة المطوقة والجرذ والظبي والغراب):

"إذا أقبل نحوهم ظبي يسعى مذعورا (...)، وانتهى الظبي الى الماء فشرب منه يسيرا، ثم وقف خائفا يلتفت يمينا وشمالا (...)، حتى رأيت شبحا فخفت ان يكون قانصا ... فأقام الظبي معهم"[٦١٦].

ان هذا يثبت شدة خوف الظبي ورصده لكل شيء لكي يحتفظ بحياته من صيد الصياد. وهو من أجمل الحيوانات وأنه يتميز بسرعة المشي والقفز والدوران وخاصة في وقت صيده من قبل الحيوانات الشرسة كالأسد والنمر. وأيضا ان الظبي في الحكاية نفسها يظهر بطلا مساعدا كي ينقذ حياة السلحفاة التي أخذها القانص بديلا منه وخاصة بعد إتفاقه مع الجرذ والغراب ويظهر كحيوان وفي ومخلص لأصدقائه ويخرجه:

"قال الجرذ: أرى من الحيلة ان تذهب أيها الظبي فتقع بمنظر من القانص كأنك جريح ويقع الغراب عليك كأنه يأكل منك (...)، ففعل الظبي والغراب ما

---

(٦١٤) ينظر/ الحكاية والتأويل/ ٤٠ - ٤١ ودراسات في القصة العربية - ندوة مكناس -/ ١٨١ - ١٨٢.
(٦١٥) حياة الحيوان الكبرى: ٣/ ١٥٤.
(٦١٦) كليلة ودمنة/ ٢٠٢ - ٢٠٣.

أمرهما به الجرذ، وتبعهما القانص فاستجره الظبي حتى ابعده عن الجرذ والسلحفاة، والجرذ مقبل على قطع الحبائل حتى قطعها ونجا بالسلحفاة"(٦١٧).

هذه الوحدة (الوقوع قي شرك القانص) من أقوى الوحدات السردية المنتهية بالحيلة الناتجة عن الحوار بين مجموعة من الشخصيات أو الأصدقاء المتميز كل واحد منهم بالعيش والأكل في أماكن مختلفة وأن كل واحد منهم يأتي على النحو الآتي:

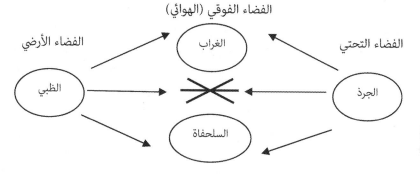

الفضاء الفوقي (الهوائي)

الفضاء الأرضي   الغراب   الفضاء التحتي

الظبي   الجرذ

السلحفاة

الفضاء البرمائي

من المنطقي ان لا يتفق هؤلاء بسبب إختلاف طبيعتهم وأسلوب عيشهم لكن ضرورة الحياة، والصراع الدائم من أجل البقاء تؤدي الى تجمعهم وإتفاقهم فيما بينهم.

حيوان دقيق يعادي الفأر ويدخل جحره ويخرجه ويعادي الحية أيضا ويقتله هو ابن عرس، يرد ذكره في كليلة ودمنة وفي طبعه انه يسرق ما وجد من فضة وذهب كما يفعل الفأر وربما عادى الفأر فقتله وهو كثير الوجود في منازل أهل مصر(٦١٨).

ففي حكاية (العلجوم والحية وابن عرس) يقوم ابن عرس بقتل الحية وذلك من خلال شرح وإعطاء الحيلة للعلجوم من قبل السرطان.

(٦١٧) كليلة ودمنة/ ٢٠٥ – ٢٠٦.
(٦١٨) ينظر: حياة الحيوان الكبرى/ ٣: ٢٥٠.

"زعموا ان علجوما جاور حية فكان كلما أفرخت جاءت الى عشه وأكلت فراخه. ففزع في ذلك الى السرطان فقال له السرطان: ان بقربك جحرا يسكنه ابن عرس وهو يأكل الحيات، فأجمع سمكا كثيرا وفرقه من جحر ابن عرس الى جحر الحية فإنه إذا بدأ في أكل السمك إنتهى الى جحر الحية فأكلها ..."[٦١٩].

وفي حكاية (الجرذ والسنور) يكون ابن عرس طرفا من أطراف الهجوم على الجرذ لكن لجوء الجرذ الى قطع حبائل السنور يؤدي به الى النجاة من ابن عرس وفرار ابن عرس من السنور. **عموا ان شجرة عظيمة كان في اصلها جحر سنور يقال له رومي. وكان قريبا منه جحر جرذ يقال له فريدون ... فأتى ذات يوم صياد فنصب حبالته قريبا من موضع رومي يلبث ان وقع فيها. فخرج الجرذ يدب ويطلب ما يأكل وهو حذر من رومي ... ثم التفت فرأى خلفه ابن عرس يريد أخذه .."**[٦٢٠].

وفي حكاية (الناسك وابن عرس) يظهر ابن عرس حيوانا اليفا ومساعدا لسد الفراغ القائم لدى الناسك وزوجته وذلك بسبب عقم الزوجة، وبقائهما زمنا دون أولاد وبعد ان يرزقا ولدا، يظهر أيضا مساعدا لإنقاذ حياة الولد اذ يهجم على الحية التي دخلت غرفة الولد، ويقتلها لأنه من أعداء الحية بطبعه.

"ولم يجد من يخلفه عند ابنه غير ابن عرس داجن كان قد رباه صغيرا فهو عنده عديل ولده. فتركه الناسك عند الصبي وأغلق عليهما البيت وذهب مع الرسول. فخرج من بعض أجحار البيت حية سوداء فدنت من الغلام. فضربها ابن عرس فوثبت عليه فقتلها ثم قطعها وإمتلأ فمه من دمها. ثم جاء الناسك وفتح الباب فالتقاه ابن عرس كالمشير له بما صنع من قتل الحية فلما رآه ملوثا بالدم

---

(٦١٩) كليلة ودمنة/ ١٥٥.

(٦٢٠) كليلة ودمنة/ ٢٥٠.

وهو مذعور طار عقله وظن أنه قد خنق ولده ...، لكن عجل على ابن عرس وضربه بعكازة كانت في يده على أم رأسه فمات"[٦٢١].

ان عدم التأكد من الأمر والإستعجال هنا يؤدي دور البطل المساعد المزيف (المعارض) كي يضرب الوالد بعكازه ابن عرس وينتهي به، لكنه بعد ذلك ندم بعد فوات الأوان.

لكن السنور يرد ذكره في حكاية (الأرنب والصفرد والسنور) و(الجرذ والسنور) "وهو حيوان متواضع خلقه اللـه تعالى لدفع الفأر، قيل ان أعرابيا صاد سنورا فلم يعرفه فتلقاه رجل فقال: ما هذا السنور؟ ولقي آخر فقال: ما هذا الهر؟ ثم لقي آخر فقال: ما هذا القط؟ ثم لقي آخر فقال ما هذا الضيون؟ ثم لقي آخر فقال: ماهذا الخيدع؟ ثم لقي آخر فقال: ما هذا الخيطل؟ ثم لقي آخر فقال: ما هذا الدم؟ فقال الأعرابي: أحمله وأبيعه لعل اللـه تعالى يجعل لي فيه مالا كثيرا. فلما أتى به الى السوق قبل له: بكم هذا؟ فقال: بمئة، فقال له: إنه يسآوى نصف درهم. فرمي به وقال لعنة اللـه ما أكبر أسماءه وأقل ثمنه"[٦٢٢].

ففي حكاية (الأرنب و الصفرد والسنور):

"فقال السنور للأرنب والصفرد: قد بلغني الكبر وثقلت أذناي فأدنوا مني فأسمعاني ما تقولان. فدنوا منه وأعادا عليه القصة وسألاه الحكم ... ثم ان السنور لم يزل يقص عليهما من جنس هذا وأشباهه حتى أنسا اليه وأقبلا عليه. ودنوا منه فوثب عليهما فقتلهما"[٦٢٣].

هنا نجد الحيلة هي الوسيلة المستخدمة من قبل السنور وهي تؤدي الى وثب الاثنين (الأرنب والصفرد) معا. فأنهما تغامرا بحياتهما بصورة متساوية. والصراع من أجل الحصول على المكان هو المؤدي الحقيقي لوحدة الدخول على السنور،

([٦٢١]) كليلة ودمنة/ ٢٤٥ - ٢٤٧ - ٢٤٨

([٦٢٢]) حياة الحيوان الكبرى/ ٢: ٥٥

([٦٢٣]) كليلة ودمنة/ ٢١٦ - ٢١٧

والحيلة المستخدمة من قبل السنور هي وحدة (كبر السن وثقل الأذن)، اذ أقنع السنور بهما عن طريق الوحدتين كما في الترسيمة الآتية:

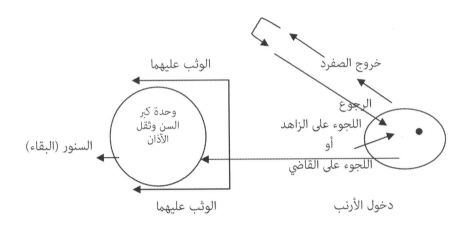

ففي حكاية الجرذ والسنور نجد ان المصلحة هي "الوحدة الأساسية للإتفاق والتعاون بين الجرذ والسنور. وهذه الحكاية تبين الحكمة في التماس الموالاة والصلح أحيانا وتوضح الفرق بين الصداقة الحقيقية وتلك التي تبني على الحاجة والضيق. والعقل في هذه الحالة هو ضابط النفس وضابط الأدوار وأحواله وزمانه، ضابط لغيره حتى إذا كان عدوا"[٦٢٤] والعاقل "يصالح عدوه إذا أضطر اليه ويصانعه ويظهر له وده ويريه من نفسه الإسترسال اليه إذ لم يجد من ذلك بدا ثم يعجل الأنصراف عنه حين يجد الى ذلك سبيلا"[٦٢٥] ففي هذه الحكاية نجد العقل هو مفتاح النجاة من الورطة من قبل الجرذ وهو أيضا مفتاح إنقاذ الذات من جهة والآخر من جهة ثانية. أي ان الجرذ أنقذ نفسه من خلال قطعه لشبكة السنور من ابن عرس والبوم والسنور من الصياد.

---

(٦٢٤) ابن المقفع (حنا الفاخوري)/ ٤١.

(٦٢٥) ينظر: كليلة ودمنة/ ٢٥٤ – ٢٥٥.

المبحث الثاني
الوحدات السردية التكاملية لصور الطيور

ان التعامل مع النصوص التي تسعى لإقامة البرهان حول جدلية العلاقة التي تنظم حياة الفرد والمجتمع، هي بمثابة عملية جدل بين النص وقارئه. فتصبح القراءة عملية تأويل واعية بذاتها، وبالنص، وقادرة - بالنتيجة - على إعادة تداولية للرسالة الأدبية. ولذلك فإن الإستطراد الحكائي في (كليلة ودمنة) يمثل غاية حجاجية، ومن ذلك ما نراه في محادثات الفيلسوف بيدبا مع تلاميذه عندما أراد مواجهة دبشليم الملك وإعادته الى حظيرة الحكم العادل، ورده عن الطغيان فبدأوا بضرب الأمثال. مثل مجاورة السبع والكلب والحية والثور. ان هذا السلوك هو إضرار بالنفس وغدر بها، وانتقلوا بعد ذلك الى التشبيه يراكب البحر الذي إذا أسلم من الموت فهذا لا يعني خلاصه من المخاوف الأخرى، وانتقلوا بعدها الى حكاية القبرة والفيل وكيف قتل فراخها فسعت للخلاص منه بالحيلة بالتحالف مع العقاعق والغربان والضفادع حتى استطاعت القضاء عليه[٦٢٦].

وقد قالت له: "كيف رأيت عظم حيلتي مع صغر جثتي عند عظم جثتك وصغر همتك؟"[٦٢٧].

"هذا يعني لنا ان الانسجام الذاتي بين الفهم والمخيلة هو أساس كل خبرة. وأن هذا الأنسجام هو الذي يحدد جمالية المعطى الخارجي القائم على ربط السبب بالنتيجة وبالمقابل إذا سرنا مع ابن المقفع في إستطراده عن دخول بيدبا على الملك، لوجدنا هناك ربطا بين موقف تلك القبرة التي قضت على الفيل وبين موقف بيدبا

([٦٢٦]) ينظر: أدب عبد اللـه بن المقفع - دراسة اسلوبية -/ ٨١.

([٦٢٧]) كليلة ودمنة/ ٢٨.

نفسه الذي إستطاع بذكائه وحيلته ان يكون صاحب مجلس الملك بعد ان دخل عليه وحصل معه الذي حصل"[٦٢٨].

من الطيور التي لها حظور في حكايات (كليلة ودمنة) القبرة، هي من حكماء الطير وأذكيائها وهي التي وعدت الصائد ان تعلمه ثلاث حكم إذا أطلقها وكانت حكمها: "لا تتلهفن على مافاتك، ولا تصدق بما لا يكون ان يكون، وأنت نسيت اثنين فكيف أحدثك بالثالثة"[٦٢٩].

ففي كليلة ودمنة القبرة هي التي لجأت الى العقاعق والغربان والضفدع لمعاقبة الفيل بعدما هشم بيضها وقتل فراخها. وبعد المشاورة معهم انتهت من الفيل وأعطت جزاءه.

"فلما علمت ذلك منه جاءت الى غدير فيه ضفادع كثيرة فشكت اليها مانالها من الفيل قالت الضفادع: ماحيلتنا نحن في عظم الفيل وأين نبلغ منه؟ قالت أحب منكن ان تصرن معي الى وهدة قريبة منه فتنقفن فيها وتضججن. فإنه إذا سمع أصواتكن لم يشك في الماء فيهوي فيها. فأجبنها الى ذلك واجتمعن في الهاوية. فسمع الفيل نقيق الضفادع وقد جهده العطش فأقبل حتى وقع في الوهدة فأعتطم (هلك ومات) فيها"[٦٣٠].

طير آخر من الطيور المذكورة في حكايات كليلة ودمنة، الغراب. والغراب هو "الكاهن المنبيء للأنباء. فهو ذلك الشخص اللابس السواد،المتوقي الحذر، المذكر بالأسمار الطواف في الديار، المتتبع للآثار، الشديد الطيران، الكثير الأسفار، الذاهب في الأقطار، المخبر بالكائنات المحذر وهو القائل في نعيقه وإنذاره: أين المفر والخلاص؟"[٦٣١].

---

(٦٢٨) أدب عبد الله بن المقفع – دراسة اسلوبية –/ ٨١.

(٦٢٩) كتاب قصص الحيوان في الأدب العربي القديم/ ٢٥- ٢٦ وحياة الحيوان الكبرى/ ٤: ٣٥٣.

(٦٣٠) كليلة ودمنة/ ٢٨.

(٦٣١) البئر والعسل – قراءة في نصوص تراثية –/ ١٣.

والغراب "رمز للشر أو النذير بالخطر في الموروث الشعبي والمعتقد الديني على حد سواء. ولعل لدلالة اللون الأسود الذي يصطبغ به الغراب دورا ملحوظا لروح الطير الذي يطبع طابعه. نظرا لهذا اللون يوحي بالكآبة والحداد فهو لون حزين أقرب الى الإنغلاق منه الى الإنفتاح"[٦٣٢] وهو "أقرب الى التشاؤم مقارنة بالتفاؤل، إنه لون الصمت أيضا لكنه مغلق، حاسم، بلا أمل في المستقبل"[٦٣٣]. من هنا صار الغراب دليل الشؤم يتشاءم الناس من نعيقه ويقال له ردا على شره: خير... خير...

"وقد تتشاءم العرب بالغراب ومن اسمه اشتقوا الغربة والإغتراب والغريب وأن إحدى الكنى التي يتكنى بها الغراب هي أبو الشؤم"[٦٣٤]. ويسمى "بالفاسق، وهو يحب ان يحاكي الغير، فقد ذهب ليتعلم مشية الحجلة فلم يحسنها ونسي مشيته"[٦٣٥].

"زعموا ان غرابا رأى حجلة تدرج وتمشي، فأعجبته مشيتها وطمع ان يتعلمها فراض على ذلك نفسه فلم يقدر على إحكامها وأيس منها وأراد ان يعود الى مشيته التي كان عليها، فإذا هو قد إختلط مشيته وتخلع فيه وصار أقبح الطير مشيا"[٦٣٦].

ففي حكاية الغراب والأسود نرى ان الغراب وقع في ورطة ثعبان أسود:

"زعموا ان غرابا كان له وكر في شجرة على جبل، وكان قريبا منه جحر ثعبان أسود، فكان الغراب إذا أفرخ عمد الأسود الى فراخه فأكلها. فبلغ من الغراب فأحزنه. فشكا ذلك الى صديق له من بنات آوى وقال له: أريد مشاورتك

([٦٣٢]) ينظر: البنيات الدالة بين كليلة ودمنة والف ليلة وليلة/ ٤٧ والبئر والعسل/ ١٣ - ١٤.

([٦٣٣]) الضوء واللون: ٥٥.

([٦٣٤]) البنيات الدالة بين كليلة ودمنة والف ليلة وليلة/ ٤٧ والبئر والعسل/ ١٣- ١٤وحياة الحيوان الكبرى/ ٢٥٢ الحيوان/١: ٤١٨.

([٦٣٥]) كتاب قصص الحيوان في الأدب العربي القديم/ ٢٧.

([٦٣٦]) كليلة ودمنة/ ٣٠٢.

في أمر قد عزمت عليه. وقال: وما هو؟ قال الغراب: قد غرقت ان أذهب الى الأسود إذا نام فأنقر عينيه، فأفقأهما لعلي أستريح منه. قال ابن آوى: بئس الحيلة التي احتلت! فالتمس أمرا تصيب فيه بغيتك من الأسود من غير ان تغرر بنفسك وتخاطر بها وإياك ان يكون مثلك مثل العلجوم الذي أراد قتل السرطان فقتل نفسه"(٦٣٧).

هنا نجد المشاورة هي الوحدة الأساسية للغراب مرة أخرى كي ينقذ نفسه من ورطة الثعبان. وهو يريد ان يوقع نفسه في ورطة فقء عين الثعبان، وذلك بظفره في وقت النوم وفي جحره، وهذا خطأ فادح إذ يريد إختياره. لكن الوحدة المشاورة هي الوحدة الأساسية لكي ينقذ نفسه وفعله.

"فأنطلق الغراب محلقا في السماء، فوجد إمرأة من بنات العظماء على شاطيء نهر .... ، فأنقض واختطف من حليها عقدا وطار به، فتبعه الناس، ولم يزل طائرا واقعا بحيث يراه كل أحد حتى إنتهى الى جحر الأسود فألقى العقد عليه والناس ينظرون اليه فلما أتوا أخذوا العقد وقتلوا الأسود"(٦٣٨).

ومثلما يرى الإنسان "شحيج الغراب نذير شر وباعث هم فإن الوعول على قوتها وعزلتها في الأمكنة المنيعة ترتاع منه، فتهرع إذ طرق صوته سمعها الى الصخور محتمية بها لما يوحي به هذا الصوت من شؤم وهواجس مخيفة"(٦٣٩).

وفكرة شر الغراب تقترن بالفكر الديني وخاصة في قصة قتل قابيل لأخيه هابيل كما نرى في قوله تعالى: **فبعث الله غرابا يبحث في الأرض ليريه كيف يواري سوأة أخيه قال يا ويلتا أعجزت أن أكون مثل هذا الغراب فأواري سوأة أخي فأصبح من النادمين**(٦٤٠).

(٦٣٧) كليلة ودمنة/ ١٢٤ - ١٢٥.

(٦٣٨) كليلة ودمنة ١٢٧ - ١٢٨.

(٦٣٩) الخوف في الشعر العربي قبل الإسلام/ ٢٣٠.

(٦٤٠) المائدة/ ٣١.

وهذه الآية تبين كيفية تعليم مواراة الموتى وبيانها بصورة خاصة لقابيل لإخفاء جثة أخيه. وهذا عمل إجرامي بشع، اعني قتل الأخ أخاه[٦٤١].

أن الطائر الأحمق الذي لا يستشار في الأمور المهمة اليراعة، فاليراعة ورد ذكرها في كليلة ودمنة وأنها سلكت الحماقة نفسها في طبعها في الحدث المروي في مثل الرجل والطائر "**فرأوا يراعة تطير كأنها شرارة نار فظنوها نارا وجمعوا حطبا كثيرا فألقوه عليها وجعلوا ينفخون بأفواههم ويتروحون بأيديهم طمعا في ان يوقدوا نارا يصطلون بها من البرد ...**"[٦٤٢].

ان اليراعة "طائر صغير إذا طار بالنهار كان كبعض الطير وإذا طار بالليل كان كأنه شهاب ثاقب أو كمصباح طيار وتعرف عند بعض العامة بـ (سراج الليل)،"[٦٤٣] ترد في حكاية (التاجر والأرض التي تأكل جرذانها الحديد) وحدة سردية قوية لظهور الدور الرئيس للطائر البازي. وهو من أشد الحيوانات تكبرا وأضيقها خلقا. فإتيانه من قبل الرجل والتاجر الى الحكاية جاء نتيجة هذه السمة الخلقية للبازي فضلا عن قوته في الصيد وأخذ الحيوانات. "**إني لما خرجت من عندك بالأمس رأيت بازيا قد إختطف صبيا صفته كذا. ولعله ابنك ...**"[٦٤٤].

بعد هذا حاول التاجر إقناع الرجل بأنه إذا كان على أرض تأكل جرذانها مئة من حديدا فليس بعجب ان تختطف بزاتها الفيلة. لكن كلام الرجل ليس كلاما منطقيا وإنما جاء بحيوان تحتي (تحت الأرض) دليلا على خفاء الأشياء في بطن الأرض وأن حيواناتها (الجرذان) مثلا لها طبيعة الأرض نفسها في أكل الحديد وكدليل أيضا على أنها من أقوى الأشياء والحيوان كما في حكاية (الفأرة التي خيرت بين الأزواج).

---

(٦٤١) نقلا عن: البنيات الدالة بين كليلة ودمنة والف ليلة وليلة/ ٤٧.

(٦٤٢) كليلة ودمنة/ ١٥٢ – ١٥٣.

(٦٤٣) حياة الحيوان الكبرى: ٤/ ٤٥٤ وكتاب قصص الحيوان في الأدب العربي القديم/ ٢٧. كليلة ودمنة/ ١٥٣.

(٦٤٤) كليلة ودمنة/ ١٥٨.

وبالمقابل ان التاجر أتى بنموذج فوقي وهوائي أي: (قيام البازي بإختطاف الأبن من جهة وأستطاعة البازي إختطاف الفيلة)، وإذا كان دليل الرجل الذي اخفى الحديد (المال) ١٠٠% منطقيا فإن كلام التاجر لم يكن قريبا من الحقيقة والمنطق حتى درجة واحدة بالمائة. وهذا قريب من الفكر الأسطوري.

من خلال هذا التقابل الثنائي في الإتيان بنماذج منطقية لعدم منطقية الحدث إستسلم الرجل **وقال:" أنا أكلت حديدك وهذا ثمنه فأردد علي ابني"**[٦٤٥].

ان إدارة الموقف (Situation managmnt) هنا وضع يقف فيه الإنسان أو الحيوان. وهي إدارة مرتبطة بموقف معين أو حدث معين (أكل الجرذان الحديد) و(إختطاف الإبن من قبل البازي). كذلك كان تعامل التاجر مع الموقف ناجحا وذلك من خلال إتخاذه القرار وتحليله للموقف ونجاحه فيه في النهاية[٦٤٦].

"ان الطيور تحلق في السماء وترمز الى الحرية وإنها الأنا الأعلى بأهدافها النبيلة ومثاليتها،"[٦٤٧] والحمام "من هذا القبيل ومن صفاته - وخصوصا البيضاء - الفكرة الشائعة عنه بإعتباره رسول السلام. ونظرا لطبيعته المسالمة فقد وصف بالدعة واللطف والطهارة والحنو. أبدا وصارت رؤيته فيما بعد مبعث السعادة والتفاؤل للجميع"[٦٤٨].

واعتقد السلافيون ان "الروح تتحول عند الموت الى حمامة ولذلك صارت رمز الميت عندهم وفي الدين الهندوسي تعتبر الحمامة رسول ياما (ملك الموت). ويعتقد كثير من المسيحيين ان الحمامة ذات الرجل الحمراء صارت كذلك من

---

(٦٤٥) كليلة ودمنة/ ١٥٨.

(٦٤٦) ينظر: معجم مصطلحات التربية لفظا وإصطلاحا/ ١٩.

(٦٤٧) أدب الحكاية الشعبية/ ٧٥.

(٦٤٨) البنيات الدالة بين كليلة ودمنة والف ليلة وليلة/ ٩٣ .

تلطخها بدم المسيح (عليه السلام) في أسفل الصليب"[٦٤٩] "وأن صوت الحمام الذكر يشبه الأنين والتوجع"[٦٥٠].

ففي حكايات كليلة ودمنة أنه وقع في احوال كثيرة بالفخ وحيلة الآخر، لكنه إستطاع ان ينقذ نفسه سواء أكان:

١. **بوساطة نفسه (الذات):**

"نتعاون جميعنا ونطير كطائر واحد فينجو بعضنا ببعض فجمعن أنفسهن ووثبن وثبة واحدة فقلعن الشبكة جميعهن بتعاونهن"[٦٥١].

ان "هذه الحكاية فيها خصوصيات الرئاسة المتواجدة في المطوقة قائدة الحمامات وكيفية تبنيها للحمامات التي تطيعها من أجل خلاصهم وإنقاذهم من المصيدة والفخ الذي وقعوا به، وحتى أنها تركت نفسها للأخير بعد ان تنقذ الجميع مستغلة بذلك صداقتها مع الجرذ عندما تقول له انك لو أخرجتني في البداية ربما تتعب وتنصرف عن الآخرين ولكن عندما تخرج الآخرين وأبقى أنا. فنتيجة لصداقتك وحبك لي ستستمر في فك الحبال من أجل إنقاذي حتى ولو كنت متعبا. فمثل هذا النمط من الرئاسة يجعل الحمامات لا تهرب منها وتحب ان تكون معها وتطيعها دائما والذي يحيرنا كيف كان الإنسان تفكر قبل ستة عشر قرنا بهذا الشكل ولايستطيع القائد السياسي اليوم ان يبقى رفاقه الذين عاشوا وناضلوا وكافحوا معه عشرات السنين وضحوا بكل غال ونفيس الى درجة تضحية أجزاء من جسدهم في سبيله؟ ولايستطيع القيام بالرئاسة والقيادة ويدعهم يهربون منه نتيجة لتجاهله قواعد الرئاسة أو عدم تطبيقها في الواقع العملي؟ فالحمامات عندما تكاتفن وتضامن

(٦٤٩) رموز من عالم الحيوان/ سامي الأحمد، التراث الشعبي. بغداد، العدد الفصل الثاني، ربيع ١٩٨٨.

(٦٥٠) الطير في الفولكلور العراقي: ٦١ كاظم سعدالدين - التراث الشعبي سنة ٣ - جزء ٢، أيلول ١٩٦٦.

(٦٥١) كليلة ودمنة/ ١٨٩.

إستطعن ان ينقذن حياتهن من الخطر معا. وذلك بتركهم التفكير الذي يجعل كل واحدة تفكر بنفسها كما المثل الذي ينقذ نفسه هو والقبطان. ولكن ينسون ان غرق السفينة ستغرق الجمع معهم"(٦٥٢).

٢. بوساطة الآخر كما:

"وبمكان كذا جرذ هو لي أخ فلو إنتهينا اليه قطع عنا هذا الشرك (...)، ثم ان الجرذ أخذ في قرض الشبكة حتى فرغ منها فأنطلقت المطوقة وحمامها معها"(٦٥٣).

ففي حكاية (الحمامتين) ان الحمام وقع في فخ سذاجته وعدم المامه بحقيقة الأمر في التغييرات المناخية الموسمية في المواسم الأربعة:

"زعموا ان حمامتين ذكرا وأنثى ملأ عشهما من الحنطة والشعير (...)، فإذا جاء الشتاء ولم يكن في الصحارى شيء رجعنا الى ما في عشنا فأكلناه فرضيت الأنثى بذلك ....، فانطلق الذكر فغاب. فلما جاء الصيف يبس الحب وتضمر، فلما رجع الذكر رأى الحب ناقصا فقال لها: أليس كنا جمعنا رأينا على ان لا نأكل منه شيئا فلم أكلته؟ فجعلت تحلف أنها ما أكلت منه شيئا وجعلت تتنصل اليه فلم يصدقها وجعل ينقرها حتى ماتت. فلما جاءت الأمطار ودخل الشتاء تندى الحب وامتلأ العش كما كان. فلما رأى الذكر ندم. ثم أضطجع الى جانب حمامته. وقال: ماينفعني الحب والعيش بعدك ....، ثم إستمر على حزنه"(٦٥٤).

هنا "الحمامة إنحرفت إنحرافا خلقيا ولم تتمسك بالمبادئ والفضائل التي عليها ان تراعيه لصالح نفسه (الحمام الذكر) ولصالح الآخر (الحمامة) ولم يتمسك أيضا بالمبادئ والإتجاهات السلوكية المحطمة للذات"(٦٥٥).

---

(٦٥٢) قراءة مقارنة في قصة كليلة ودمنة/ ٢.

(٦٥٣) كليلة ودمنة/ ١٩٠ - ١٩١.

(٦٥٤) كليلة ودمنة/ ٢٩٢ - ٢٩٣.

(٦٥٥) ينظر: معجم مصطلحات التربية لفضا وإصطلاحا/ ٥٩.

"فجعلت تحلف أنها ما أكلت منه شيئا وجعلت تتنصل اليه فلم يصدقها وجعل ينقرها حتى ماتت"[656]. هنا يظهر الحمام الذكر انه المحطم والمضر للآخر وذلك نتيجة تجاهله حقيقة الأمر.

كذلك الطائر مالك الحزين مذكور في كليلة ودمنة يرد دوره في حكاية (باب الحمامة والثعلب ومالك الحزين) وهو المساعد للحمامة كي تنقذ نفسها وفراخها من ورطة الثعلب". وهو يمثل الرجل الذي ينفع الآخرين برأيه ولا ينتفع به"[657]. إنه "طائر حزين من طير الماء. وهوطائر طويل العنق والرجلين، من أعاجيب الدنيا أمر مالك الحزين لأنه لا يزال يعقد بقرب المياه ومواضع نبعها من الأنهار وغيرها. فإذا نشفت يحزن على ذهابها ويبقى حزينا كئيبا وربما ترك الشرب حتى يموت عطشا خوفا من زيادة نقعها بشربه منها. وهذا الطائر لما كان يعقد عند المياه التي انقطعت عن الجري وصارت مخزونة سمي مالكا. ولما كان يحزن على ذهابها سمي بالحزين. وفي بعض ضحضحاته: فإذا إجتمع اليه السمك الصغار أسرع الى خطف ما إستطاع منها. وسمي أيضا باللقلق"[658].

هنا تأتي الخدعة الوحدة المؤدية لإنقاذ الآخر ووقوع الذات (النفس) في الورطة.

"قال لها مالك الحزين: إذا أتاك ليفعل ما تقولين فقولي له: لا ألقي اليك فرخي فارق الي وغرر بنفسك. فإذا فعلت ذلك وأكلت فرخي طرت عنك ونجوت بنفسي. فلما علمها مالك الحزين هذه الحيلة طار فوقع على شاطئ نهر وأقبل الثعلب في الوقت الذي عرف، فوقف تحت النخلة ثم صاح كما كان يفعل فأجابته الحمامة بما علمها مالك الحزين، فقال لها: أخبريني من علمك هذا؟ قالت علمني مالك الحزين.

---

(٦٥٦) كليلة ودمنة/ ٢٩٢.

(٦٥٧) ابن المقفع (حنا الفاخوري)/ ٤٢.

(٦٥٨) حياة الحيوان الكبرى: ٤/ ٤٧١.

فتوجه الثعلب الى مالك الحزين على شاطئ النهر فوجده واقفا فقال له الثعلب: يا مالك الحزين إذا أتتك الريح عن يمينك فأين تجعل رأسك؟ قال: عن شمالي. قال فإذا أتتك عن شمالك أين تجعل رأسك؟ قال: أجعله عن يميني أو خلفي. قال: إذا أتتك الريح من كل مكان وكل ناحية أين تجعله؟ قال أجعله تحت جناحي ...، فأدخل الطائر رأسه تحت جناحيه. فوثب عليه الثعلب مكانه فأخذه فهمزه همزة دق بها عنقه ..."[٦٥٩].

فالحمامة هنا أنقذت نفسها بوساطة نصيحة الآخر (مالك الحزين) في الوقت الذي وقع فيه الآخر في شر حيلته ونصيحته نتيجة لعدم معرفته بحيلة الثعلب. وأنه قدم الرأي والنصيحة للحمامة فنجت من ورطة الثعلب وأخذت الحيلة من مالك الحزين في حين أنه عجز عن ما يخص نفسه وتمكن الثعلب من أخذه وقتله وأكله كما في هذه الترسيمة:

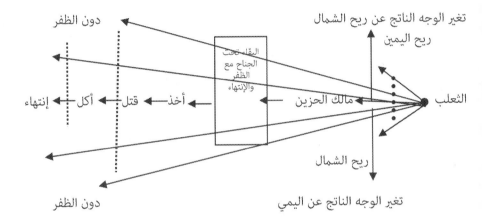

ان رمزية هذه الحكاية "تبين غياب العدالة الإجتماعية في عصر كاتب النص وعدم قدرة مؤلفه على نقد السلطان المتجبر، وبطانته نقدا صريحا. هادفا فتوخي نصح الحكام والتهيئة لايقاظ المحكومين لكي يميزوا الظلم من العدل فيعملوا على رفع الظلم، وينادوا بتحقيق العدالة. فالحمامة صورة محققة وموحية للجزع والرعب والفزع والإستسلام. فتبذل ما في وسعها للحصول على المكان، لكنها تنسى الظالم،

(٦٥٩) كليلة ودمنة/ ٣١٩ - ٣٢٠.

الذي مثلته صورة الثعلب المخادع، وأما مالك الحزين (اللقلق) صورة مجسمة للسذاجة والغفلة، رأى الحمامة قد أضناها الغم. وسيطر عليها الهلع، وأنحلها الحزن والهم وإستبد بها الخوف والفزع. فشلت قدرتها على التفكير وابتعدت عنها مسالك التدبير، فبصرها مالك الحزين بحقيقة ما هي عليه من منعة غير ان مالك الحزين (اللقلق) وقد اسدى النصيحة ونسي عداوته مع الثعلب فكان ما كان من قتله من قبل الثعلب"[٦٦٠].

فالنص وماحواه من إستعارات مكنية في أسلوبه إذ نظر اليه مجزءا وقد تمثل فيه المشبه الذي هو "الرجل الفطن المتلهف الى عرض الرأي النافع يدفعه الى الناس ليحلوا مشكلاتهم والمشبه به" أحوال الحمامة والثعلب ومالك الحزين. وهي صورة موجودة.

والإستعارات قد حذف مشبهها وبقي المشبه به على توافق الإستعارات المكنية، فالنص لون من الأدب الرمزي. وفيه نوع من الغموض المحبب الى نفس متلقيه، لأنه يثير حركة في ذهنه، ويقظة في فكره. ولما يهيئه من لذة في طلب المعنى الحقيقي، ويولده من رابطة وجدانية بين الأديب ومن يقرأ له، يجده يستحضر صورة الحمامة العاملة المتعبة في نقل العشب ووضعه تحت البيض بعد شدة وتعب. وأن شدة الترابط بين الألفاظ يؤديك الى عدم الإمكانية في إستغناء بعضها عن البعض، إذ لايتم المعنى الا بإئتلافها كلها. ولعل الأمر لايبعد عن ذهن المتتبع لأحوال الحمامة وهي تتم مهمتها، فاستخدم الأفعال غير أنه غير زمنها فإنتقل الى الماضي"[٦٦١].

"باضت فرغت من النقل. ثم حضنت ...، فإذا فقست، وأدرك فراخها جاءها ثعلب"[٦٦٢].

---

(٦٦٠) فن الأسلوب (حميد آدم ثويني)/ ٣٧.

(٦٦١) فن الأسلوب/ ٣٨.

(٦٦٢) كليلة ودمنة/ ٣١٨.

فقد رسم للقارئ صورة سريعة غنية بالدلالة على ما قامت به الحمامة من أعمال، وما بذلته من مكابدة ومعاناة، وقد يستمتع المتفحص لطبيعة النص ما توخاه الكاتب من إيجاز بارع في بدء العبارات وفي وسطها لأنه لا يريد ان يذهب الى أقصى مدى في التعبير فيضعف صورة ما يريد نسجه، لكنه توخي الغموض الذي لازم الإيجاز لكي ينبه فكر السامع أو القارئ ويثيره في حركة نفسية ذهنية أشد من الإنطباع الموصل الى المعنى دفعة واحدة(٦٦٣).

وعندما أراد الكاتب متابعة الحكاية "قدر ان يحدد المكان المسرحي فقيده بشاطئ النهر. ولعل الذي أراده هو كون الحوار مداره الريح (هكذا). وهو متوفر متزاحم. فتحبس الأنفاس لكي يكون اللقاء بين الثعلب ومالك الحزين (اللقلق) غير ان الجمل تمسي قصيرة وسريعة وقال له يا مالك الحزين: إذا أتتك ريح (...)، فوثب عليه (...)، ثم قال له: ياعدو نفسه (...)، فقد استخدم حرف [الفاء] للتدليل على الحركة السريعة. ولا شك في ان "الكاتب باستخدامه جانبا الكتابة السردية والحوارية بين أشخاص الحكاية جدد إثارة تفكير القارئ، وجذب إنتباهه لكي يصل الى تسليته ويبلغ قوة الإستراحة والمتعة في عصر قلت فيه سبل الترفيه الا في قضايا ما توفر من طرق القدرة في القوة الفردية"(٦٦٤).

أما ما يخص البوم "ففي حكاية البوم والغربان ان البوم يتفق دوره مع طبيعته السايكولوجية. ومن طبعها ان تدخل على طائر في وكره وتخرجه منه في الليل وتأكل فراخه وبيضه، وهي قوية السلطان بالليل. لايختملها شيء من الطير، ولا تنام الا بالليل، فإذا رآها طير بالنهار قتلنها ونتفن ريشها للعداوة التي بينهن وبينها ومن أجل ذلك صار الصيادون يجعلونها تحت شباكهم ليقع لهم الطير"(٦٦٥).

(٦٦٣) ينظر: فن الأسلوب/ ٣٨.

(٦٦٤) فن الأسلوب/ ٣٨ – ٣٩.

(٦٦٥) حياة الحيوان الكبرى: ١/ ٢٢٩ والحيوان: ١/ ٢٨٠، ٤٠٨.

وأن البوم "لا تظهر بالنهار خوفا من ان تصاب بالعين لحسنها وجمالها ولما تصور في نفسها أنها أحسن الحيوان لا تظهر الا بالليل"[٦٦٦]. وفي أصل طبعها عداوة مع الغربان ونستطيع ان نرى هذه العداوة في حكاية البوم والغربان:

"فخرج ملك البوم لبعض غدواته وروحاته وفي نفسه العداوة لملك الغربان وفي نفس الغربان وملكها مثل ذلك البوم. فأغار ملك البوم في أصحابه على الغربان في أوكارها فقتل وسبى منها خلقا كثيرا، وكانت الغارة ليلا"[٦٦٧].

ان مهاجمة البوم على الغربان تجدد العداوة السابقة التي جاءت نتيجة مشاورة البوم والكراكي لغراب من الغربان. ان الغراب يحكم بينهما حكما عشوائيا دون التفكير في مستقبل أحفاده:

"زعموا ان جماعة من الكراكي لم يكن لها ملك، فأجمعت أمرها على ان تملك عليها ملك البوم، فبينما هي في مجمعها إذ وقع لها غراب. فقالت لوجاءنا هذا الغراب لأستشرناه في أمرنا فلم يلبث دون ان جاءهن الغراب فأستشرنه فقال: لو ان الطير بادت من الأقاليم وفقد الطاووس والبط والنعام من العالم لما إضطررتن الى ان تملكن عليكن البوم التي هي أقبح الطير منظرا وأسوؤها خلقا وأقلها عقلا وأشدها غضبا (...)، فلما سمعت الكراكي من كلام الغراب أضربن عن تمليك البوم. وكان هناك بوم حاضر قد سمع ماقالوا فقال للغراب: "وقد غرستم معاشر الغربان بيننا وبينكم شجر الحقد والعداوة والبغضاء"[٦٦٨].

هذا يثبت ان توسط الغراب هو بداية العداوة بين البوم والغربان ومدى تأثيرها في الكراكي في رفض دور تحكم البوم فيهم. ومع سيطرة البوم على الغربان وقتلهم أو جرحهم أو كسر أجنحتهم لم تسد سيطرتها على الغربان، وذلك بسبب حماقة ملكهن في عدم إستشارة الآخرين على عكس ملك الغربان الذي أختار الإستشارة

(٦٦٦) حياة الحيوان الكبرى: ١/ ٢٢٩، الحيوان: ١/ ٤٠٨.

(٦٦٧) كليلة ودمنة/ ٢٠٨ - ٢٠٩.

(٦٦٨) كليلة ودمنة/ ٢١٢ - ٢١٣ - ٢١٧.

وهو يختار أفضل الآراء من المستشارين الخمسة. ان ملك البوم هنا يظهر شخصا ذا طابع فردي ومتسلط في دراسة الأمور الصعبة وهو يفرض آراءه في كل الأوقات:

"فلم يلتفت الملك الى قولهم وأمر بالغراب ان يحمل الى منازل البوم ويكرم ويستوصي به خيرا"[٦٦٩].

"إن حكاية البوم والغربان حكاية تدور عن موضوع حرب طاحنة بينهما وينهزم الغربان ولكن غرابا عجوزا يحتال على البوم. ثم يأتي الغربان ليلا فيشعلون النار في البوم"[٦٧٠].

وفي حكاية (الملك والطائر فنزة) يعني ان قيام الطائر فنزة بفقء عين ابن الملك وولي عهده. في الواقع تهديد إستمرار الملكية ذاتها وهو عنصر يشبه الى حد ما عنصرا من الطراز ذاته في الطائر فنزة. وهناك أثر بابلي في هذه الحكاية. فالحكاية واردة في الأسطورة البابلية وهي حكاية الملك والطائر إنزو. فوق كل ذلك فإن الطائر فنزة هو الطائر الوحيد بين طيور كليلة ودمنة الذي يملك إسما مفردا خاصا به في حين ان الطيور الأخرى تملك أسماء جنس: غراب، علجوم، صفرد، ... الخ، يؤكد هذا صحة ما رأيناه من علاقة بين الطائر وبين الطائر إنزو البابلي ولم يحول إسم الطائر فنزة الى طائر بإسم جنس كغيره من طيور كليلة ودمنة، لأنه قادم من أسطورة هو بطلها ومركزها، أي أسطورة (الطائر إنزو) البابلية الشهيرة. ولذا لم يكن بالإمكان الإستغناء عن إسمه. والحق ان الأسماء في العالم القديم لم تكن أشياء يمكن اللعب بها بسهولة، فالإسم هو الشيء عينه الى حد ما والعبث به

---

(٦٦٩) كليلة ودمنة/ ٢٢٥.

(٦٧٠) الحكاية التراثية العربية وأثرها في آداب العالم/ ٦٤١.

إنما هو عبث بالشيء وجوهره[٦٧١]. يقول القرآن الكريم مثلا: **وعلم آدم الأسماء كلها**[٦٧٢].

يعني ان آدم علم الأشياء من أجل تحول الأسماء ولا تضيع في كثير من الأحيان، كما حصل مع اسم الطائر إنزو الذي صار الطائر فنزة.

هنا نرى ان في القصص التي أبطالها الطيور يكون الطير (البطل) ممتلكا صفات خارقة وبطولة نادرة وشجاعة قاهرة[٦٧٣] نتيجة لهذه الأدوار البطولية للطيور في حكايات كليلة ودمنة لا بد ان تجد قيادة ماهرة تقود زمام الأحداث وتحقق النصر وتواكب وقائعها الحاسمة. كما في حكاية القبرة والفيل، والتاجر والأرض التي تأكل جرذانها الحديد (من خلال دور الباز)، الغراب والأسود، العلجوم والسرطان، الحمامة المطوقة والجرذ والغراب والسلحفاة، والبوم والغربان... الخ.

ولو أردنا النظر في حكايات كليلة ودمنة رأينا ظل طبائع الطيور في الحكايات وذلك في ارتباطها الكلي بالحدث مثلا حيلة القبرة مع الفيل ولجوؤها الى العقاعق والضفادع، ومشاورة ملك الغربان لوزرائه وعدم مشاورة ملك البوم وتمسكه بالرأي الشخصي مقابل رفض رأي الآخر للمشاورة وفرض الرأي الشخصي وإفتخاره بالصورة الشخصية؛ فذلك كله موجود في طبعه، أي ان الإنسجام في الطبع والطبيعة وحدة سردية مؤدية الى وجود الحيلة في الحكايات. فمثلا "ان البوم سلاحه هو الأسنان"[٦٧٤] ففي حكاية البوم والغربان الشيء نفسه وذلك في قتلهم للغربان وأسرهم ونقر رؤوسهم.

إن مساعدة الطيور للإنسان تؤدي الى ظهور البنية أو الوظيفة مثلا ان الديك رمز للنصيحة والنسر والصقر والطاووس للحماية أو رمز للأمومة والعطف

---

(٦٧١) ينظر: حصة بابل في كليلة ودمنة/ ٢٤٥ - ٢٤٦.

(٦٧٢) البقرة/ ٣١.

(٦٧٣) ينظر: أثر البيئة في الحكاية الشعبية العراقية/ ٩٢.

(٦٧٤) الحيوان/ ١: ٣٦.

(والنسر طائر مقدس عند المصريين القدماء، فهم يحمون البطل تحت أجنحتهم) والعصافير محل ثقة الأميرات والحبيبات وأحيانا ترمز الى الروح. أما الديك مع ترميزه الى النصيحة أو إعطاء الثروة فهو رمز الرجولة وفي الحكاية المصرية (لغة الحيوان) ينصح الديك الذي تحترمه زوجاته سيده بأن يفرض إرادته على زوجته أو يقوم بتسريحها"[٦٧٥].

ان العلجوم طير ورد ذكره في كليلة ودمنة وهو رمز للشكوى والتفكير فيما يصيبهما وإختيار الطريقة المثلى لإنقاذ النفس. وأنه يستخدم أفضل طرق الحيلة المهلكة، وفي النهاية لم يكن له البقاء. والبقاء هو للسرطان والهلاك له، كما في حكايتي (العلجوم والسرطان والعلجوم والحية وابن عرس). والترسيمة الآتية تبين هذا:

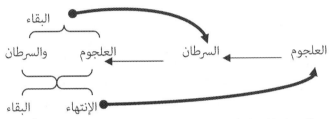

"والعلجوم ذكر البط والبط ثقيل الجسم لا يحسن الطيران وقد يألف ويعاشر، فيكون هدف الصيادين"[٦٧٦] **"زعموا أنها (البطة) رأت في الماء ضوء كوكب فظنته سمكة، فحاولت ان تصيدها. فلما جلبت ذلك مرارا علمت أنه ليس بشيء يصاد فتركته. ثم رأت غد ذلك اليوم السمكة. فظنت أنها مثل الذي رأته بالأمس فتركتها ولم تطلب صيدها"**[٦٧٧].

وبما ان العقل صفة الإنسان الأولى، فإن قصص كليلة ودمنة تقدم لنا صورة ساخرة لأولئك الذين تتمثل فيهم صفة السذاجة والغباء وترى في سلوكهم هذا امتهانا

---

(٦٧٥) ينظر: أدب الحكاية الشعبية/ ٧٤ - ٧٥ - ٧٦.

(٦٧٦) كتاب قصص الحيوان في الأدب العربي/ ٢٧.

(٦٧٧) كليلة ودمنة/ ١٣٩.

للعقل الإنساني وإقلالا من قيمته كما في قصة العلجوم والسرطان حينما جعلت الأسماك من العلجوم (وهو الذي يقتات عليها) منقذا لها فراح يفترسها واحدة بعد الأخرى حتى كانت نهايته على يد السرطان. هذا يخص العقل الذي يحكم تصرفات البشر وما يملي عليهم من سلوك. ومواقف تشكل في إطارها العام تكوينا لأخلاقية الفرد. وأخلاقية المجتمع. فما هي السمات الأساسية والصفات العامة المكونة للنموذج الإنساني الذي سعى ابن المقفع الى رسمه وتكريمه"(٦٧٨).

ان هناك روح حكاية شعبية قوية في هذه الحكاية وهذا دليل على وقوعه بـ (سوء الظن في الأختيار) وأن هناك وحدات سردية قوية كمؤشر لـ (سذاجة البطة) كما في هذا التقسيم الحكائي للوحدات السردية فيها(٦٧٩):

الموضوع ←	بحث البطة عن السمك.
المكان ←	الماء.
الزمان ←	ضوء كوكب القمر (في الليل).
الشخصيات ←	البطة/ السمكة.
الحوار ←	معدوم.
الحدث ←	حركة البطة فقط (البحث عن السمك).
عالم الحكاية ←	بطة + ماء + ضوء كوكب + الفشل في الصيد.

(٦٧٨) قصص الحيوان في الأدب العربي القديم/ ١٣٩ – ١٤٠.
(٦٧٩) ينظر: سحر القصة والحكاية/ ٢٣.

المبحث الثالث
الوحدات السردية التكاملية لصور الإنسان

وجد النقاد والباحثون "ان توظيف الحيوان في القصة أمر مقصود، حيث تستند اليه أفعال وصفات غالبا يكون لها ما يوازيها في عالم البشر وحياتهم، وهنا يمكن ان ندرج كل شخصيات الحكايات لأنها تقوم على ركني التشبيه:

الأول الطبع الحيواني مقارنا بالطرف الثاني الذي هو الفعل الإنساني، وقد يعمد القاص في المزج بين نوعين من الشخصيات داخل النص الواحد كأن يكون النمط الأول حيوانيا في شكله العام وإنسانيا في فعله، وتفكيره، أما النمط الآخر فهو نمط إنساني في شكله، ومضمونه، ومن خلال هذا الإستخدام المزدوج للشخصيات يعمد المؤلف الى تجسيد الحدث عبر علاقة الحيوان بالإنسان"(٦٨٠).

لقد حافظت قصة الحيوان في هذا النص على طابعها العام من حيث قلة عدد الشخصيات. فهي في الغالب تحتوي على شخصية واحدة أو شخصيتين أو أكثر، كما في أغلب قصص الأمثال وقصص أخرى مثل (بيدبا والحكمة، والناسك واللص، والرجل والطائر، والناسك وابن عرس، والرجل وطبق العدس، والناسك والضيف، والسائح والصائغ، وابن الملك وأصحابه، والشيخ وبنيه الثلاثة، والرجل الهارب من الذئب واللصوص، والرجل وإمرأتيه، والذئب والرجل والقوس، والتاجر وإمرأته والسارق، والناسك واللص والشيطان، وإيلاذ وبلاذ وإيراخت). ومن الملاحظ في هذه القصص ان الحدث تقوم به شخصية واحدة في الغالب، أما بقية شخصيات القصة فيكون وجودها مساعدا أو هامشيا.

وخلاصة القول ان صورة الإنسان في (كليلة ودمنة) تنقسم حسب الأدوار والحوارات في الحكايات، وذلك بين الشخصيات مثلا ان لأدب الملوك سهما كبيرا كرمز لدور الإنسان في كليلة ودمنة. ويحرص كتاب (كليلة ودمنة) اشد الحرص

---

(٦٨٠) قصص الحيوان في الأدب العربي القديم/ ٩٢.

على تأديب الملوك وذوي السلطان، ومهما اختلفت أبوابه وتنوعت أغراضه، فالقضية المهمة والجوهرية فيه هي تأديب الملوك. إننا نجد في بعض الأبواب – كباب الأسد وابن آوى – تشريعا كاملا لتصرف السلاطين، كما أننا نجد في الكتاب كله دراسة عميقة لنفسية الملوك ومقربيهم، "فعلى الملك ان يكون عالما بالأمور لأن العلم أساس كل شيء"(٦٨١) وأن يكون:

"العالم بفروض الأعمال ومواضع الشدة واللين والغضب والرضى والمعالجة والأناة، الناظر في أمر يومه وغده وعواقب أعماله"(٦٨٢).

تلك هي الصفة الأولى، وإن خلت دبت الفوضى وسادت شريعة الغابة.

"قبحا للملوك الذين لا عهد لهم ولا وفاء! ويل لمن ابتلي بصحبة الملوك الذين لا ذمة لهم ولا حرمة ولايحبون أحدا ولايكرم عليهم الا إذا طمعوا فيما عنده من غناء واحتاجوا الى ماعنده من علم فيكرمونه لذلك، فإذا ظفروا بحاجتهم منه فلا ود ولا إخاء ولا إحسان ولا غفران ذنب ولا معرفة حق. هم الذين أمرهم مبني على الرياء والفجور، وهم يستصغرون ما يرتكبونه من عظيم الذنوب ويستعظمون اليسير إذا خولفت فيه أهواؤهم"(٦٨٣).

وعلى الملك ان يضع المعروف والإحسان عند أهل الوفاء والكرم قربوا أم بعدوا عليهم ان يكون حسن السيرة لا كملك البوم الذي كانت سيرته. "سيرة بطر وأشر وخيلاء وعجب وعجز وفخر"(٦٨٤). وعلى الملك ان يحسن سياسته الداخلية فيحسن إختيار أعوانه: "ان أعظم الأشياء ضررا على الناس عامة وعلى الولاة

---

(٦٨١) ابن المقفع (حنا الفاخوري)/ ٤٢.

(٦٨٢) كليلة ودمنة/ ٢٣٢.

(٦٨٣) كليلة ودمنة/ ٢٥٧.

(٦٨٤) كليلة ودمنة/ ٢٣٤.

خاصة أمران: ان يحرموا صالح الأعوان والوزراء والأخوان وأن يكون وزراؤهم وإخوانهم غير ذوي مروءة ولا غناء"(٦٨٥).

"ولكي يحسن الملك سياسته الداخلية يجب ان لا يكره أحدا على عمل من أعماله لأن المكروه لا يستطيع المبالغة في العمل. ويجب ان يحتفظ ببعض الأعمال. وأن يقف على صفات العمال والأعوان وأن يوجه كل واحد منهم الى مايوافقه. وأن يتفقد العمال والأعمال فلا يخفى عليه إحسان محسن ولا لإساءة مسيء وأن يستشير"(٦٨٦) لأن "الملك المشاور المؤامر يصيب في مؤامرته ذوي العقول من نصحائه من الظفر ما لا يصيبه بالجمود والزحف وكثرة العدد. فالملك الحازم يزداد بالمشاورة ورأي الوزراء الحزمة كما يزداد البحر بمواده من الأنهار ولكي يحسن الملك سياسته الداخلية يجب ان يحصن أسراره"(٦٨٧) و"يصيب الملك الظفر بالحزم والحزم بالرأي والرأي بتحصين الأسرار"(٦٨٨).

إن للعاقل مكانة مرموقة في كليلة ودمنة فنزعة أدب العقل والرأي في كتاب كليلة ودمنة نزعة عقلية والعقل يظهر فيه إماما أكبر: "لا يفرح به العاقل بالمال الكثير، ولا يحزن لقلته ولكن ما له عقله وما قدم من صالح عمله"(٦٨٩). والعاقل "لا غربة عليه ولا وحشة إذا إغترب والعقل أفضل من القوة لأن الأمور ليست بالقوة ولكن بالرأي والحيلة. والعاقل ضابط لنفسه، ضابط لأموره. ضابط لأحوال زمانه، ضابط لغيره حتى إذا كان عدوا"(٦٩٠). والعاقل "يصالح عدوه إذا إضطر اليه،

(٦٨٥) كليلة ودمنة/ ٢٦٦.
(٦٨٦) ابن المقفع (حنا الفاخوري)/ ٤٤.
(٦٨٧) كليلة ودمنة/ ٢٣٢.
(٦٨٨) كليلة ودمنة/ ٢٣٤.
(٦٨٩) ينظر: كليلة ودمنة/ ٢٠١ - ٢٠٢.
(٦٩٠) ابن المقفع (حنا الفاخوري)/ ٤٦.

ويصانعه (يداريه ويداهنه)، ويظهر له وده، ويريه من نفسه الإسترسال اليه إذا لم يجد من ذلك بدا، ثم يعجل الإنصراف عنه حين يجد الى ذلك سبيلا"[٦٩١].

والعاقل هو من يعرف الحذر. ومن خلال صورة الإنسان الملك العاقل أو الإنسان العاقل الإعتيادي نلحظ ان فلسفة كليلة ودمنة هي فلسفة رأي وحكمة لا فلسفة قوة، هي فلسفة مصانعة لا فلسفة نزوات وأعصاب.

أما المرأة فتظهر في (كليلة ودمنة) بمظهر سيء. لكن الأم تظهر أحيانا بمظهر شريف وايجابي كما في باب (الفحص عن أمر دمنة أو في باب الأسد وابن آوى أو في باب الناسك وابن عرس). وفي كلام الكتاب على المرأة نزعة لا تخلو من تشاؤم. فالمرأة لاتحفظ سرا وهي عالم من الإحتيال والخيانة والكذب بل هي عالم غريب الأطوار. بعيد عن كل معقول:

"ان الذهب يجرب بالنار. والرجال بالأخذ والعطاء. والدواب بالحمل والجري. ولا يقدر أحد ان يجرب مكر النساء ولا يقدر على كيدهن وكثرة حيلهن"[٦٩٢]. وأن هناك **ثلاثة لا يجترئ عليهن إلا أهوج ولا يسلم منهن الا قليل، وهي صحبة السلطان، وإئتمان النساء على الأسرار، وشرب السم للتجربة"**[٦٩٣]. وهكذا "فالمرأة محتقرة في كليلة ودمنة في جوهرها وأميالها وأن العاقل من لا يسترسل اليها ومن لا يثق بها"[٦٩٤].

"مع كل هذا وبالتحديد ان نص النصيحة التي أسداها الفيلسوف الهندي للملك دبشليم هو الإختيار الصادر عن قناعتنا بأن حكايات كليلة ودمنة لا يمكن ان تفهم إلا إذا قرأناها قراءة معمقة النصيحة، أي من خلال هذا نستطيع الدخول الى عالم

---

(٦٩١) كليلة ودمنة/ ٢٥٥.

(٦٩٢) كليلة ودمنة/ ٢٣٩.

(٦٩٣) كليلة ودمنة/ ١١٠.

(٦٩٤) ابن المقفع (حنا الفاخوري)/ ٤٥.

الإنسان في حكايات كليلة ودمنة. التي نعتبرها (النص/ الأطار) الذي يغذي دلاليا الحكايات.

ومن ثم فإن أي تأويل دلالي لهذا النص السردي المروي على لسان الحيوان، يخرج عن (النص/الأطار) ومحاوره الدلالية الكبرى. ومن أجل هذا نقسم النص الذي يتوزع عبر:

(قبل/ في أثناء/ بعد) الى ثلاث مقطوعات أساسية:

١. تتحدد المقطوعة الأولى إستنادا الى الأحداثيات الزمنية والفضائية بـ (قبل ذهاب بيدبا الى القصر).
٢. يتصدر المقطوعة الثانية إنتقال بيديا الى القصر وإسداء النصيحة للملك.
٣. تبدأ المقطوعة الثالثة بعد تبليغ بيدبا الرسالة للملك وعلى الرغم من ان هذا التقطيع إفتراضي لتداخل المستويات وتعالقها في الوقت نفسه. فإنه سيمكن القارئ من إدراك المحطات الأساسية التي تبرز من جهة، أداءات بيدبا في رحلته العملية الكشفية بكل تفاصيلها ومنعرجاتها ومحنها من جهة ثانية. سوء تقدير الملك لهذه الأداءات وإعترافه في النهاية بعد إرعوائه بقيمتها وأهميتها في تشييد فعل سياسي يحتكم الى العقل"[٦٩٥].

ان الفيلسوف بيدبا بحكم امتلاكه للمعرفة ومن موقفه (كمرسل/ مقوم) أدرك ان الرعية التي فوضت دبشليم لتسيير أمورها، لم ينفذ برنامجه طبقا للإلتزامات المتضمنة في العقد الذي يربطه ضمنيا بالرعية التي تعتبر المرسل الحقيقي الذي أزاح الملك السابق وسلم مقاليد الحكم لدبشليم. ومن الواضح أنه من حق الرعية ان تنظر فيما إذ أشرف الملك إلتزاماته أم أنه خرقها في أثناء تسييره للفعل السياسي، وإذا كان بيدبا قد فشل في تعبئة تلاميذه، فإنه قرر مقابلة الملك ومن الواضح ان إتخاذ قرار المواجهة أو تنفيذ المهمة المؤهلة يرتهن في وجوده الى مجموعة من الجهات التي تدخل في تشكيل كفاءة الفيلسوف الذي أسس نفسه فاعلا في برنامج

---

(٦٩٥) السيميائيات السردية/ ٤٥ - ٤٦.

التغيير في الوقت الذي أدرك الشرح الموجود بين السلطة والرعية. في هذه اللحظة ملكته الرغبة في التغيير الذي أضحى المنفذ الوحيد الذي تتسرب عبره القيم الصائنة لكرامة الإنسان، يتمظهر وجوب القيام بالفعل والرغبة في التغيير عبر الملفوظات الآتية:

"ان الفيلسوف لحقيق ان تكون همته مصروفة الى ما يحصن به نفسه من نوازل المكروه ولواحق المحذور"(٦٩٦).

"فلما رأى الملك وماهو عليه من الظلم للرعية، فكر في وجه الحيلة في صرفه عما هو عليه ورده الى العدل والإنصاف"(٦٩٧).

"ونحن مانروض أنفسنا لمثل هذه الأمور إذا ظهرت من الملوك، الا لنردهم الى فعل الخير ولزوم العدل"(٦٩٨).

"ولا يسعنا في حكمتنا إبقاؤه على ما هو عليه"(٦٩٩).

"وقد صحت عزيمتي على لقاء دبشليم"(٧٠٠).

"ان إمتلاكه لهاتين الجهتين سيمكنه من الإنتقال الى تحيين مشروعه الذي سيثير بعض التساؤلات تخص في المقام الأول، ميزان القوى على مستوى القدرة المادية وهو ميزان في غير صالحه لوجود قوتين غير متكافئتين. وتخص في المقام الثاني، أهليته في توقع وبرمجة الضرورية لمواجهة الملك أولا وصرفه عما هو عليه بعد إقناعه ثانيا. يعتبر بيدبا مسألة الغطاء المادي للفعل محسومة سلفا، ولا تشكل عائقا وذلك لأدراكه"(٧٠١) "لأن العاقل يبلغ بحيلته ما لم يبلغ بالخيل والجنود"(٧٠٢)"

(٦٩٦) كليلة ودمنة/ ٢٦.

(٦٩٧) كليلة ودمنة/ ٢٥.

(٦٩٨) كليلة ودمنة/ ٢٥.

(٦٩٩) كليلة ودمنة/ ٢٥.

(٧٠٠) كليلة ودمنة/ ٢٩.

(٧٠١) السيميائيات السردية/ ٥١.

(٧٠٢) كليلة ودمنة/ ٢٧.

ان بيدبا يثمن على المستوى المعارفي، القوة العقلية المجسدة في الحيلة والتي تفهم في هذا المساق على أنها الحذق وجودة النظر والقدرة على دقة التصرف في الأمور. يتعامل بيدبا مع دبشليم بمنطق مبني على التمييز بين القدرة المادية التي يملكها الملك والمتمثلة في الخيل والجنود والقدرة العقلية التي تتماهى مع المعرفة والمهارة في التدبير"[٧٠٣]. في هذه اللحظات من السرد نلاحظ ان بيدبا قلب العلاقة فيها تابعا له ينتظر موضوع النصيحة ويفكر في سكوته. ان السكوت أحدث إفتقارا لدى الملك وحركه للقيام بعملية التحري عن مضمون النصيحة ومغزى الزيارة ومن ثم إعطاء معنى للسكوت. ولئن كان مضمون النصيحة قول فيه دعاء الى صلاح ونهي عن فساد. فإن دبشليم أقصى هذا المنحى تماما من موضوع قول بيدبا لقناعته بالميثاق الذي فرضه على الرعية والذي لايكفل حرية الرأي في أمر الملك:

"وإن يكن من أمر الملك ومما لا ينبغي للملوك ان يبذلوه من أنفسهم لا ينقادوا اليه نظرت في أمر عقوبته على ان مثله لم يكن ليجترئ على إدخال نفسه في باب مسألة الملوك"[٧٠٤].

وإذا كان الملك قد إستبعد حديث بيدبا عن الملك من خطابه، فإنه إحتفظ بهذه الإمكانية وتوقع أنه سينظر في قدر عقوبة بيدبا لو أدخل نفسه في هذه المسألة. بهذه القراءة يكون الملك مقتنعا بحقيقة موضوع رغبة بيدبا.

من خلال الطريقة التي لجأ اليها بيدبا "من أجل وصوله الى الملك والتأثير عليه كي يقف من الظلم والإستبداد نستطيع ان نقول بأن الطريقة المستخدمة في سرد الأحداث من التعبئة النفسية والاجتماع بالطلاب والدخول عليه طريقة تأخذ بعدا سرديا إستراتيجيا وإنه يسمح ببقاء الفعالية السردية في أوج خصوبتها من أجل الإبقاء على فعالية الحياة. هنا يأخذ التضمين الحكائي شكل المراوغة السردية وعلى

(٧٠٣) السيميائيات السردية/ ٥٢.

(٧٠٤) كليلة ودمنة/ ٣١.

بيدبا ان يتمايل ويتراوغ من أجل إفتكاك الحياة من سلطة تمتهن حرفة القتل والتدجين"[٧٠٥].

من هنا فان السرد مرتبط "بالحيلة ويلجأ اليه من يكون في موقف من لا يستطيع بسط حاجته مباشرة، فيستعين باللف والدوران. ويحيد عن الطريق السوي ليسلك طريقا ملتويا"[٧٠٦].

ويبدو ان المسار السردي الذي رسمه بيدبا "يطمح الى الوصول الى هذا التساؤل ليكون فعل التوالد السردي فعلا مشروعا لأن المتلقي يرغب في ذلك. إذ يحرص بيدبا على ان تتكون عند دبشليم رغبة في السرد وذلك حتى يضمن متابعة يقظة ومتحمسة، ويجعل المتلقي يشارك في العملية السردية هكذا يأتي فعل التضمين الحكائي في كليلة ودمنة مؤطرا إستراتيجيا بحيث تسهم فيه فعالية السرد وفعالية التلقي على حد سواء"[٧٠٧].

"ان بنية النص لصورة الإنسان في حكايات كليلة ودمنة من منظور ابن المقفع تشبه حبة الجوز في استعصاء إدراك لبها بعد كسرها، وكذلك الأمر مع النص الذي يحتاج الى قارئ مثالي متمكن في أصول القراءة، ليتسنى له إدراك بناه العميقة. ان كلام ابن المقفع يوحي الى وجود علامات مستترة في النص بدءا من العنوان حيث لايتم كشفها الا بكسر حواجز النص"[٧٠٨].

ان صورة الإنسان من خلال ما قام به بالتفكير والدخول على الطلاب والملك من قبل الفيلسوف الداهي هو بمثابة العلاقة المتكاملة والمحصلة النهائية لما يريده الفيلسوف وذلك من أجل تجنب الملك من الظلم والبطش والعودة الى الطريق الصحيح. فالإتيان بالشخصيات الحيوانية بدلا من الإنسان وذلك في أصناف والوان

---

(٧٠٥) السرد العربي القديم البنية السوسيو ثقافية والخصوصيات الجمالية/ ٣.

(٧٠٦) الغائب - دراسة في مقامة للحريري -/ ٧٣.

(٧٠٧) الحكاية والتأويل/ ٣٣.

(٧٠٨) خصائص البناء النصي في كليلة ودمنة/ ٢٧.

وأنواع كثيرة فهي ليكون أنسا لقلوب الملك ويكون حرصهم عليه أشد للنزهة في تلك الصور[٧٠٩]. ويقصد به النزهة في الصور التخييلية للحيوانات ولكنه لا يريد الملوك كلهم وإنما الباحثين عن التسلية والمسرة والمتعة وليس الباحثين عن التفكير والتأمل. وهناك نمط من الملوك وهم لا يؤمنون بدور المعرفة والحوار. وإنما يقبلون الكتاب بحثا عن الصور التخييلية وهم غير مقصودين بالفكرة العامة لكتاب أو مانسميه بالتماثل المتكافئ الناتج من طبيعة الصراع بين دبشليم وبيدبا الفيلسوف، فهم لا يشبهون دبشليم الملك، لأن من سمات خطاب دبشليم التأمل والتفكير، وهذا ما أحاله في أكثر من موقع الى تمثل أقوال الحكماء كما دفعه الى التماهي ببيدبا إذ أخذ بنصيحته وطلب منه تأليف الكتاب[٧١٠].

"يمكن ان نشير الى ان عبد الحميد بورايو في معرض حديثه عن النص لم يول أهمية الى القراءة التي قدمها غريماس للمشروع البروبي الذي يعتبر في الفعل أساس تعريف الوظيفة"[٧١١] ان الدارس كما يرى غريماس في ذلك سيقف محتارا أمام التناقض الذي يميز الوظيفتين:

"فإذا كان رحيل البطل، بإعتباره شكلا من أشكال النشاط الإنساني يعد فعلا، أي وظيفة، فإن النقض (Manué) لن يكون كذلك، ولا يمكن التعامل معه كوظيفة بل هو حالة تستدعي فعلا بالإضافة الى هذا فإن الباحث على الرغم من أنه تمكن من إدراك الإطار التلفظي (دبشليم/ بيدبا) لحكايات كليلة ودمنة في أثناء تأويله الدلالي لحكايتي الحمامة المطوقة وقصة الحمامة والثعلب ومالك الحزين فإنه في الوقت نفسه عزله من السياق التحليلي وإعتبره من خارجيات النص. وإذا إستندنا الى النص، فإننا لا نستطيع ان نحدث إنقطاعا في المتصل المنضوي داخل الجهاز

([٧٠٩]) ينظر: عبد اللـه بن المقفع - شخصيته - لغته - آراؤه الحكمية -/ ١٩٦.

([٧١٠]) ينظر: كليلة ودمنة وخطاب التأويل. يوسف إسماعيل. مقالة من الانترنت من Googl.

([٧١١]) نقلا عن: السيميائيات السردية/٣٦.

التلفظي الذي ترتهن الحكايات الى وجوده، ان بيدبا ودبشليم حاضران في النص الحكائي"[٧١٢]. نستدل على ذلك بعلامات التلفظ التي تحيل عليهما:

قال بيدبا: "زعموا أنه كان بأرض سكاوندجين ..."[٧١٣] يمكن ان نمثل البنية الشكلية لهذا الملفوظ على النحو الآتي:

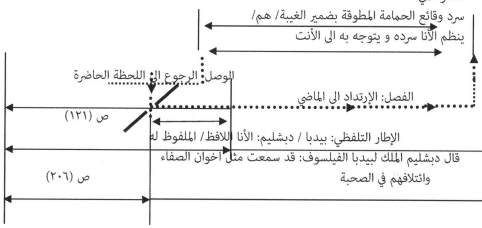

ان بيدبا في إحتلاله موقع اللافظ (الأنا) يسرد الوقائع بضمير الغيبة (هم) ويتوجه من داخل النص بخطابه الى الأنت (الملفوظ له). تأسيسا على هذا فإن إدراك الحمولة الدلالية، لايمكن ان تسير في إطاره. فهي تابعة للعقد التلفظي المبرم بين بيدبا ودبشليم:

"وقد أحببت ان تضع لي كتابا بليغا تستفرغ فيه عقلك يكون ظاهره سياسة العامة وتأديبها على طاعة الملك، وباطنه أخلاق الملوك وسياستها للرعية ..."[٧١٤]

([٧١٢]) السيميائيات السردية/ ٣٦ - ٣٧.

([٧١٣]) كليلة ودمنة/ ١٨٨.

([٧١٤]) كليلة ودمنة/ ٤٢.

فإن تأويل الحكايات (المروية على لسان الحيوان) لا يمكن ان ينأى عن المفصل الدلالي الذي يغذي الحكايات. وبقطع النظر عن البعدين الإجتماعي والسياسي:

ظاهر / باطن

↓ ↓

سياسة العامة وتأديبها — أخلاق الملوك السياسي للرعية

يقدم بيدبا في هذين الملفوظين الحالات الجديدة التي يتوقع ان يفرزها البرنامج الأساسي الخاص بمواجهته للملك. الحالة الأولى تنتج عن الفعل التحويلي الذي يمارسه بيدبا على الملك فيخرجه من وضع يكون فيه مفصولا عن المعرفة الى وضع يكون فيه موصولا بها، وإذا فشل في تحويل الملك الذي إنتصب معارضا لأية رغبة في إسداء النصيحة، فإن هذا الفشل يولد حالة جديدة يكون فيها بيدبا قد شرف التزامه المتضمن في العقد الذي يربطه بفئة العلماء: "**والواجب على العلماء تقويم الملوك بألسنتها (...) وتأديبها بحكمتها وإظهار الحجة البينة اللازمة لهم ليرتدعوا عما هم عليه من الاعوجاج والخروج عن العدول**"[٧١٥]. وبالتالي فإنه يكون متحررا من عبء مسؤولية تبليغ الملوك: "**خرجت من لوم يلحقني**"[٧١٦].

ينظم بيدبا في بداية المواجهة الكلامية، خطابه بضمير المتكلم ويتوجه به الى الملك مباشرة: "**أيها الملك إنك في منازل آبائك وأجدادك من الجبابرة الذين أسسوا الملك قبلك وشيدوه دونك، وبنوا القلاع والحصون ومهدوا البلاد، وقادوا الجيش...**"[٧١٧].

ان خاصية "القدرة على التحويل (Tansfomation) التي تتميز بها الثنائيات الضدية. أي تحويل الكلمات الى أشياء، لقد أشار الناقد السعودي عبد اللـه الغذامي في

([٧١٥]) كليلة ودمنة/ ٤٠.

([٧١٦]) كليلة ودمنة/ ٣٢.

([٧١٧]) كليلة ودمنة/ ٣٤.

كتابه النقد الثقافي الى وجود نسقين متضادين متلازمين في النصوص الأدبية، أحدهما نسق ظاهر والآخر مضمر في بنية النص"[٧١٨]. وفي الحقيقة، فإن الغذامي بقولته هاته يغفل نسقا ثالثا يمكن ان يتشكل من هذين النسقين وهو ما يمكن تسميته بـ (الميتانسق)، أي الرؤية التي يتبناها الناص ويؤولها المتلقي من تضاد النسقين السطحي والعميق، وهو مايسمى بـ (الرمز الموحد) أو (التأليف الأعلى للمتضادات) إذ تعد جميع الرموز والصور النمطية البدئية التي تتجسد فيها العملية أدوات للوظيفة التجاوزية، أي أدوات لتوحيد الزوجين المختلفين للتعارضات النفسية المتقابلة في تأليف يتجاوز الضدين المتقابلين، ونتيجة لتضافر النسقين المتضادين يتولد النسق الثالث،وعن طريق النسق الأخير يكون تحقيق الذات سبيلا للمعنى في الحياة وأداة لتكوين الخلق أو الشخصية، ومن ثم النظرة الفلسفية الشاملة وهي ما تسمى بالنظرة الشمولية للكون والحياة[٧١٩].

"حتى نفهم الآلية التي اشتغل بها الملفوظ، نقدم الخطاطة الآتية:

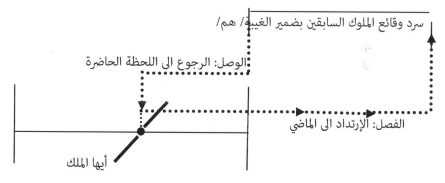

يحدث اللافظ، في هذه الخطاطة "خرقا زمنيا في اللحظة الحاضرة يعلق الخطاب ليروي وقائع آباء وأجداد دبشليم، من خلال هذه الإضاءات تتحدد أدوارهم العاملية في تشييد الملك وبناء القلاع والحصون وقيادة الجيوش، ويستند تحقيق هذه الأداءات الى كفاءة سردية مفترضة، لم يقدم الراوي التفاصيل بخصوص الكيفية

(٧١٨) النقد الثقافي/ ٧٧.

(٧١٩) ينظر: جماليات التحليل الثقافي – الشعر الجاهلي أنموذجا –/ ٢٢٨.

التي تم بها تحقيق هذه الأداءات المتنوعة. ان الحديث الموجز عنها هو بمثابة رسائل مشفرة يفترض فكها معرفة التفاصيل الدقيقة حول هذه الوقائع التأريخية. وبالتالي فإن الراوى مقتنع بأن الملك يملك الكفاءة لفك الشفرات"[٧٣٠]. إنه من خلال هذا السرد يقدم للملك النقاط المعلمية الكبرى الخاصة بالممارسات السياسية للملوك السابقين. ان الراوى لم يسم هؤلاء الملوك ملكا. يقودنا بناء العامل الجماعي بهذا الشكل الى فهم طبيعة ممارسته السياسية المتسمة بالتسيير الحسن لشؤون الرعية. تمثل هذه الممارسة على الصعيد الخطابي تشكلا يضم مجموعة من المسارات الصورية يمكن ان نقدمها على النحو الآتي:

الممارسة السياسية للملوك السابقين

↓

التسيير الحسن لشؤون الرعية

↓

"الاستعمال الحسن الى من خولوه | **الإرفاق بمن ولوه** | **حسن السيرة فيما تقلدوه"[٧٢١]**

ان هذه المسارات التي تحيل وحدات صورها المضمونية على التدبير الحسن والمرونة في تقليد المهام وتكليفها بمن حسنت سيرتهم، تعمل على تحديد الشخصيات التي إضطلعت في برنامجها بمهمة إرساء قنوات الإتصال بالرعية وتشييد عالم يبعث على الإنشراح: "**عاشوا الدهور في الغبطة والسرور**"[٧٢٢].

وقد عرض بيدبا بعض معالم هذا العالم المحقق في الماضي والمتسم بالحياة، على الملك ليرسم له بذلك نقطة إرتكاز دالة ومحملة برسائل تستهدف في المقام الأول عالما آخر أقامه دبشليم على إنقاض عالم جميل سابق. ان عالم دبشليم على

(٧٣٠) السيميائيات السردية/ ٥٨ – ٥٩.

(٧٢١) كليلة ودمنة/ ٣٥.

(٧٢٢) كليلة ودمنة/ ٣٤.

النحو الذي يعرضه بيدبا عالم مضطرب ومنهار بفعل تمزق الوشائج التي تحكم الراعي بالرعية. وبالتالي فإن هذه الرسائل مسخرة لخلق التناقض بين عالمين:

عالم يبعث على الحياة والأنشراح وعالم يبعث على الموت والإنقباض. ان التشكل الذي يعمل على تجلية المستوى السردي تقدم مساراته صورا ليست منغلقة على نفسها بل إنها تتوسع لتحدث وحداتها تجانسا دلاليا يعمل على توصيف الطابع الوحشي للممارسة السياسية:

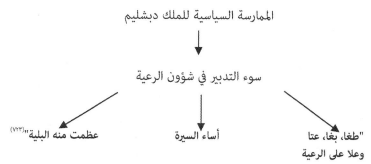

الممارسة السياسية للملك دبشليم

↓

سوء التدبير في شؤون الرعية

"طغا، بغا، عتا وعلا على الرعية | **أساء السيرة** | **عظمت منه البلية"**[٧٢٣]

يمكن ان نفهم هذه الصور في علاقتها بالصور السابقة المؤطرة، للملوك السابقين بالنظر الى العلاقة التي تربط الصعيد السردي بالصعيد الخطابي[٧٢٤]. "ان التصور العقلي للأشياء ومعاكستها بمثيلاتها يفرض على الكاتب المجيء بأكثر من تشبيه في المقطع الواحد. لأن في ذلك تنمية للفكرة وإيجاد حركة ميكانيكية في تقديم الأشياء بإتجاه الإقناع، أو القيام بطرح البديل الذي يعطي معنى أوضح على العكس من نقيضه، إذ ان أداة التشبيه التي يكثر إستعمالها ابن المقفع. هي (الكاف) لأن ذلك يعد المظهر العملي لهذا التمايز في التشبيه؛ ولأن حرف الكاف يفيد في التقريب مابين الطرفين (المشبه والمشبه به) بحيث يستمد الطرف الأول قوة الوصف المشترك (وجه الشبه).

([٧٢٣]) كليلة ودمنة/ ٣٥.

([٧٢٤]) ينظر: السيميائيات السردية/ ٥٩ - ٦٠.

ان النهج الذي "سار عليه ابن المقفع في تشبيهاته واحد لم يحد عنه؛ لأن الغاية عنده واحدة، ففي تشبيه من تشبيهاته عن الرجل وواجب الحذر والعمل لصلاح المعاش"[٧٢٥] يقول: "وينبغي ان يكون مكسبه من أطيب المكاسب وأفضلها وأنفعها له ولغيره معا ما أمكن ولا يتعرض لما يجلب عليه العناء والشقاء .... ذلك كالحمامة التي تفرخ الفراخ فتؤخذ وتذبح، ثم لا يمنعها ذلك من ان تعود فتفرخ موضعها وتقيم بمكانها، فتؤخذ الثانية من فراخها فتذبح حتى تؤخذ هي أيضا فتذبح"[٧٢٦].

ليس في هذا النص "لمسة عاطفية، بل ان التشبيه يرسم صورة السذاجة والغباء بأبشع ما يمكن، فهو بعد ان اشترط لمن يبتغي الكسب الطيب والنفع الحسن، على ان لا يكون ذلك سببا في الضرر والشقاء، ثم يضرب لذلك مثلا الحمامة التي تقيم في مكانها رغم ماينالها جراء عدم الحذر"[٧٢٧].

وفي مثل (الرجل الهارب من الذئب واللصوص) "أن هناك شخوصا ومكانا وزمانا وحدثا وحبكة، بل ان هناك مسرحا للأحداث ينتظم فيه النص على أساس فكرة أراد لها الكاتب ان تسير بهذا الإتجاه لكي تعطي المعنى الحجاجي المطلوب منها، إذ ان النص بإثارته لجدلية الأحداث إنما ينبغي من وراء ذلك دفع المتلقي الى الإستقراء والإستنباط أو ما يمكن تسميته وبالحجة المنطقية التي تسير من العام (الإستقراء) الى الخاص (الإستنباط). والغرض من ذلك هو جعل غير المحتمل ومحتملا في منهج تداولي للحدث بغية جعل توالي الأحداث ممكن الوقوع، بالرجوع الى العقل، وإن تحقق هذا الغرض هو مقصد حجاجي في الوقت الذي يتضمن عناصر أخلاقية أيضا. ان هذا التشبيه يمكن ان يعد أفضل أنواع التشبيهات؛ من حيث أنه يمتلك القيمة التعليمية الأخلاقية السياسية الفنية في الوقت نفسه، التي يجدها المتلقي، زيادة ما يحويه من مكونات فكرية حجاجية.

(٧٢٥) أدب عبد الله بن المقفع – دراسة أسلوبية –/ ١٠١ – ١٠٢.

(٧٢٦) كليلة ودمنة/ ٧٥.

(٧٢٧) أدب عبد الله بن المقفع – دراسة أسلوبية –/ ١٠٢.

ان النص محكوم بغائية التشبيه التي هي صلب الاحتجاج. وهي برهانه في الوقت نفسه؛ إذ ان النص ينتقل من عقدة الى أخرى ينكسر فيها التوقع كل مرة، الى ان يصل درامية الحدث الكبرى؛ لأن فكرة التشبيه تقوم على فكرة الضياع الإنساني بوصفها قاعدة النص التي تتأسس عليها أحداث متلاحقة تفضي الى فجائعية ذلك الضياع(٧٢٨).

هكذا فإن الرجل كان قد "درس النظم الادارية، بل إنه واسع الإطلاع والفهم لهذه النظم، وقضى معظم حياته يعمل في ميدان الإدارة، ان ترجمته لكتاب كليلة ودمنة على ألسنة الحيوانات تؤكد بحد ذاتها خبرته وحنكته الإدارية، في ظرف اشتد فيه البطش والتعسف، فاختار هذا الأسلوب ليحقق أهدافا محددة بحيث يصون سلامته أما علاقة ابن المقفع بالمجتمع فليس أوسع منها ولا أعمق، فهو لم يترك شاردة ولا واردة من أوضاع المجتمع الا وتعرض لبحثها، وهو تارة يصرح وأخرى يلمح. وهو الذي وقف ترجمة كليلة ودمنة على أحوال المجتمع كافة"(٧٢٩).

وإذا كانت المشاكل "تصيب أي مجتمع، فليس عجيبا ان يكون ابن المقفع خير من يصلح لهذا المركز الإجتماعي الذي نصب نفسه له، ولم يعد غريبا أيضا ان يضع يده في سهولة ويسر على أكثر أمراض المجتمع في عصره، ثم يصف الدواء الذي يشفي المجتمع من تلك الأمراض.

ويبدو ان ابن المقفع رأى ان المرض كان ينتشر في شتى مناحي حياة المجتمع، وكان يصيب الخلفاء، ورجال البلاط، والقضاة، والجند، وحتى الشعب في أخلاقه العامة وأيضا له نظرات في المال وجمعه وإدخاره، وطرق إكتسابه وانفاقه، وفي الغنى والفقر ..."(٧٣٠).

(٧٢٨) ينظر: أدب عبد الله بن المقفع – دراسة أسلوبية –/ ١٠٤ – ١٠٥.
(٧٢٩) عبد الله بن المقفع – شخصيته – لغته – آراؤه الحكمية/ ٢٥٤ – ٢٥٥.
(٧٣٠) عبد الله بن المقفع – شخصيته – لغته – آراؤه الحكمية/ ٢٥٦ – ٢٥٧ – ٢٧٨.

من خلال هذه الأحوال والأوضاع نرى أنه أتى بالحكايات والأمثال الفرعية التي بطلها الإنسان، وهو يدير الأحداث والأمور كما في حكاية (طالب العلم والصحيفة الصفراء، الحمالين والرجل الذي أصاب كنزا، البصير والأعمى، الفقير واللص، التاجر ورفيقه والعدل المسروق، اللص والتاجر، الأخوة الثلاثة، الصياد والصدفة). ان ابن المقفع أتى بهذه الحكايات في باب عرض الكتاب وهو من اختراع نفسه.

كما ان للحرف والمهن سهما كبيرا في حكايات كليلة ودمنة (الرئيسة، والفرعية) كما في باب الأسد والثور وذلك في الحكايات الفرعية (الشيخ وبنيه الثلاثة) ففي هذه الحكاية الوالد هو الناصح لبنيه كي لا يقعوا في الأخطاء المستقبلية ولا يصرفوا الأموال ولا يبذخونها. لأنه عن طريق:

"المال يظهر المروءة، وأن التبع والأعوان والصديق والحشم إنما يكونون للمال وأن الرأي والقوة لا يكونان أيضا الا بالمال"(٧٣١). ثم ان "على صاحب المال ان يبذل ماله في أربعة مواضع: في الصداقة، وفي وقت الحاجة، وعلى البنين، وعلى الأزواج ولا سيما إذا كن صالحات"(٧٣٢). وتأكيده على العمل والانشغال به هو من أجل منع وقوع الإنسان بالفقر ويرى أن "شر المال ما لا إنفاق منه"(٧٣٣).

ومن خلال هذا نرى أنه يؤكد ان "من لا مال له، إذا أراد أمرا قعد به العدم عما يريده ...، وأن من لا مال له فلا عقل له ولا دنيا ولا آخرة له"(٧٣٤) وأن "الفقر مسلبة للعقل والمروءة، ومن ذهب حياءه ذهب سروره، ومن ذهب سروره مقت، ومن مقت أوذي، ومن أوذي حزن، ومن حزن ذهب عقله وإستنكر حفظه وفهمه، ومن أصيب في عقله وفهمه وحفظه، كان أكثر قوله وعمله في ما يكون

---

(٧٣١) الأدب الصغير/ ٣٤، كليلة ودمنة/ ١٩٨.
(٧٣٢) كليلة ودمنة/ ٢٤٠.
(٧٣٣) كليلة ودمنة/ ٢٦٢.
(٧٣٤) كليلة ودمنة/ ١٩٨.

عليه لا له"[735] غير ان "فاقد المال ليس بالضرورة فاقدا العقل وإحترام الناس له، وكثيرون هم الفقراء الذين عاشوا كراما ويحظون أبدا بتقدير الناس على مر العصور، ومنهم أدباء ورجال الدين، ولا شك ان للمال أثرا كبيرا في تأمين حاجات الإنسان وتحقيق رغباته، وهو يساعد على توفير الراحة والسعادة وحسن الصلة بالآخرين، وأن فقد المال يؤثر حتى في صاحب العقل والمروءة، لأنه لا غنى للإنسان عنه، فهو نعمة ينتفع بها الناس وهو وسيلة تساعدهم على توفير الكثير من متطلباتهم وراحتهم، وتحسين صحتهم وتحقيق مشاريعهم، وسائر رغباتهم وأمانيهم"[736]. "وكان ابن المقفع يرمي من عمله هذا الى إتهام الكسالى وإدانة الجمود، وترغيب الناس بالعمل لأنه يشتمل على غايتين:

الأولى: وقتية أرضية مادية.

والثانية: روحية.

وهكذا فهو يرى ان شيئين ينفعان الإنسان: الأول العبادة، والثاني العمل النافع، ومنه إصلاح حال الفرد والمجتمع، وكسب المال بالوسائل المشروعة"[737].

في حكاية الخب والمغفل المخادع هو الذي يريد ان يحفر حفرة للآخر لكنه يقع فيها وذلك من خلال:

"ثم ان الخب خالف المغفل الى الدنانير فأخذها وسوى الأرض كما كانت، وجاء المغفل بعد ذلك فقال للخب: قد إحتجت الى نفقة فانطلق بنا نأخذ حاجتنا، فقام الخب معه وذهبا الى المكان فحفرا فلم يجدا شيئا. فأقبل الخب على وجهه يلطمه ...، ولا يزداد الخب الا شدة في اللطم وقال: ما أخذها غيرك وهل شعر بها أحد سواك؟ ثم طال بينهما ذلك. فترافعا الى القاضي ...، وكان الخب قد أتى أباه فقص عليه القصة وطلب اليه ان يذهب فيتوارى في الشجرة بحيث إذا سئل

([735]) الأدب الصغير/ ٣٤.

([736]) عبد الله بن المقفع - شخصيته - لغته - آراؤه الحكمية/ ٢٨١ - ٢٨٢.

([737]) م. ن/ ٢٨٥.

أجاب. فقال له أبوه: رب متحيل أوقعه تحيله في ورطة عظيمة لا يقدر على الخلاص ...، ثم ان القاضي لما سمع من الخب حديث شهادة الشجرة الكبيرة ...، فسألها عن الخبر فقال الشيخ من جوفها: نعم، المغفل أخذها. فلما سمع القاضي ذلك إشتد تعجبه ...، فدعا بحطب وأمر ان تحرق الشجرة فأضرمت حولها النيران فأستغاث أبو الخب عند ذلك فأخرج وقد أشرف على الهلاك. فسأله القاضي عن القصة فأخبره بالخبر. فأوقع بالخب ضربا وبأبيه صفعا وأركبه مشهورا وغرم الخب الدنانير فأخذها وأعطاها المغفل"[٧٣٨].

من خلال هذا نرى ان الحيلة لا تؤدي الى إنتصار المخادع على الآخرين وإنما تؤدي به الى الهزيمة والموت والعقاب. وأن شخصية القاضي هو الحاكم لحسم الأمور بين الأطراف المتنازعة والمخادعة، وعلى المخادع ان يعطي ثمرة خداعه وللخب ان يأخذ حقه. وأن القاضي عندما دخل على موقع الحدث اثبت شدة عطفه لأخذ الحق من المخادع ولكي يتأكد من حقيقة الأمر ولا سيما عندما سمع شهادة الشجرة (الجماد) وهذا غير منطقي وقريب من الفكر الأسطوري، ومن أجل التأكد من الأمر أمر بحطب الشجرة وبعده خرج والد المخادع (الخب) من الشجرة وأبان حقيقة الأمر وحكم القاضي على الخب وغرمه غرامة مالية وأخذ حق المغفل منه.

"وليس من شك ان الرمزية الحيوانية، سواء في أصولها الأسطورية أو في تجلياتها الخرافية كالتي تستبطن في نصوص كليلة ودمنة تسعى الى إعادة خلق صور الإنسان عبر تمثيل المواقف والصفات والعواطف مجردة عن تشخصاتها، بما يبقي لعبة التقاطب والصراع بين أفكار إنسانية ذات إمتدادات مظهرية غريبة، قد تكون أكثر دلالة على ماهيتها، مما يكفل للمغزى الرمزي القدرة على توليد الصور

(٧٣٨) كليلة ودمنة/ ١٥٤ - ١٥٦.

الذهنية وتخليقها"(٧٣٩) يقول عبدالفتاح كيليطو في ملاحظة دقيقة عن رمزية الحيوان في الخرافة:

"ان الحكمة توضع على السنة الحيوان، طبعا هناك من يحرك الأمور، لكنه يتوارى مانحا الحيوانات ملكة النطق (...)، الخرافة (تحاكي) القيمة الرمزية التي يجسدها كل حيوان ضمن مجموع الحيوانات؛ كل خطاب ينطق به حيوان يكون مطابقا للموقع الذي يحتله هذا الأخير في مجمع الحيوان والدور الذي يلعبه فيه. يختلف دور الأسد عن دور ابن آوى، أو الثعلب أو التمساح (...)، وتستهدف المحاكاة الطريقة التي يجب ان يتصرف بها ويعبر بها (كل حيوان)، والنتيجة هي إستنساخ نمط قد حددت سماته بصورة نهائية"(٧٤٠).

ان ما نقصده "بالصور الخرافية في هذا السياق لا ينفصل عن إستراتيجية المحاكاة الرمزية التي يستثيرها نص كيليطو، ومن ثم فقد نستطيع الزعم بأن هذه الصور من أكثر أنواع الصور القصصية الشعبية عناية بقضية القصد أو الرسالة (الأخلاقية/ التعليمية). وهي صور حالمة يضمر فيها منطق الامكان، وان كانت تبتعد عن عوالم الخارق والعجيب، فالتنويع الذي تعتمده آلية الترميز الصوري بين شخصيات حيوانية صرف بين شخصيات الحيوان والإنسان والجماد. تتحرى في أغلب التشكيلات ان تحافظ على حدود المقبولية الذهنية، ولو في إطار منطق صوري"(٧٤١).

ان الإنسان كما يقدمه الكتاب "واقعي في تفكيره، وسلوكه لا يلتمس تقويم ما لا يستقيم، ولا يعالج تأديب من لا يتأدب. فالقرد في قصة (القرد والرجل والطائر) ظلت تسعى خلف اليراعة متصورة إياها نارا، وهي طبيعة قائمة في القرود كما تصور لنا المخيلة الشعبية ذلك، حيث عدتها بمثابة طبع إنساني غير قابل للتغيير

---

(٧٣٩) بيان شهرزاد/ ٧٠.
(٧٤٠) المقامات، السرد والأنساق الثقافية/ ١٣٣ – ١٣٤.
(٧٤١) بيان شهرزاد/ ٧٠.

شأنها في ذلك شأن التكوين العضوي، وإن أية محاولة لتغيير تلك العادات والطبائع محكوم عليها بالفشل، كما فشل الغراب الذي أراد ان يستبدل مشيته فراح يقلد مشية الحجل"^(٧٤٢).

إن الإنسان كما جاء في (كليلة ودمنة) هو من اتخذ من نفسه وما يلحق بها مقياسا للحكم على سلوكه، وعلاقاته مع الآخرين. فما رآه صالحا له وللآخرين إعتمده وما يراه ضارا لنفسه مسيئا اليها فحرى به ان يدعه.

فباب اللبوءة والإسوار والشعهر يضرب لنا مثلا في شأن: "من يدع ضر غيره إذا قدر عليه لما يصيبه من الضر ويكون له في ما ينزل به واعظ وزاجر عن ارتكاب الظلم والعداوة لغيره"^(٧٤٣).

فاللبوءة التي تنكب بشبليها اللذين قتلهما الصياد وتقع فريسة للحزن والغضب نجا به من الشعهر بحقيقة ربما لم تكن قد تنبهت اليها، وهي أنها التي تسببت لآباء كثيرين بمثل هذا الموقف عندما فتكت بأبنائهم، وفي ذلك يخاطبها الشعهر:

"فما بالي لا أرى ولا أسمع لأولئك الآباء والأمات من الجزع ما أرى وأسمع لك. أم إنه لم ينزل بك ما نزل الا لسوء نظرك في العواقب وقلة تفكرك فيها وجهالتك بما يرجع عليك من ضرها"^(٧٤٤).

فكان في ذلك مجابهة للبوءة مع نفسها تودي بها في نهاية الأمر لأن تتوب وتترك ما جلبت عليه من صيد وقنص، مكتفية بطعامها على الحشيش وحده.

ما يلفت النظر في بعض قصص الكتاب ذلك التوظيف المتكرر لشخصية الناسك وهي شخصية ذات بعد ديني بما يفترض فيها من فكر وسلوك فقد عملت نصوص الكتاب على تقديم صورة لهذه الشخصية غير متلائمة مع واقعها الافتراضي. فالناسك في نصوص كليلة ودمنة إما هو إنسان يلبس لباس الدين

---

(٧٤٢) قصص الحيوان في الأدب العربي القديم/ ١٤٤.

(٧٤٣) ينظر: كليلة ودمنة/ ٢٨٠.

(٧٤٤) كليلة ودمنة/ ٢٧٩.

ليمرر مآرب وغايات شريرة كما فعل السنور الناسك بالأرنب والصفرد اللذين إحتكما اليه فأفترسهما.

"**ان السنور لم يزل يقص عليهما من جنس هذا وأشباهه حتى أنسا اليه واقبلا عليه ودنوا منه فوثب عليهما فقتلهما**"[٧٤٥].

يكون الناسك مغفلا غبيا عرضة لإستغلال الآخرين ومكائدهم في قصة (الجماعة والناساك وعريضه).

"**زعموا ان ناسكا إشترى عريضا ضخما ليجعله قربانا، فانطلق به ليقوده، فبصر به قوم من المكرة. فائتمروا بينهم ان يأخذوه من الناسك، فعرض له أحدهم فقال له لصاحبه: أيها الناسك ما هذا الكلب الذي معك؟ ثم عرض له الآخر فقال لصاحبه: ما هذا ناسكا لأن الناسك لا يقود كلبا فلم يزالوا مع الناسك على هذا ومثله حتى لم يشك ان الذي يقوده كلب وأن الذي باعه إياه سحر عينيه. فأطلقه من يده فأخذه الجماعة المحتالون ومضوا به**"[٧٤٦].

ان الناسك هنا أوهمه المحتالون بأن عريضه ليس سوى كلب لكي يسرقوه منه كذلك الحال في قصة (الناسك واللص والشيطان). وترد شخصية الناسك أيضا بصفة الواهم الطماع الذي لايحسن تقدير الأمور كما في قصة (الناسك المخدوع وجرة السمن). أو بصورة العجول الطائش الذي لا يتثبت من أمره فيقوده ذلك الى ان يرتكب ما هو طائش من الأعمال. "من خلال هذه الأدوار المتنوعة للنساك في كليلة ودمنة نرى ان كليلة ودمنة بإعتبارها قصص حيوان موجهة، تتناول الأمور الدنيوية فهي بعيدة عن المشكلات الروحية، لذلك لا نجد في قصصها ماله علاقة مباشرة بدين محدد. وإنما يستشف منها أنها جاءت متوافقة مع كل الأديان بإعتبار ان الأديان تهتم بالقيم الإجتماعية والأخلاقية. وهذا ما يفسره كلام برزويه الذي يفسر فهم ابن المقفع لفحوى الدين الذي كان يصدر عنه في سلوكه وأفعاله. فكان

---

(٧٤٥) كليلة ودمنة ٢١٧.

(٧٤٦) كليلة ودمنة/ ٢١٩.

يأخذ بهذا وينبذ ذاك ليس خوفا من عقاب أو طمعا في ثواب بل لأنها تليق بالإنسان وتهدف الى صلاحه كما يهدف الدين الى ذلك"[٧٤٧].

أن قصة (ايلاذ وبلاذ وايراخت) هي التي "تمثل صراع الملك بلاذ مع النساك البراهمة ومؤامراتهم للقضاء عليه، فهم يفسرون له أحد أحلامه بما يساعدهم على الإنتقام منه، ودفعه لقتل أعزائه مثل الزوجة، ابنه، وحصانه عبر سلسلة من المواقف والأحداث تجعله ضحية صراع نفسي سببه موازنة الملك المريرة بين التضحية بملكه أو التضحية بأعز ما يملك، ويكاد الملك يقدم على ما أوصى به مفسرو حلمه لولا تدخل الملكة في اللحظة المناسبة لتدفع، وبالنص الى سلسلة جديدة من الأحداث تضفي عليه حيوية وتدفقا، لينتهي بإفتضاح مؤامرة البراهمة وإنتصار الملك وحكيمه (كباريون) عليهم"[٧٤٨]. فالبعد النفسي للشخصية، فهو وإن لم يكن طاغيا على نحو ما يرد في القصص المعاصرة، الا ان تصوير الحالة النفسية للشخصية في بعض قصص الكتاب، وانعكاس ذلك على المواقف، والأحداث يعد تطورا مهما في مسيرة الفن القصصي ومثل هذا البعد يتضح في شخصية الملك بلاذ الخائف، القلق، المتردد الذي يوقعه خوفه فريسة دسائس البراهمة، فيدفعونه الى صراع نفسي طاحن يتمثل في الموازنة ما بين ملكه وبين التضحية بالزوجة وابنه، وأعز ما عنده، ويصورلنا النص حقيقة ذلك الصراع النفسي الرهيب الذي عاناه بقوله:

"فلما رأى الملك ان البرهميين قد أغلظوا له في القول وإجترأوا عليه في الكلام إشتد غمه وحزنه وقام من بين ظهرانيهم ودخل الى حجرته فخر على وجهه يبكي ويتقلب كما تتقلب السمكة إذا خرجت من الماء، وجعل يقول في نفسه: ما أدري أي الأمرين أعظم نفسي؟ المملكة أم قتل أحبائي؟..."[٧٤٩].

---

(٧٤٧) قصص الحيوان في الأدب العربي القديم/ ١٤٨.

(٧٤٨) قصص الحيوان في الأدب العربي القديم/ ١٥٣.

(٧٤٩) كليلة ودمنة/ ٢٨٤.

"ما رآه الملك من حلم مزعج، وتفسيرات البراهمة لذلك وما حاولوا من خلالها ان يدفعوا بالملك الى سلوك، وتصرفات، تؤكد أهمية الحلم، بالنسبة للملك والابتعاد عن البت بالقرارات المهمة الخطيرة منها على نحو خاص عندما يكون صاحب الشأن في حالة غضب وإنفعال"(٧٥٠). وكذلك يتجلى البعد النفسي عند الطائر فنزة الذي وجد فرخه مقتولا بيد ابن الملك فصاح وحزن وقال: **"قبحا للملوك الذين لا عهد لهم ولا وفاء..."(٧٥١)**.

ان الطائر الى آخر خطبته "ذم فيها الملك جزاء مافعل ابنه بفرخه، ان فنزة الغاضب المستفز يعبر عن حالته النفسية التي فجرها الموقف الذي بنيت حوله القصة (مقتل الفرخ) وتستمر الأحداث بشكل صراع نفسي يتمثل في الملك الموتور الذي يتوجه الى فنزة لكي يحاول الإنتقام منه لأنه فقء عين ابنه، وفنزة الذي يعي حقيقة الحالة النفسية للملك والتي يعبر عنها"(٧٥٢) بقوله: **"ولست براجع اليك أبدا فإن ذوي الرأي قد نهوا عن قرب الموتور فإنه لا يزيدك لطف الحقود ولينه وتكرمته إياك الا وحشة منه وسوء ظن به، فإنك لاتجد للحقود الموتور أمانا هو أوثق لك من الذعر منه ولا أجود من البعد عنه والإتقاء له أولى"(٧٥٣)**.

في حكاية الفأرة التي خيرت بين الأزواج: "ان الناسك دعا ربه ان يحول الفأرة الى جارية ثم يبحث لها عن زوج شرط ان يكون أقوى الموجودات، فضلا عن بقية أحداث النص المبتكرة والتي تستند الى مخيلة خصبة، تعمد الى بناء حبكة النص عن طريق وضع الحلول والبدائل التي يمكن ان تقبل لقوتها وطبيعتها لكنها سرعان ما تفند عندما يحضر الموقف أو الحل الأكثر قوة ومنطقية"(٧٥٤).

(٧٥٠) قصص الحيوان في الأدب العربي القديم/ ١٣٣.

(٧٥١) كليلة ودمنة/ ٢٥٧.

(٧٥٢) قصص الحيوان في الأدب العربي القديم/ ١٥٩.

(٧٥٣) كليلة ودمنة/ ٢٥٨.

(٧٥٤) قصص الحيوان في الأدب العربي القديم/ ١٥٥.

اشار ابن المقفع على لسان بيدبا الى وجود قوى سياسية متنوعة بتنوع مرجعيتها الاجتماعية وهي تنتمي الى طبقات مختلفة تسعى تبعا لدرجة التأثير في سير المجتمع وقد توزعت هذه القوى على أربعة نماذج تحدث عنها في قصة ابن الملك وأصحابه وكان كل من هؤلاء يؤمن بفكرة معينة، فابن الملك يؤمن بالقدر وقد فتح له باب العودة الى الملك. وابن التاجر يؤمن بالعقل وقد أدت به حكمته الى الحصول على أموال طائلة، وابن الشريف كان يؤمن بجماله وأنه خير من القدر والعقل. فكان مردوده أقل من صاحبيه، أما ابن الأكارفكان يؤمن بالإجتهاد في العمل. فكان مردوده أقل من الثلاثة.

ان الذي يفهم من هذه النماذج الاجتماعية ان عملية الصراع هي من وحي الظروف الإجتماعية والسياسية التي عاشها وأكتوى بنارها ابن المقفع، الأمر الذي جعله يستقرئ الواقع المعاش ويحاول إعادة صياغته وفق رؤية شمولية بوساطة المزاوجة بين الأسطوري والواقعي لأن العمل الأدبي لا يرتبط بالآيديولوجية عن طريق ما يقوله، بل عبر ما لا يقوله، فنحن لا نشعر بوجود الآيديولوجية في النص الا من خلال جوانبه الصامتة الدالة، أي نشعر بها في فجوات النص وأبعاده الغائية. فهو لا يملأ الفجوة بكيفية إعتباطية وكيفما اتفق بل انطلاقا من قرائن سياقية تحرض كفاءته المعرفية"[٧٥٥]. عن طريق اللغة حيث "ان اللغة بوصفها نظاما مجردا أو طاقة مخزونة في ذهن الإنسان لا تتحول الى كلام حقيقي أو الى نص أو خطاب الا بوساطة عملية القول ذاتها. وعملية القول هذه تتم عبر الحوارات الداخلية بين شخوص القصص الحيواني؛ لأن عملية القول ليست فقط جوهرية في صيغة النص ودلالته، بل إنها أيضا وراء بنية وحدات لغوية تعبر عن مفاهيم إنسانية أساسية. وهذه المفاهيم لا يستطيع الإنسان نفسه التعبير عنها نتيجة الظلم الإجتماعي والكبت السياسي الفاشي في المجتمع.

([٧٥٥]) أدب عبد اللـه ابن المقفع - دراسة اسلوبية -/ ١١٩ - ١٢٠.

فهرس المصطلحات

استباق

مخالفة لسير زمن السرد تقوم على تجاوز حاضر الحكاية وذكر حدث لم يحن وقته بعد. وهناك أنواع للإستباق منها (تام - جزئي - خارجي - داخلي - مختلط).

معجم مصطلحات نقد الرواية/١٧ – ١٨

استرجاع

مخالفة لسير السرد تقوم على عودة الراوي الى حدث سابق وهو عكس الأستباق. وهذه المخالفة لخط الزمن تولد داخل الرواية نوعا من الحكاية الثانوية. ولا شيء يمنع ان تتضمن الحكاية الثانوية بدورها إسترجاعا، أي حكاية فرعية داخل الحكاية الثانوية، وهناك أنواع للإسترجاع منها (تام - جزئي - خارجي - داخلي - مختلط).

معجم مصطلحات نقد الرواية/١٨ – ١٩

الاستنتاج

عملية إستخلاص النتائج من مجموعة من الحقائق الشاخصة الاستنتاج وصولا الى أفضل تفسير، أو سلسلة من العمليات العقلية التي تتيح استنتاج وجود كيانات مجهولة وغير مرئية وغير قابلة للقياس إذ كان هذا الأستنتاج هو أفضل سبيل لفهم الحقائق المعروفة.

قاموس المصطلحات الفلسفية الشائعة ٤٨/ – ٤٩

أنسنة الحيوان

جعل الحيوان انسانا. أي كسر الحدود الفاصلة بين عالم الحيوان والإنسان. البنيات الدالة بين كليلة ودمنة والف ليلة وليلة/ ١٣٩ **الأنا go.** هي الذات، وهي موطن التفكير الواعي، كله، وتنظم كل تجربة حسية ذاتية وتتولد عنها الأفعال الارادية.

قاموس المصطلحات الفلسفية الشائعة/٣٠

إنزياح – إزاحة – المغايرة

هي عدم مسايرة المعايير التي تحددها الثقافة الإجتماعية أو الثقافة الفكرية المهيمنة على سياق معين.

التبئير الفلسفي في الرواية/٤٤١

تأويل

العملية التي يباشرها القارئ للتدقيق في المعاني والتوفيق بين ظاهر النص وباطنه.

القارئ في الحكاية/٣٢١

التبئير Focalization

تقليص حقل الرؤية عند الراوي وحصر معلوماته، سمي هذا الحصر بالتبئير لأن السرد يجري فيه من خلال بؤرة تحدد إطار الرؤية وتحصره، وهناك تبئير (خارجي – داخلي – زائف – مسبق).

معجم مصطلحات نقد الرواية/٤٠- ٤١ – ٤٢

التتابع – التسلسل

تآلف من المتتاليات السردية يرويها نفس المقتضى السردي أو مقتضيات سردية أخرى، كأن تتصل إحدى المتتاليات بأخرى، أو كأن تشكل إحدى المتتاليات بداية لمتتالية أخرى.

قاموس السرديات/١٠٣

التحويل

إشتراك جملتين في مسند واحد. يقسم تودوروف التحويل الى نوعين: التحويل البسيط أو التخصيص الذي يقوم على تعديل أو لإضافة عامل يخصص المسند، والتحويل المركب أو الأرتكاس الذي يتميز بوجود مسند ثان ملتصق بالأول ولا قيام له من دونه.

معجم مصطلحات نقد الرواية/٤٥ – ٤٦

التقييم valuation

مجموعة المظاهر الموجودة في السرد التي تشير أو توحي بالهدف، مظاهر السرد التي تبين الكيفية التي تستحق بها المواقف والأحداث المروية ان تروى.

قاموس السرديات/٦٣

تكرار

سرد يقدم مرة واحدة حدثا تكرر وقوعه في الزمن، إنه توليف حكاياف متعددة في حكاية واحدة من دون ان نختار حكاية منها كنموذج للأخريات. هناك أنواع من التكرار(التعميمي- التوليفي- زائف).

معجم مصطلحات نقد الرواية/٢٥

التناوب

سرد عدة حكايات في وقت واحد بحيث نتوقف عن سرد الحكاية الأولى لنروي جزءا من الحكاية الثانية ثم نتوقف عن سرد الحكاية الثانية لنروي جزءا من الحكاية الثالثة... وهكذا الى نهاية الحكاية، ولا شيء يفرض ان تتناوب الحكاية بالترتيب، بل يمكن ان تكون وتيرة حكاية أسرع من وتيرة حكاية أخرى أو ان تكون مقاطع هذه أطول من مقاطع تلك. أو ان تكتمل إحدى الحكايات من دون ان تكمل الحكايات الأخرى التي تتناوب معها ولكن من دون ان تكمل الحكايات الأخرى التي تتناوب معها ولكن المهم ان الحكايات كلها لا تسشير سيرا مطردا بل تتقطع وتتداخل أجزاؤها في ثنايا الحكايات الأخرى المقطعة بدورها.

معجم مصطلحات نقد الرواية/٢٥

التوازي

نسق التقريب والمقابلة بين محتويين أو سردين بهدف البرهنة على تشابههما او اختلافهما ويتم التشديد على تطابق او تعارض الطرفين بوساطة معاودات ايقاعية او تركيبية.

نظرية المنهج الشكلي (نصوص الشكلانيين الروس)/٢٢٩

الحكاية

وهي النسيج الداخلي، يجعل من السرد أو القصة أو الرواية، أو المثل (أي كل أنماط القص)، قابلة لأن تحدث التشويق (لدى قارئها) في مسار أحداثها المترابط والمطرد، ان مفهوم الحكاية هو في صلب نظرية امبرتو ايكو السيميائية، إذ يعتبرها القالب الأساسي الذي لا يني القارئ النموذجي يستخدمه لتحليل الخطاب وتأويله.

القارئ في الحكاية/٣١٢

الحوار Dialogu

عرض (درامي الطابع) للتبادل الشفاهي يتضمن شخصيتين أو أكثر، وفي الحوار تقدم أقوال الشخثيات بالطريقة التي يفترض نطقهم بها ويمكن ان تكون هذه الأقوال مصحوبة بكلمات الرواي، كما يمكن ان ترد مباشرة دون ان تكون مصحوبة بهذه الكلمات.

قاموس السرديات/٤٥

حيونة الإنسان

جعل الإنسان حيوانا. أي كسر الحدود الفاصلة بين عالم الإنسان والحيوان.

البنيات الدالة بين كليلة ودمنة والف ليلة وليلة/١٣٩

خطاب

طريقة تتشكل بها الجمل والملفوظات وأبنيتها الدلالية وتسهم في نسق كلي متحد الخواص، وقد يكون الخطاب فرديا أو جماعيا أو وليد مذهب فكري معين.

التبئير الفلسفي في الرواية/٤٤٥

الخلفية Backgound

الفضاء السردي "الإطار" أو مجموعة الموجودات والأحداث التي تبرز عليها وتتقدم الى صدارتها موجودات وأحداث أخرى.

قاموس السرديات/٢٥

شفرة Cod

مجموع السنن والأعراف التي تخضع لها عملية إنتاج الرسالة أو توصيلها. وهي نسق من العلامات يتحكم في انتاج رسالة يتحدد مدلولها بالرجوع الى النسق نفسه.

التبئير الفلسفي في الرواية/٤٤٥

الشفرة الإحالية

هي إحالات الى علم ما أو مادة معرفة، وعند تسليط الضوء على هذه الشفرة علينا الإشارة الى نوع المعرفة (الفيزيائية - الفلسفية - الطبية - السايكولوجية - الأدبية التاريخية -..... الخ)، المحال اليها دون الذهاب الى أبعد من ذلك حد بناء أو إعادة بناء الثقافة التي يتم التعبير عنها.

البنيوية والتفكيك/٧٨-٧٩

الشفرة التأويلية

مثار الألغاز والأسئلة، ومن خلالها يمكن تمييز اللغز والتحدث عنه وصياغته وايقاف مساره.

البنيوية والتفكيك/٧٢

الشفرة التخمينية

هي شفرة الأفعال أو الأحداث، تنضوي هذه الشفرة الأفعال كلها مثل الدخول الى غرفة ما أو فتح باب ما أو رسم سيف... الخ، هذه الشفرة هي التي تصنع الحبكة و ذلك لأن الأحداث تحدث و تعاود الحدث.

البنيوية والتفكيك/٧١

الشفرة الدلالية - شفرة المعانيم - دلالة التضمين

إنها تكون ثيمات (Thms) السرود. وإنها هي موضوعات الأدب الخيالي، وإنها الإسم الذي تصاحبه الصفات ذاتها.

البنيوية والتفكيك/٧٥

الشفرة الرمزية

هي امكانية تحديد الثيمة وإقتراح الأفكار.

البنيوية والتفكيك/٧٦

الصراع من أجل البقاء

هو القانون (الغريب) القائل بتنازع البقاء من الأحياء وبقاء (الأقدر الأقدر)   لا الأفضل الأكمل.

مذاهب فلسفية وقاموس مصطلحات/٢١٤

كبش الفداء Phaamdos

شخصية في تخييل ساخر لها دور كبش الفداء أو ضحية أختيرت إختيارا عشوائيا.

تشريح النقد/٤٩٥

الكفاءة السردية Naativ Comptnc

القدرة على انتاج السرود (الحكايات) وفهمها، ان أحد أهداف السرديات هي ان تصف خصائص الكفاءة السردية.

قاموس السرديات/١٢٧

المبنى الحكائي

هو المتن الحكائي مرويا او مكتوبا، ان المتن الحكائي في هذه الحالة خاضع لقواعد الكتابة وقواعد الحكي وانساقه.

نظرية المنهج الشكلي (نصوص الشكلانيين الروس)/٢٢٨

المتن الحكائي

هو الحكاية كما انها قد حدثت في الواقع اي بمراعاة منطقي التتابع والتراتبوالمتن الحكائي لا يكون الا في حالة البناء الحكائي.

نظرية المنهج الشكلي (نصوص الشكلانيين الروس)/٢٢٩

المعنى

المفهوم من ظاهر اللفظ والذي تصل اليه بغير واسطة.

دلائل الاعجاز ٢٦٣/

معنى المعنى

أن تعقل (تحتار) من اللفظ معنى، ثم يفضي بك ذلك المعنى الى معنى آخر.

دلائل الاعجاز ٢٦٣/

شرح تشومسكي فكرة المعنى لدى الجرجاني بـ (البنية السطحية) في حين أنه وضع مصطلح (البنية العميقة) مقابل (معنى المعنى)

الباحث

المكافأة

هو ذلك الجزء من الحبكة الذي يتم فيه مكافأة الذات التي أنجز العقد (عدلا) أو معاقبتها على عدم الإنجاز (ظلما)، بوساطة المرسل.Snd.

قاموس السرديات ١٧٢/

النقيض – التعارض – الثنائيات الضدية

هو التناقض، وهو وجود عبارتين متعارضتين كل منهما معقولة فيما لو أخذت بمفردها.

قاموس المصطلحات الفلسفية الشائعة ٩/

الهيمنة

احد انساق التركيب وهيمنته على بقية انساق المركب. ويعبر المصطلح على ظاهرة تزامنية (عندما يتعلق المر بنوع محدد) وزمنية (حينما يتعلق الامر بسيرورة الانتقالمن نوع الى آخر).

نظرية المنهج الشكلي (نصوص الشكلانيين الروس) ٢٣٠/

الإستنتاجات

ليس من السهل ان نشير الى نتائج محددة في الدراسات السردية ضمن الفكر البنيوي بسبب البناء الذي تسير عليه الحكايات بدءا بما قام به كلود ليفي شتراوس في دراسته لبناء الأساطير أو ما قام به فرديناند دي سوسير لإيجاد الثنئيات الضدية الكامنة في الدراسات اللغوية سيرا على الشفرات الموجودة في بناء النص المقصود. أو ماقام به فلاديمير بروب في تحليله لبنية الحكايات، أولى النظريات التي تواجهنا في الدراسة السردية بصورة دقيقة هي نظرية بروب المعروفة بوظائف بروب.

وفي ضوء الدراسة البنيوية للوحدات السردية الموجودة في حكايات كليلة ودمنة ينبغي الأشارة الى ان كل حكاية من الحكايات الأساسية أو الفرعية مطوقة بأفكار ونتائج مهمة، ومع كل هذا؛ بصورة عامة نحاول الأشارة الى بعض النتائج الرئيسة والمهمة في حكايات كليلة ودمنة:

- ان حكايات كليلة ودمنة إخترقت الحدود الزمكانية وذلك بسبب الفكرة الملائمة والمنسجمة في حكاياته مع الوضع الإنساني في كل عصر وزمان ومكان، ولذلك انتشر كليلة ودمنة بين الأقوام انتشارا سريعا.
- ان الفضاء الحكائي في كليله ودمنة فضاء منسجم مع الفضاء الإنساني لأن تنوع الشخصيات الحيوانية هو التنوع المتماثل لحياة الإنسان في المجتمع البشري وأيضا هو من أجل إظهار خيالات الحيوانات بالصنوف والأصباغ والألوان ليكون انسا لقلوب الملوك ويكون حرصهم عليه أشد للنزهة في تلك الصور.
- ان الأسلوب التنظيمي في توزيع الحكايات بدءا بالحكايات الأساسية ودخولا في الحكايات الفرعية ومن ثم العودة الى الحكاية الرئيسة يشكل هيكلا تنظيميا قائما على تدرج ظهور الدلالة الثقافية للحكايات.
- ان فكرة الحكايات هي فكرة الصراع بين ثنائية الفوق والتحت بين الملك

(دبشليم) والفيلسوف (بيدبا)، وهذه الفكرة هي بمثابة فكرة قبول الملك بنصائح الفيلسوف وأخذه والتنازل عن الإستبداد والظلم والأخذ بدور بيدبا في الحياة السياسية.

◄◄ ان حكايات كليلة ودمنة المروية على ألسنة الحيوان جاءت كبديل عن تمثيلها الإنساني تجنبا لقمع الحاكم وبطشه، وأن القصة الأساسية أو الإطار يمثل بطش الحاكم وتفسيره.

◄◄ ان تصوير الفكرة في كليلة ودمنة يكون تصويرا مميزا في تلاؤم و تقابل فكرة القصص كي تثبت في ذهن القارئ، وان النهج التصويري للحكايات نهج رمزي.

◄◄ ان بنية الحكايات بنية ذات بناء سردي متداخل ومتعدد ومكثف حكائيا وأن بناء الوحدات بناء مترابط ومنسجم في بنية النص السردي في حد ذاته.

◄◄ ان مؤلف الكتاب في بناء هيكل النصوص إعتمد على تصور جمالي أراده ان يكون دالا على مقصديته المضمرة: القصة الإطار بإحتوائها للأمثال الداخلية ترمز الى المملكة بإحتوائها للحاشية والرعية بطبقاتها وإنقساماتها. وإذا كانت الرعية تمثل دعامة الملك، فإن القصص الداخلية دعامة تمثل دعامة قصة الإطار.

◄◄ أكثر الحكايات تحتوي على وحدة المغامرة والوفاء والأستنجاد والخبرة.

◄◄ ان فكرة الثنائيات فكرة شائعة ونستطيع ان نلاحظها في كليلة ودمنة وذلك من خلال الفقرات المتحاورة بين الشخصيات. وان هذه الثنائيات تأتي بسبب الدوافع الأخلاقية أو الدينية أو السياسية أو الإجتماعية.

◄◄ تتميز الحكايات الأساسية بالأطالة وهذا بسبب كثرة الإتيان بالقصص والحكايات الفرعية أي (قصة داخل القصة)، وهذا من أجل توضيح الفكرة المقصودة المخفية في الحكايات.

◄• ان شخصيات كليلة ودمنة تعيش قلقا دائما مع ذاتها ومع محيطها. هي تبعا لذلك تعيش في بنية تقوم على أساس إجتماعي تتجلى فيه تراتبية إجتماعية وأخلاقية، وان لها موقعا إجتماعيا محددا.

◄• ان العالم السياسي في كليلة ودمنة عالم الإستخبارات والأمن من أجل إستقرار الآخرين، وإرجاع الحق الى صاحب الحق.

◄• إن الوحدات السردية السلبية بنية متعددة الدلالات ومن خلالها نستطيع ممارسة الرؤية الخاصة نحو النفس البشرية في المجتمع الذي تعيش فيه.

◄• من خلال البحث عن الوحدات السلبية نرى ان للثقافة العقلية دورا مهما في إظهار وعرض المشكلات والمواقف السيئة وذلك عن طريق التلميح أو التصريح. وذلك لتعزيز الإصلاح الإجتماعي والسياسي.

◄• ان للعقل دورا مهما لدى كل أنواع الشخصيات الثلاث الا وهي الإنسان، الحيوان، الطير.

المصادر والمراجع

القرآن الكريم

- ابن المقفع: حنا الفاخوري، دار المعارف، بيروت، ١٩٥٧.
- ابن المقفع: عبداللطيف حمزة، لجنة الجامعيين لنشر العلم، دار النشر الحديث، ١٩٣٧.
- أثر البيئة في الحكاية الشعبية العراقية: د. عمر محمد الطالب،منشورات دار الجاحظ للنشر، بغداد، ١٩٨١.
- إخوان الصفا -تداعي الحيوان على الإنسان-: فاروق سعد، منشورات دار الآفاق الجديدة، بيروت، ط١، ١٩٧٧.
- إخوان الصفا وخلان الوفا: د. مصطفى غالب، منشورات مكتبة الهلال، بيروت، ١٩٨٩.
- أدب الحكاية الشعبية: د.غراء حسين مهنا، مكتبة لبنان للناشرين، بيروت، ط١، ١٩٩٧.
- الأدب المقارن: د. محمد غنيمي هلال، دار العودة ودار الثقافة، بيروت، ط ٥٠، د.ت.
- إستنطاق النص (مقالات في السرد العربي): د. رشيد العاني، الدار المصرية اللبنانية، القاهرة، ط١، ٢٠٠٦.
- أسرار البلاغة/ الامام عبدالقادر الجرجاني، تح وتصحيح: السيد محمد رشيد رضا، مطبعة الترقي، مصر، ١٣١٩هـ ١٨٩٦.

- أسرار البلاغة: للامام عبدالقادر الجرجاني، صححها على نسخة الإمام الشيخ محمد عبده وعلق عليها: السيد محمد رشيد رضا، دار المرفة، بيروت، ط١. ٢٠٠٢.
- الأسطورة: د. نبيلة ابراهيم، منشورات وزارة الثقافة والاعلام، بغداد، ١٩٧٩.
- الأسطورة في شعر السياب: عبدالرضا علي، منشورات وزارة الثقافة، بغداد، ١٩٧٨.
- الأسطورة والرواية: ميشيل زيرافا، تر: صبحي حديدي، دار الحوار للنشر والتوزيع، سوريا، ط١، ١٩٨٥.
- الأسطورة والمعنى: كلود ليفي شتراوس، ترجمة وتقديم: د. شاكر عبدالحميد، مراجعة: د. عزيز حمزة، دار الشؤون الثقافية العامة، بغداد، ط١، ١٩٨٦.
- الأسطورة وعلم الأساطير (عن الموسوعة البريطانية): تر: عبدالناصر محمد نوري عبد القادر، دار الشؤون الثقافية العامة، بغداد، ١٩٨٦.
- الأصول العربية للقصص الشعبي اليهودي (دراسة في قصص يهود مصر): د. فرج قدري الفخراني، دار الوفاء لدنيا الطباعة والنشر، الأسكندرية، مصر، ط١، ٢٠٠٦.
- اعجاز القرآن: أبو بكر محمد بن طيب الباقلاني، تح: احمد صقر، سلسلة ذخائر العرب ١٢، دار المعارف، مصر ١٩٦٣.

- آفاق العصر: جابر عصفور، دار المدى للثقافة والنشر، ط١، دمشق، ١٩٩٧.

- الألسنية والنقد الادبي في النظرية والممارسة: موريس ابو ناضر، دار النهار، بيروت، ١٩٧٩.

- الأناسة البنيانية: كلود ليفي شتراوس،القسم الثاني، تر: حسن قبيسي، مركز الأنماء القومي، بيروت، ١٩٩٠.

- الأنثروبولوجية البنيوية: كلود ليفي شتراوس، تر: جابر عصفور، د.ط. د.ت.

- إيقاع الزمن في الرواية العربية المعاصرة: أحمد حمد النعيمي،المؤسسة العربية للدراسات والنشر، بيروت، ط١، ٢٠٠٤.

- البئر والعسل، قراءة معاصرة في نصوص تراثية: حاتم الصكر، دار الشؤون الثقافية العامة، بغداد مصر، ط١، ١٩٩٢.

- بؤس البنيوية (الأدب والنظرية البنيوية -دراسة فكرية-): ليونارد جاكسون، تر: ثائر ديب، منشورات وزارة الثقافة، دمشق، ط١، ٢٠٠١.

- بلاغة الخطاب وعلم النص: د.صلاح فضل، المجلس الوطني للثقافة والفنون والآداب، مطبعة السياسة، الكويت، ١٩٩٢.

- بناء الرواية (دراسة مقارنة في ثلاثية نجيب محفوظ): سيزا قاسم،دار التنوير للطباعة والنشر، بيروت، ط١، ١٩٨٥.

- البناء السردي في روايات الياس خوري: د. عالية محمود صالح، أزمنة للنشر والتوزيع، عمان، ط١، ٢٠٠٥.

- البناء الفني لرواية الحرب في العراق (دراسة لنظم السرد والبناء في الرواية العراقية المعاصرة): عبد الله ابراهيم، دار الشؤون الثقافية، بغداد، ط١، ١٩٨٨.

- بناء النص التراثي (دراسات في الأدب والتراجم): د.فدوى مالطى – دوجلاس – د.م.ط.، د.ت.

- بنية الشكل الروائي: حسن بحراوي، المركز الثقافي العربي، بيروت،الدار البيضاء، ط١، ١٩٩٠.

- بنية النص السردي من منظور النقد الأدبي: د. حميد الحميداني، المركز الثقافي العربي، الدار البيضاء، بيروت، ط٢، ٢٠٠٠.

- البنيوية والتفكيك: س. رافيندران، تر: خالدة حامد، دار الشؤون الثقافية العامة، بغداد، ط١، ٢٠٠٢.

- البنيوية وعلم الاشارة: ترنس هوكز، تر: مجيد الماشطة، مراجعة: ناصر حلاوي، دار الشؤون الثقافية العامة، بغداد، ط١، ١٩٨٦.

- البنيوية: جان ماري أوزياس وآخرون، تر: ميخائيل ابراهيم مخول، منشورات وزارة الثقافة والارشاد القومي، مطبعة سميرأميس، دمشق، د.ط، ١٩٧٢.

- بيان شهرزاد -التشكلات النوعية لصور الليالي-: شرف الدين ماجدولين، المركز الثقافي العربي، الدار البيضاء، بيروت، ط١، ٢٠٠١.

- البيان والتبيين: أبي عمر وبن بحر الجاحظ (١٥٠هـ ٢٥٥هـ)، مكتبة الخانجي للطباعة والنشر والتوزيع، القاهرة، ط٥، ١٩٨٥.

- التبئير الفلسفي في الرواية (مقاربة ظاهراتية في تجربة سليم بركات): د. شاهوسعيد، دار سردم للطباعة والنشر، السليمانية، ط١، ٢٠٠٧.

- تحليل الخطاب الأدبي على ضوء المناهج النقدية الحداثية: محمد عزام، منشورات اتحاد كتاب العرب، دمشق، ٢٠٠٣. من موقع au-dam.og.

- تحليل الخطاب الروائي (الزمن-السرد-التبئير): سعيد يقطين، المركز الثقافي العربي، الدار البيضاء، بيروت، ط ٤، ٢٠٠٥.

- تحليل الخطاب الشعري (استراتيجية التناص): د. محمد مفتاح، دار التنوير للطباعة والنشر، بيروت، ط١، ١٩٨٥.

- تشريح النقد: نورثروب فراي. ترجمة وتقديم: محيي الدين صبحي، منشورات وزارة الثقافة، دمشق، ط٢، ٢٠٠٥.

- تقنيات السرد الروائي في ضوء المنهج البنيوي: يمنى العيد، دار الفارابي، بيروت، ط١، ١٩٩٠.

- تقنيات السرد في النظرية والتطبيق: آمنة يوسف، دار الحوار للنشر والتوزيع، اللاذقية، سورية، ط١، ١٩٩٧.

- توظيف التراث في الرواية العربية المعاصرة: د. محمد رياض وتار، منشورات اتحاد كتاب العرب، دمشق، ٢٠٠٢. من موقع au-dam.og.

- الثقافة العربية والمرجعيات المستعارة (تداخل الأنساق والمفاهيم ورهانات العولمة): د. عبد الله ابراهيم، المركز الثقافي العربي، الدار البيضاء، بيروت، ط١، ١٩٩٩.

- جماليات التحليل الثقافي - لشعر الجاهلي نموذجا-: د. يوسف عليمات، المؤسسة العربية للدراسات والنشر، الأردن، ط١، ٢٠٠٤

- جماليات المكان: جاستون باشلار، تر: غالب هلسا، دار الجاحظ للنشر، وزارة الثقافة والاعلام، بغداد، ١٩٨٠.

- جماليات المكان في الرواية العربية: شاكر النابلسي، المؤسسة العربية للدراسات والنشر، بيروت، ط١، ١٩٩٤.

- حركية التعبير الشعري (رذاذ اللغة ومرايا الصورة في شعرعزالدين المناصرة، قراءة ومنتخبات): د. محمد صابر عبيد، دار مجدلاوي، عمان، ط١، ٢٠٠٦.

- الحكاية الخرافية (نشأتها، مناهج دراستها، فنيتها): فردريش فون ديرلاين، تر: د.نبيلة ابراهيم، مراجعة: عزالدين اسماعيل، دار القلم، بيروت، مكتبة النهضة، بغداد، د.ت.

- الحكاية والتأويل (دراسات في السرد العربي): عبدالفتاح كيليطو، دار توبقال للنشر، الدار البيضاء، ط١، ١٩٨٨.

- الحوار القصصي (تقنياته وعلاقاته السردية -دراسات أدبية-): فاتح عبدالسلام، المؤسسة العربية للدراسات والنشر، بيروت، ط١، ١٩٩٩.

- حياة الحيوان الكبرى (جزء ١و٢): الشيخ كمال الدين الدميري، دار المعرفة للطباعة والنشر والتوزيع، بيروت، ط١، ٢٠٠٦.

- خرافات ايسوب (جزء ١و٢): تر: عبدالفتاح الجمل، دار الفتى العربي للنشر والتوزيع، بيروت، د.ت.

- خزانة الحكايات (الابداع السردي والمسامرة النقدية): سعيد الغانمي، المركز الثقافي العربي، الدار البيضاء، بيروت، ط١، ٢٠٠٤.

- الخوف في الشعر العربي قبل الإسلام: أ.د. جليل حسن محمد، دار دجلة، عمان، ط١، ٢٠٠٧.

- دراسات أدبية في الخطب والأمثال الجاهلية: د.سليمان محمد سليمان، دار الوفاء لدنيا الطباعة والنشر، الأسكندرية، مصر، ط١، ٢٠٠٥.

- دراسات في القصة العربية -وقائع ندوة مكناس-: مجموعة من المؤلفين، مؤسسة الأبحاث العربية، بيروت، ط١، ١٩٨٦.

- دليل الناقد الأدبي اضاءة لأكثر من خمسين تيارا ومصطلحا نقديا معاصرا: د. ميجان الرويلي، د. سعد البازغي، المركز الثقافي العربي، بيروت، الدار البيضاء، ط٢، ٢٠٠٠.

- الرواية والتراث السردي من أجل وعي جديد بالتراث: سعيد يقطين، المركز الثقافي العربي، بيروت، ط١، ١٩٩٢.

- الرواية واليوتوبيا: محمد كامل الخطيب، دار المدى للثقافة والنشر، دمشق، ط١، ١٩٩٥.

- سحر القصة والحكاية، البحث عن النسغ الصاعد في نصوص حكائية ونصوص. قصصية للأطفال: محسن ناصر الكناني، منشورات اتحاد كتاب العرب، دمشق، ٢٠٠١.

- السرد والظاهرة الدرامية (دراسة في التجليات الدرامية للسرد العربي القديم): علي بن تميم، المركز الثقافي العربي، بيروت، الدار البيضاء، ط١، ٢٠٠٣.

- السردية العربية: د. عبد الله ابراهيم، المركز الثقافي العربي، دار البيضاء، ط١، ١٩٩٢.

- السردية العربية الحديثة (تفكيك الخطاب الأستعماري واعادة تفسير النشأة): د. عبد الله ابراهيم، المركز الثقافي العربي، الدار البيضاء، بيروت، ط١، ٢٠٠٣.

- السردية العربية: د. عبد الله ابراهيم،المركز الثقافي العربي، دار البيضاء، ط١، ١٩٩٢.

- سيمولوجية الشخصيات السردية (رواية الشراع و العاصفة لحنا مينة نموذجا): سعيد بنطراد، دار مجدلاوي، عمان، ط١، ٢٠٠٣.

- السيميائيات السردية: رشيد بن مالك، دار مجدلاوي، عمان، ط١، ٢٠٠٦.

- السيميائيات أو نظرية العلامات: جيرارد دولودال، تر: عبدالرحمن بو علي،دار الحوار للنشر والتوزيع، اللاذقية، سورية، ط١، ٢٠٠٤.

- الشعر والشعراء: ابي محمد عبد الله بن مسلم قتيبة الدينوري، تح وشرح: أحمد محمد شاكر، دار المعارف، القاهرة، ١٩٨٢.

- شعرية السرد في الرواية العربية المعاصرة: د.احمد جبر شعث، مكتبة القادسية للنشر والتوزيع، فلسطين، ط١، ٢٠٠٥.
- ضد الذاكرة (شعرية قصيدة النثر): محمد العباس، المركز الثقافي العربي، الدار البيضاء، بيروت، ط١، ٢٠٠٠.
- عالم الحكايات الشعبية: فوزي العنتيل، دار المريخ للنشر، مطبعة نهضة، مصر، ١٩٨٣.
- عبد الله بن المقفع - شخصيته - لغته - آراؤه الحكمية: د.محمد عبد الله عطوات، دار ميرزا للنشر والتوزيع، بيروت، ط١، ١٩٩٨.
- عصر البنيوية من ليفي شتراوس الى فوكو: اديس كيرزويل، تر: جابر عصفور، دار الآفاق العربية للصحافة والنشر، بغداد، ط١، ١٩٨٥.
- علم الفلكلور: الكزاندر هجرتي كراب، تر: رشدي صالح، دار الكاتب العربي، القاهرة، ١٩٦٧.
- علم اللسانيات الحديثة (نظم التحكم و قواعد البيانات): د. عبدالقادر عبد الجليل، دار صفاء للنشر والتوزيع، عمان، ط١، ٢٠٠٢.
- عودة الى خطاب الحكاية: جيرار جينيت، تر: محمد معتصم، تقديم: د. سعيد يقطين، المركز الثقافي العربي، الدار البيضاء، بيروت، ١٩٨٣.
- عيون الأخبار: ابي محمد عبد الله بن مسلم قتيبة الدينوري، شرح وتعليق: د. مفيد محمد قميحة، أستاذ الأدب العربي بالجدامعة اللبنانية، دار الكتب العربية، منشورات محمد علي بيضون، بيروت. ط٢، ٢٠٠٣.

- الغائب - دراسة في مقامة للحريري -: عبدالفتاح كيليطو، دار توبقال للنشر، الدار البيضاء، ط٢، ١٩٩٧.
- فضاءات الأدب المقارن (دراسة في تبادل الثيمات والرموز والأساطير بين الآداب العربية والأجنبية): د.نذير العظمة، منشورات وزارة الثقافة، دمشق، ط١، ٢٠٠٤.
- فضاءات السرد ومدارات التخييل (الحرب والقضية والهوية في الرواية العربية): سامي سويدان، دار الآداب للنشر والتوزيع، بيروت، ط١، ٢٠٠٦.
- فن الأسلوب -دراسة وتطبيق عبر العصور الأدبية-: أ.د. حميد آدم ثويني، دار صفاء للنشر والتوزيع، عمان، ط١، ٢٠٠٦.
- فن الشعر: أرسطوطاليس، ترجمه عن اليونانية وشرحه وحقق نصوصه: عبد الرحمن بدوي، دار الثقافة، بيروت، ط١، ١٩٧٣.
- فن القصة: د. محمد يوسف نجم، دار بيروت للطباعة والنشر، بيروت، ط١، ١٩٥٩.
- الفهرست: ابن النديم، د.ط، د.ت.
- في دلالية القصص وشعرية السرد: د. سامي سويدان، دار الآداب، بيروت، ط١، ١٩٩١.
- في اصول الخطاب النقدي الجديد: تزفتان تودوروف، رولان بارث، امبرتو ايكو، مارك انجينو، تر: احمد المديني، دار الشؤون الثقافية العامة، ط١، بغداد، ١٩٨٧.

- في الأدب العالمي (جزء ١و ٢ و٣): د.مصطفى الصاوى الجويني، منشأة المعارف، القاهرة، ط١، ٢٠٠٢.
- في الثقافة والحداثة: وليد إخلاصي، ط١، دار الفاضل، دمشق، ٢٠٠٢.
- في الخطاب السردي (نظرية قريماس): محمد ناصر العجيمي،الدار العربية للكتاب، ١٩٩٣.
- في المعنى (دراسات سيميائية): الجيرداس جولياس غريماس، تر: أ.د. نجيب غزاوي، مطبعة الحداد، اللاذقية، ٢٠٠٠.
- في قديم الزمان -دراسة في بنية الحكاية الشعبية-: فوزات رزق، منشورات وزارة الثقافة، دمشق، ط١، ٢٠٠٦.
- في نظرية الرواية -بحث في تقنيات السرد-:عبدالملك مرتاض، المجلس الوطني للثقافة والفنون والآداب، الكويت، ١٩٨٩.
- القارئ في الحكاية (التعاضد التأويلي في النصوص الحكائية): امبرتو ايكو،تر: أنطوان أبو زيد، المركز الثقافي العربي، الدار البيضاء، بيروت، ط١، ١٩٩٦.
- قال الراوي (البنيات الحكائية في السيرة الشعبية): سعيد يقطين، المركز الثقافي العربي، بيروت، الدار البيضاء، ط١، ١٩٩٧.
- قاموس السرديات: جيرالد بيرنس، تر: السيد امام، ميريت للنشر والمعلومات، القاهرة، ط١، ٢٠٠٣.
- قاموس المصطلحات الفلسفية الشائعة: كريكوري بينس، تر: لفتة سلمان الظفيري، مراجعة: أ.د. فاتنة احمدي، دار بيت الحكمة، بغداد، ط١، ٢٠٠٧.

- قاموس مصطلحات النقد الأدبي المعاصر(عربي، إنجليزي، فرنسي): د. سمير سعيد حجازي، دار الآفاق العربية، القاهرة، ط١، ٢٠٠١.

- قراءات معاصرة في نصوص تراثية: د. حاتم الصكر، ط٢. صنعاء، د.ت.

- القراءة والتجربة (حول التجريب في الخطاب الروائي الجديد بالمغرب): سعيد يقطين، مطبعة النجاح الجديدة، الدار البيضاء، بيروت، ط١، ١٩٨٥.

- القصة في الأدب الفارسي: د. أمين عبدالمجيد بدوي، دار المعارف، القاهرة، ١٩٦٤.

- قصصنا الشعبي من الرومانسية الى الواقعية: د.نبيلة ابراهيم سالم، دار الفكر العربي، القاهرة، ١٩٧٣.

- كتاب التعريفات: السيد علي محمد الجرجاني، دار احياء التراث العربي للطباعة والنشر والتوزيع، بيروت: ط١، ٢٠٠٣.

- كتاب الحيوان: أبي عثمان عمرو بن بحر الجاحظ (ت ٢٥٠ هـ)، وضع حواشيه محمد باسل عيون السود، منشورات محمد علي بيضون، دار الكتب العلمية، بيروت، ١٩٩٨.

- كتاب العين: لأبي عبدالرحمن الخليل بن أحمد الفراهيدي (١٠٠ - ١٧٥هـ)، طبعة جديد فنية ومرتبة وفقا للترتيب الألفبائي، دار احياء التراث العربي، بيروت، ط١، ٢٠٠١.

- كتاب قصص الحيوان في الادب العربي القديم: د.داود سلوم، دار الحرية للطباعة، بغداد، ١٩٧٩.

- كشف الظنون عن أسامي الكتب والفنون: مصطفى عبد الله القسطنطيني الرومي الحنفي، دار الفكر، بيروت، ١٩٩٤.

- الكلام والخبر (مقدمة للسرد العربي): سعيد يقطين، المركز الثقافي العربي،الدار البيضاء، بيروت، ط١، ١٩٩٧.

- كليلة ودمنة: الفيلسوف الهندي بيدبا، تر: ابن المقفع، شرحه ووضع أسئلته: سامي ج. الخوري، دار الجيل، بيروت، ط٣، ٢٠٠٦.

- كليلة ودمنة: تقديم: احمد برقاوي، دار طلاس للدراسات والترجمة والنشر، دمشق، ط١، ٢٠٠٠.

- كليلة ودمنة: عبد الله بن المقفع، مراجعة: الاستاذ عرفان مطرجي، دار الفكر للطباعة والنشر والتوزيع،بيروت، ط١، ٢٠٠٥.

- كليلة ودمنة: طبعة الاب لويس شيخو، بيروت، ١٩٢٧.

- لذة النص: رولان بارت، تر: منذر عياشي، مركز الانماء الحضاري، ط١، ١٩٩٢.

- لسان العرب: جمال الدين محمد بن مكرم المعروف بـ (ابن منظور)، تح: عبد الله علي الكبير وآخرون، ٦ أجزاء، دار المعارف، القاهرة، د. ط، د.ت.

- لسانيات النص نحو منهج لتحليل الخطاب الشعري: أحمد محمد مداس، عالم الكتب الحديث، عمان، ط١، ٢٠٠٧.

- مبادئ في الفن والعمارة: شيرين احسان شيرزاد، منشورات جامعة بغداد، المتخيل السردي -مقاربات نقدية في التناص والرؤى والدلالة-:

عبد الله ابراهيم، المركز الثقافي العربي، بيروت، الدار البيضاء، ط١، ١٩٩٠.

- المجموعة الكاملة لآثار عبد الله بن المقفع (كليلة ودمنة، الأدب الكبير والصغير: تحقيق: مصطفى لطفي المنفلوطي، قدم للطبعة وأشرف عليها: عمر ابو النصر، دار الكتاب العربي، بيروت، د.ت.

- مدخل الى التحليل البنيوي للقصص: رولان بارت، منذر عياشي، مركز الانماء الحضاري، ط٢، ٢٠٠٢.

- مدخل الى التحليل البنيوي للنصوص: دليلة مرسلي، كريستيان عاشور، زينب بن بو علي، نجاة خده، ثوثا ثابتة، دار الحداثة للطباعة والنشر والتوزيع، بيروت. د. ط، د.ت.

- مدخل الى علم الاجتماع: مليحة عوني قصير، ود.معن خليل عمر، مطبعة بغداد، بغداد، د.ط، ١٩٨١.

- مدخل لجامع النص: جيرار جينيت، تر: عبدالرحمن أيوب، دار الشؤون الثقافية العامة، بغداد، د.ت.

- مذاهب فلسفية وقاموس مصطلحات: محمد جواد مغنية، دار مكتبة الهلال، دار الجواد، بيروت، د.ط.

- مروج الذهب والمعادن والجوهر: حسن علي الحسين علي المسعودي، مطبعة السعادة، القاهرة، ط٤، ١٩٦٥.

- المساحة المختفية (قراءات في الحكاية الشعبية): ياسين النصير، المركز الثقافي العربي، بيروت، الدار البيضاء، ط١، ١٩٩٥.

- المسافة بين التنظير النحوي والتطبيق اللغوي (بحوث في التفكير النحوي والتحليل اللغوي): أ.د. خليل أحمد عمايرة، دار وائل للنشر والتوزيع، عمان، ط١، ٢٠٠٤.
- مشكلات المضمون والشكل في العمل الأدبي: أي. إي فينوغرادوف، تر: هشام الدجاني، د.م.ط.
- المصطلح السردي (معجم المصطلحات): جيرالد بيرنس، تر: عابد خزندار، مراجعة وتقديم: محمد بريري، المجلس الأعلى للثقافة، الجزيرة - القاهرة، ط١، ٢٠٠٣.
- معجم الأساطير: ماكس أس. شابيرو، رودا. أ. هندريكس، تر: حنا عبود، دار علاءالدين للتوزيع والترجمة، دمشق، ط٢، ٢٠٠٦.
- معجم مصطلحات الادب (انكليزي - فرنسي - عربي) مع مسردين للألفاظ الإفرنسية والعربية: مجدي وهبة، مكتبة لبنان، بيروت، د.م.ط.
- معجم مصطلحات التربية لفظا واصطلاحا: أ.د. فاروق عبده فلية، د. أحمد عبدالفتاح الزكي، دارالوفاء لدنيا الطباعة والنشر، الاسكندرية، ط١، ٢٠٠٤.
- معجم مصطلحات نقد الرواية: د.لطيف زيتوني، مكتبة لبنان للناشرين، دار النهار للنشر، بيروت، ط١، ٢٠٠٢.
- المقامات، السرد والأنساق الثقافية: عبدالفتاح كيليطو، تر: عبدالكبير الشرقاوي، ط١، دار توبقال للنشر، الدار البيضاء، ١٩٩٣.
- معجم مقاييس اللغة: لأبي الحسين أحمد بن فارس بن زكريا (ت ٣٩٥ هـ)، طبعة جديدة مصححة وملونة، دار احياء التراث العربي،

اعتنى به: د.محمد عوض مرعب والآنسة فاطمة محمد أصلان، بيروت، ط١، ٢٠٠١.

- مملكة النص (التحليل السيميائي للنقد البلاغي - الجرجاني نموذجا): د. محمد سالم سعدالله، علم الكتب الحديث، عمان، ط١، ٢٠٠٧.

- مناهج النقد المعاصر: د.صلاح فضل، دار الآفاق العربية، القاهرة، د.م.ط.

- الموجز في الادب العربي وتاريخه: حنا الفاخوري، طبعة جديدة منقحة ومزيدة، دار الجيل، بيروت، ط١، ١٩٨٥.

- مورفولوجيا الخرافة: فلاديمير بروب، تر: ابراهيم الخطيب، د. ط، د. ت.

- النص السردي نحو سيميائيات للإيديولوجيا: سعيد بنطراد، دار الأمان، ط١، الرباط، ١٩٩٦.

- موسوعة الحيوانات - موسوعة عصرية مرتبة الفبائيا/ مكتبة لبنان - ناشرون. بيروت، ط ١، ٢٠٠١.

- نظريات القراءة والتلقي من البنيوية الى جمالية التلقي: رولان بارث، تودوروف، ريمون ماهيو، فرناند هالين. فرانك شويرويجن. ميشال أوتن، تر: عبدالرحمن بوعلي، دار الحوار للنشر والتوزيع، اللاذقية، سوريا، ط١، ٢٠٠٣.

- نظرية البنائية في النقد الأدبي: د. صلاح فضل، دار الشؤون الثقافية العامة، بغداد، ط٣، ١٩٨٧.

- نظرية السرد من وجهة النظر الى التبئير: جيرار جينيت، واين ديوث، بوريس اوسسكي، ف. راسوم غيون، كريستيان انجلي، حان ايبرمان، تر: ناجي مصطفى، منشورات الحوار الأكاديمي الجامعي، ط١، ١٩٨٩.
- نظرية المنهج الشكلي (نصوص الشكلانيين الروس): تر: ابراهيم الخطيب، الشركة المغربية للناشرين المتحدي، المؤسسة الابحاث العربي، بيروت، ط١، ١٩٨٢.
- النقد البنيوي والنص الروائي (نماذج تحليلية من النقد البنيوي - البنية - الشخصية): محمد سويرتي، افريقيا الشرق، ط٢، ١٩٩٤.
- النقد البنيوي والنص الروائي (نماذج تحليلية من النقد العربي - الزمن - الفضاء - السرد): محمد سويرتي، دار افريقيا الشرق، ١٩٩١.
- هدية العارفين: اسماعيل باشا البغدادي، استانبول، ط١، ١٩٥٥.
- وتەكان، سەرجەمي ثەيامەكاني نوور: بەديعوززەمان سەعيد نوورسي، وەرطيراني: فاروق رەسول يەحيا، ضاثي دووهەم، ٢٠٠٦.
- الوجود والزمان والسرد -فلسفة بول ريكور-: ترجمة وتقديم: سعيد الغانمي، المركز الثقافي العربي، الدار البيضاء، بيروت، ط١، ١٩٩٩.

الرسائل والأطاريح الجامعية:

- أدب عبد الله بن المقفع -دراسة أسلوبية-: عبدالحسين عبدالرضا اعوج محمد العمري، الجامعة المستنصرية، كلية الآداب، ٢٠٠٤.

- الإنزياحات الخطابية والبيانية في كتاب دلائل الإعجاز لعبدالقاهر الجرجاني في ضوء المنهج التداولي: مهاباد هاشم ابراهيم، رسالة ماجستير، جامعة صلاح الدين، ٢٠٠٦.

- الانزياحات الصوتية المميزة للانفعالات الإنسانية في القرآن الكريم: عبدالستار صالح أحمد البناء، أطروحة دكتوراه، جامعة صلاح الدين، ٢٠٠٧.

- بناء الشخصية الرئيسة في روايات سليم بركات -دراسة نقدية-: داليا أحمد موسى، رسالة ماجستير، جامعة السليمانية، كلية اللغات، قسم اللغة العربية، ٢٠٠١.

- البنى السردية في شعر الستينات العراقي -دراسة نصية-: خليل شيرزاد علي، رسالة ماجستير، كلية التربية، جامعة المستنصرية، ١٩٩٩.

- البنيات الدالة بين كليلة ودمنة والف ليلة وليلة -خرافة الحيوان انموذجا-: شاكر صابر محمد، رسالة ماجستير، جامعة السليمانية، كلية اللغات، ٢٠٠٣.

- تقنيات السرد في روايات أحمد خلف: آريان عبدالقادر عثمان،رسالة ماجستير، جامعة صلاح الدين، كلية الآداب، ٢٠٠٧.

- التكنيك والموضوعات الدالة بين القصة الأنطليزية والعربية والكردية القصيرة -دراسة مقارنة-: نيان نوشيروان فؤاد، رسالة ماجستير، جامعة صلاح الدين، كلية الآداب، قسم اللغة العربية، ١٩٩٥.

- الحكاية التراثية العربية وأثرها في آداب العالم: شذا زاهد محمد صالح، أطروحة دكتوراه، كلية التربية للبنات، جامعة تكريت، ١٩٩٩.

- الرؤية السياسية والاجتماعية في روايات غائب طعمة فرمان وابراهيم أحمد -دراسة فنية مقارنة-: شازاد كريم عثمان زيندين، رسالة ماجستير، كلية التربية للبنات، جامعة بغداد، ٢٠٠٦.

- السرد في المقامات النظرية لأبي بكر بن محسن باعبود الحضرمي من علماء القرن الثاني عشر للهجرة: هيرش محمد أمين، أطروحة دكتوراه، جامعة كويه، كلية اللغات، ٢٠٠٧.

- شخصيات رواية الشمعة والدهاليز للطاهر وطار -دراسة سيميائية-: فضالة ابراهيم، رسالة ماجستير، المدرسة العليا للأساتذة في الآداب والعلوم الإنسانية، بوزريعة، جزائر، ٢٠٠٠-٢٠٠١.

- صراع الشخصيات في مجموعة روايات اسلامية معاصرة لنجيب الكيلاني: علي عبدالرحمن فتاح، رسالة ماجستير، جامعة صلاح الدين، كلية الآداب، ١٩٩٩.

- قصص الحيوان جنسا أدبيا -دراسة سردية سيميائية في الأدب المقارن-: خالد سهر الساعدي، اطروحة دكتوراه، جامعة المستنصرية، كلية الآداب، ١٩٩٩.

● قصص الحيوان في الأدب العربي القديم: جعفر صادق محمد، أطروحة دكتوراه، جامعة بغداد، كلية الآداب، ١٩٩٥.

● المكان في الموروث السردي العربي -دراسة تحليلية-: مها فاروق عبدالقادر، أطروحة دكتوراه، جامعة بغداد، كلية التربية ابن رشد، ٢٠٠٣.

المقالات والمجلات:

- آليات التحليل البنيوي للنص السردي -مقاربة نظرية-: عبدالوهاب شعلان، مجلة علامات، السنة الثالثة، العدد ٢٧، من الانترنت من موقع Googl.com، مارس، ٢٠٠٦.

- ابن المقفع من قفص الحكايات الى فضاء التأويل: حسين السلطاني، مقالة من الانترنت من موقع Googl.com.

- بناء الشخصية السردية في حكايات كليلة ودمنة -دراسة تحليلية في قصة الأسد والثور-: د. أسماء صابر جاسم، جامعة تكريت، كلية التربية، قسم اللغة العربي، مجلة جامعة تكريت، المجلد ١٣، العدد ٨ شعبان ١٤٢٧ هـ ١٩٩٦م.

- بنية السرد في رواية الزلزال، الأسم والصفة والشبيه المتخفي -مقاربة سيميائية- بقلم الأستاذ حسين فيلالي، مقالة من موقع Googl.com.

- تحليل الخطاب الأدبي وقضايا النص: د.عبدالقادر شرشار، مقالة من الانترنت من موقع اتحاد كتاب العرب، au-dam.com.، دمشق، ٢٠٠٦.

- أسماء الله الحسنى "المعز المذل": مقالة من الانترنت للأستاذ محمد راتب النابلسي من موقعه الشخصي nabulsi.com..

- حصة بابل في كليلة ودمنة، زكريا عبد الله، من موقع Googl.com. خصائص البناء النصي في كليلة ودمنة: نجاة عرب الشعبة، مجلة الموقف الأدبي، منشورات اتحاد كتاب العرب،

من الانترنت من موقع au-dam.com، دمشق، العدد ٣٩٦، السنة الرابعة والثلاثون، نيسان، ٢٠٠٤.

● دراسة علمية للسردية الأدبية -نظرية وتطبيق-: س. ج. شميدت. مجلة العرب والفكر العالمي، مركز الانماء القومي، عدد التاسع، شتاء، ١٩٩٠.

● السرد العربي القديم -البنية السوسيو الثقافية والخصوصيات الجمالية-: عبدالوهاب شعلان، مجلة الموقف الأدبي، مجلة أدبية شهرية، تصدر عن اتحاد كتاب العرب، دمشق، عدد ٤١٢، آب، ٢٠٠٥.

● السيميائية من نظرية المحاكاة الى النظرية الشكلية: د.أحمد طالب، مقالة من الانترنت من موقع Googl.com..

● شعرية الخطاب السردي -دراسة-: محمد عزام، من منشورات اتحاد كتاب العرب، من موقع au-dam.com. دمشق. ٢٠٠٥.

● القصة في كليلة ودمنة: عبد الله خليفة، مقالة من موقع Googl.com. ٢٠٠٦.

● قصة لقاء الرؤية الناقصة والتعرف عبر السرد: ٢٧، سعيد الغانمي، مجلة الطليعة الأدبية، عدد ٥-٦، ١٩٨٨.

● قراءة مقارنة في قصة كليلة ودمنة: زوهات كوباني، مقالة من الانترنت من موقع yk-dm.com..

● كليلة ودمنة في أرابستان: عبدو بو يامن، مجلة الحوار المتمدن، العدد ١٢٧٧. ٢٠٠٥/٨/٥.

- كليلة ودمنة وخطاب التأويل: د. يوسف اسماعيل، مقالة من الانترنت من موقعGoogl.com .

- محاولة تكسير الجوز -دراسة نقدية عن الرمز ودلالته في قصص سعيد العريبي- محمد البشير، مقالة من الانترنت من موقع Googl.com ..

الخلاصة باللغة الإنكليزية

Abstact

Th titl of th thsis is "Th Naating lmnt in th Stois of Klilah and Dimnah –A stuctual ading–. This ittn txt is on of th old famous txts in choosing th lif of animals instad of that of human bings`. Th thsis consists of a pfac, an Intoduction, and Th pats.

In th pfac, th ason bhind choosing th tm "lmnt" among th oth spcial tm in th fild of naation in od to indicat th stuctual building of th stois is povidd. Thn th dfinition of naation o stois is statd and compad ith th naation of mythological thoughts in od to discov th implid points of th stuctu of stoy and th Mythology, and to indicat th ason bhind thi is, dvlopmnt in th ancint tim. its` concn fo this subjct is anoth aspct of th thsis. A dtaild histoical backgound is givn about collcting, oganizing and naming of th txts of Klilah and Dimnah. Th is an allusion to th pupos of th philosoph Baidabah`s bhind th iting of this txt and ho th ffct of it on th political and social authoity as his ssntial aim. Also, th is a hint about th spad of this txt among nations of th old and spcially popl of ast.

Th fist pat is about Th Good Naating lmnts in th stois of Klilah and Dinah. This pat is dividd into th chapts. Chapt on is about th lmnt of advntu in th stois. Chapt To is about th lmnt of loyalty, and chapt th is about th lmnt of Advic.

Pat To is about Th Bad naating lmnts in th stois of Klilah and Dimnah. In this pat, th lmnts of Fa, Baking-up of find ship, Hatd and a a discussd.

Pat Th is about th Complmntay Naating lmnt hich falls into th chapts as follos: Complmntay Naating lmnts in th fom of Animals, Bids and human bings.

Th is a tabl by th most funtly usd tms in th thsis as ll.

Th conclusion shos that th naating lmnts a ll-usd and could achiv thi goals in dpicting th ality of th social lif of King and th popl of th tim ithin th old of Animals.

Though ths stois, th autho could hav tmndous impact on th king and oblig him tim to choos coxisting ith th autho and his popl, and stop oppssion and violnc.

At th nd, th is a bibliogaphy of th citd soucs and abstact of th thsis in both Aabic and nglish languags.

Printed in the United States
By Bookmasters